税务教育培训系列教材·税务通用能力系列

U1001623

《税费基础知识》
《税收相关法律基础知识》
习题集

国家税务总局学习兴税指导委员会组织编写

中国税务出版社

图书在版编目（CIP）数据

《税费基础知识》《税收相关法律基础知识》习题集/国家税务总局学习兴税指导委员会组织编写．—北京：中国税务出版社，2022.12（2023.8 重印）
ISBN 978－7－5678－1286－4

Ⅰ.①税…　Ⅱ.①国…　Ⅲ.①税法－中国－习题集　Ⅳ.①D922.22－44

中国版本图书馆 CIP 数据核字（2022）第 171420 号

书　　名：《税费基础知识》《税收相关法律基础知识》习题集
作　　者：国家税务总局学习兴税指导委员会组织编写
责任编辑：赵泽蕙
责任校对：姚浩晴
技术设计：刘冬珂
出版发行：中国税务出版社
北京市丰台区广安路 9 号国投财富广场 1 号楼 11 层
邮政编码：100055
网址：https://www.taxation.cn
投稿：https://www.taxation.cn/qt/zztg
发行中心电话：（010）83362083/85/86
传真：（010）83362047/48/49
经　　销：各地新华书店
印　　刷：北京天宇星印刷厂
规　　格：787 毫米×1092 毫米　1/16
印　　张：22.75
字　　数：465000 字
版　　次：2022 年 12 月第 1 版　2023 年 8 月第 3 次印刷
书　　号：ISBN 978－7－5678－1286－4
定　　价：52.00 元

构建税务教材新体系　助力税收现代化建设[①]

（代　序）

课本虽小，天地颇大。教材集中体现着教育理念、教育内容、教育规律，是教育教学的关键要素、立德树人的基本载体，是贯彻党的教育方针、实现教育目标不可替代的重要抓手，是培养一流人才、引领创新发展的重要基础，也是做好干部教育培训工作的前提和保障。推进税务教材编写和改革是一件关乎税务干部队伍建设、党的税收事业赓续传承、更好服务党和国家事业发展的基础性战略性大事要事。

一、充分认识税务教材编写和改革的重要意义

党的十八大以来，习近平总书记站在全局和战略的高度，围绕建设马克思主义学习型政党、推动建设学习大国提出了一系列新思想、新论断、新要求，强调我们党依靠学习创造了历史，更要依靠学习走向未来。教材是育人育才的重要依托，教材建设是铸魂工程，抓好全党大学习、干部大培训，要有好教材。党的二十大报告突出强调实施科教兴国战略，强化现代化建设人才支撑，并对深化教育领域综合改革，加强教材建设和管理也提出了明确要求。这些重要论述深刻阐明了干部教育培训的极端重要性，同时也为推进教材编写和改革提供了科学指引和根本遵循。

税务总局党委始终高度重视税务教育培训教材建设，近十年来不断健全和完善干部培训系列教材，尤其是结合数字人事工作，组织编写了初任培训、业务能力和领导能力系列教材，为提高税务干部能力素质发挥了很好的作用。当前，百年变局和世纪疫情交织叠加，我国改革发展稳定任务艰巨繁重，税收在国家治理中的基础性、支柱性、保障性作用愈加凸显，税收工作面临许

① 本文为国家税务总局党委书记、局长王军在税务教育培训教材编写和改革专题会议上的讲话摘要。

多前所未有的新课题新挑战，对税务教育培训和教材建设也提出了新的更高要求。我们一定要认真学习领会习近平总书记关于加强学习和教材建设的重要论述，深刻认识推进税务教材编写和改革的重要意义，以高度的责任感和使命感，推动税务教材建设不断开创新局面、迈上新台阶，全力服务科教兴国战略和国家治理现代化。

二、准确把握税务教材编写和改革的总体要求

税务教材编写和改革要准确把握新时代教材建设的任务要求，坚持在守正中创新、在改革中发展，充分发挥教材培根铸魂、育人成才、凝聚共识、推进交流的重要作用。

第一，要有更高的定位。我们一定要对标习近平总书记关于加强学习和教材建设的重要论述精神，全面贯彻党的教育方针，认真落实立德树人根本任务，自觉站在倾力服务党和国家事业发展大局、培养堪当民族复兴重任时代新人的战略高度，立足高起点、树立高标准、追求高目标，组织编写一套国内具有权威性、国际具有引领力的税务教材，既能用于持续锻造高素质专业化税务干部队伍，又能促进理论常青、指导实践创新，还能更好地开展税法宣传教育、深化国际税收合作交流，让更多的人从中受益，在更大的范围内、更长的时间里产生更深刻、更广泛影响。

第二，要有更宽的视野。税务系统有60多万在职干部，这是我们的主要培训对象，但又不能局限于此。税收与每个人都息息相关，决定了税务部门不仅要承担好税收征管职责，而且在开展税收宣传、普及税法知识、提高全社会的税法遵从度等方面也有着义不容辞的责任。由此也决定了税务教材编写必须具有宽视野，适应不同方面的需求。税法教育要从娃娃抓起，推进税法进校园、进课堂，需要有一套生动有感的税务教材；在高校的学生群体中，不少学经济特别是学财税专业的学生，需要有契合他们学习税法和税收知识的好教材；还有一些科研院所、社会中介服务机构，特别是众多的企业，都是税务教材的需求者和使用者；即使是普通群众，作为个人所得税纳税人和社保缴费人也需要学习税费知识，也是税务教材的服务对象。从这个意义上

来说，需要我们编写不同类型、适应各方面需要、权威实用的税务教材，让社会各界更深入地了解税务部门和税收工作，更紧密地建立与税收的情感纽带，更广泛地凝聚理解税收、支持税收、维护税收的共识。另外，完善和落实“一带一路”税收征管合作机制，积极服务国家对外开放战略，也需要我们很好地设计一套体现中国税收话语体系、面向国际税务界开展培训的教材。

第三，要有更深的考量。税务教材的编写既要注重理论性，又要体现实践性，彰显理论与实践的有机贯通；既要有对过去推进税收现代化实践的回望和总结，又要有对未来服务中国式现代化的展望和描绘，彰显继往与开来的赓续传承。这些年，在党中央、国务院的坚强领导下，税务系统围绕税收现代化建设目标顺利完成了一系列重大改革任务，在开展各项税收工作中，提出了很多新理念、创造了很多新机制、积累了很多新经验，探索形成了一系列从实践到制度到软件再到文化、多兵种合成推进等策略打法。我们要把这些理念、机制、经验、策略打法作进一步梳理总结和提炼升华，概括新观点、形成新思路、构建新理论，并且将其全面系统地融入税务教材体系建设之中。同时，还要与推进智慧税务建设、提升税收治理效能、实现税收现代化并服务中国式现代化的未来实践和发展紧密结合起来，充分体现合成性、引领性、战略性。

第四，要有更好的效果。适应新形势新要求的税务教材体系，至少应体现以下几个特点：一是突出思想性。教材体现党和国家意志，具有鲜明的意识形态属性、价值传承功能。要牢牢把握教材建设的政治方向和价值导向，围绕传播党的理论和路线方针政策，聚焦“培养什么人、为谁培养人、怎样培养人”这一根本问题，以推进习近平新时代中国特色社会主义思想铸魂育人为主题主线，坚持好、运用好贯穿其中的立场观点方法，并把习近平总书记关于税收工作的重要论述充分体现到教材中，以党的创新理论引领税务教材建设。二是体现针对性。国家推进国民教育系列教材建设，要求把握好统一性和多样性的关系，根据不同学段、不同学科的特点进行整体设计，税务教材建设也要遵循这一原则。比如，在编写针对税务干部的教材时，就要从税收工作的同质化和税务岗位的差异性出发，按照分类分级的原则，分别编写税务通用能力、税务专业能力、税务领导能力等不同系列教材。即便是税务领导能力系列教材，也要尽可能考虑不同层级、不同职位进行细分，努力做到量体裁衣、因岗施教，形成面向税务干部全职业周期、多层次、立体化的知识体系和能力图谱，让处在不同阶段的税务干部都能学有所向、学有所依、学有所用。三是注重科学性。要立足不同对象的工作和学习需要，坚持从实践中来，引导到规律中去，强调由浅入深、由易到难，由具体到一般，再由一般到具体，很好地把实践总结同理论创新结合起来，努力做到一读再读“愿学、爱学、乐学”，细悟再悟“启智、益智、增智”，履行践行“管用、实用、好用”。

总之，我们要对标对表党的二十大新精神，坚决落实中央新要求，敏锐把握时代新特征，深入联系工作新格局，守正创新、深化改革，不断更新教材建设理念，提升教材编写质量，增强材岗相适功能，找到理论与实践的结合点、此岗与彼岗的差异点、业务与人文的共鸣点、当下与未来的承接点，做到案例与说理相结合、业务与技术相结合、知识与文化相结合、基础与战略相结合，着力构建和健全新时代高质量税务教材体系，并以此为突破口，持续推动“十四五”时期税务干部教育培训工作和税收社会共治的改革创新，切实提升教育培训质效，为推进新征程税收现代化提供有力支撑，为提高我国文化软实力、增强文化自信作出积极贡献。

三、科学谋划税务教材编写和改革的实施路径

教材编写和改革工作是一项系统工程，政治性、政策性、专业性很强。我们要不断提高政治判断力、政治领悟力、政治执行力，扛牢责任、勇于担当，精心组织、积极推进，确保教材建设任务落到实处。

一是明晰推进思路。教材体系的基本框架是教材建设的“纲”，纲举则目张。要把这套新教材体系建设纳入“十四五”时期税收重点工作任务，坚持总体设计、分步实施，先集中优势兵力把教材体系的基本框架搭起来，再抓主要教材，然后按照急用先行、先易后难、先内后外的原则，逐步扩大、稳步推进，一步一步健全完善，用几年时间，使我们国家的税务教材成体系、具特色、集大成，并且拓展使用到国际领域。

二是传承工匠精神。一流的编写队伍，成就一流的教材。新中国成立之初，我们国家为了编写第一套全国通用中小学统编教材，成立了200多人的编委会，包括教育学家叶圣陶、语言学家吕叔湘、数学家华罗庚、地理学家竺可桢等一批国之巨匠。毛主席还专门指示："宁可把别的摊子缩小点，必须抽调大批干部编写教材。"我们要广泛动员方方面面的力量，不仅是税务系统的力量，还要包括社会上的专家学者、各个高校科研院所的力量，组成核心编写团队、编辑团队、审校团队，切实保障编写工作顺利推进。

三是树牢精品意识。教材编写无小事，质量是教材的生命线。同时，教材建设链条又比较长，哪一个环节都不能出问题。要坚持凡编必审、凡审必严，强化全流程严格审核把关的意识和机制，严把教材质量审核关，以苛求完美的精神，努力打造一套经得起历史和实践检验的精品教材。税务总局成立了学习兴税指导委员会，要充分发挥委员会的全程把关作用，切实增强教材审核工作的专业性和权威性。

教材的影响力就像滚雪球似的，会越滚越大，不仅影响我们自己，还会影响他人；不仅影响当代人，还会影响几代人。我曾经对金税四期建设提出，要创造"攀攻几年、骄傲一生、惠及数代、享誉内外"的业绩。我想，税务教材编写和改革工作也一定要有这个气魄和壮志，那就是：我们要把税务教材建设作为一项基础工程、战略工程，倾力构建一整套为持续锻造忠诚干净担当的税务铁军培根铸魂，为高质量推进新征程税收现代化开智悟道，为深化国际税收合作铺路搭桥，为更好服务中国式现代化增劲添翼，突出中国特色、具有世界水平的税务教材新体系。让我们一起朝着这个目标努力努力再努力，共同把这件功在当代、利在长远的大事要事办成办好办出彩！

国家税务总局党委书记、局长　王　军

2022年11月

编写说明

为了满足税务系统新录用公务员学习需要，按照税务系统干部教育培训教材建设规划，我们编写了税务通用能力系列教材。本系列教材以“基本基础”和“应知应会”为原则，围绕组织使命、工作职责、工作依据、工作规范、风险防范等方面，着力培育税务职业精神，提高税务专业能力。

本书是税务通用能力系列教材《税费基础知识》和《税收相关法律基础知识》的配套习题集，知识点全、题型丰富、重点突出，兼顾应知应会基础知识与当前重点税收工作的相关性，以题促学，可以帮助税务干部快速掌握相关业务知识。

通用能力系列教材由国家税务总局教育中心统筹策划、组织编审。本书“税费基础知识练习题”部分由国家税务总局山西省税务局牵头编写，编写组组长由国家税务总局山西省税务局司新山担任，副组长由山西省税务干部学校史建宏、国家税务总局税务干部学院周开君担任。国家税务总局山西省税务局史建宏（第一章、第六章）、任晓红（第二章、第三章）、李彩娥（第四章）、王献军（第五章）、樊敬周（第七章）、闫静（第九章）、连彦政（第十一章），国家税务总局税务干部学院周开君（第一章）、王雪（第六章、第七章）、卢艺（第八章）、邵凌云（第十章）、韩凌宇（第十二章）参与编写，史建宏、李彩娥负责统稿。本书“税收相关法律基础知识练习题”部分由国家税务总局安徽省税务局牵头编写，编写组组长由国家税务总局安徽省税务局周敬军担任，副组长由国家税务总局安徽省税务局林虹、国家税务总局税务干部学院何小王担任。国家税务总局宿州市税务局王庆春（第一章、第六章），国家税务总局马鞍山经济技术开发区税务局汪森（第二章、第四章），国家税务总局安徽省税务局李云鹏（第三章、第九章），国家税务总局合肥市税务局陶涛（第五章、第七章），国家税务总局安徽省税务局林虹

（第八章）、季学宝（第十章）参与编写，林虹负责统稿。国家税务总局相关司局、系统内部分专家对教材进行了审核和审定。

由于水平有限，教材中疏漏之处在所难免，恳请读者批评指正。如有修改意见或建议，请发送至 jyzxjcc@ 163. com。

编 者

2022 年 5 月

目　　录

税费基础知识练习题

税收相关法律基础知识练习题

税费基础知识练习题

第一章 税收概论

一、单项选择题

1. 孟子反对征定额税，主张丰年多征、灾年少征。这些治税思想体现的税收的财政原则是（　　）。

A. 财政收入应当充裕　　B. 财政收入应当有弹性

C. 财政收入应当适度　　D. 财政收入应当法定

【答案】 B

【解析】 孟子的观点彰显了税收的财政原则中的弹性思想。

2. 税收负担必须根据纳税人的负担能力分配，负担能力相等，税负相同；负担能力不等，税负不同。上述税收思想所体现的税收原则是（　　）。

A. 税收法定原则　　B. 实质征税原则

C. 税收公平原则　　D. 法律优位原则

【答案】 C

【解析】 量能征税就是要求税收实现纵向公平，经济能力不同的人应缴纳数额不同的税收。

3. 下列税种中，采用超率累进税率的是（　　）。

A. 土地增值税　　B. 印花税

C. 城镇土地使用税　　D. 个人所得税

【答案】 A

【解析】 选项 A，土地增值税采用超率累进税率。选项 B，印花税采用比例税率和定额税率两种形式。选项 C，城镇土地使用税采用定额税率。选项 D，个人所得税采用超额累进税率与比例税率两种形式。

4. 下列各项中，不属于税收形式特征的是（　　）。

A. 自愿性　　B. 固定性

C. 无偿性　　D. 强制性

【答案】A

【解析】税收是国家为实现其职能，凭借政治权力“强制”征收的，其特征为强制性而非自愿性。

5. 税收法治的基本特征是（　　）。

A. 良法与善治的统一　　B. 法律至上

C. 正确处理权力与权利的关系　　D. 税收法定

【答案】A

【解析】税收法治的基本特征是良法与善治的统一。税收法治的基本价值取向是树立法律至上的现代法治观念。税收法治最基本的原则是税收法定。税收法治的核心是正确处理权力与权利的关系。

6. 下列属于税收程序法的是（　　）。

A.《增值税暂行条例》　　B.《税收征管法》

C.《企业所得税法》　　D.《耕地占用税法》

【答案】B

【解析】税收程序法，是指如何具体实施税收实体法的规定，是规定国家征税权行使程序和纳税人纳税义务履行程序的法律规范的总称。我国税收程序法的核心是《税收征管法》。

7. 下列法律效力最高的税法是（　　）。

A. 税收规章　　B. 税收法规

C. 税收法律　　D. 税务规范性文件

【答案】C

【解析】按税法效力分类，可以将税法分为税收法律、法规、规章、税务规范性文件。税收法律，是指享有国家立法权的国家最高权力机关，依照法律程序制定的规范性税收文件。其法律地位和法律效力仅次于宪法。

8. 中国特色社会主义税收的基本属性是（　　）。

A. 按劳分配、各尽所能　　B. 为国聚财、为民收税

C. 服务资本、服务国民　　D. 取之于民、用之于民

【答案】D

【解析】我国社会主义税收的基本属性是取之于民、用之于民。

9. 为顺应新时代人民群众的期盼，税务系统应牢固树立的服务理念是（　　）。

A. 优化税务执法方式　　B. 减税降费

C. 以纳税人缴费人为中心　　D. 非接触式办税缴费

【答案】 C

【解析】 新时代税务部门应牢固树立“以纳税人缴费人为中心”的服务理念。

10. 在推动全球税收治理变革中，要展现中国税务治理之智，深化（　　）。

A. “一带一路”税收征管合作机制

B. 联合国框架下的税收征管合作机制

C. 多边税收征管合作机制

D. 发展中国家税收征管合作机制

【答案】 A

【解析】 在推动全球税收治理变革中，要展现中国税务治理之智，深化“一带一路”税收征管合作机制。

二、多项选择题

1. 税收产生的前提条件主要有（　　）。

A. 社会条件是国家的产生　　B. 经济条件是私有制的存在

C. 法律条件是国家颁布税收法令　D. 管理条件是出现征税机关

E. 基本条件是满足国家财政需要

【答案】 AB

【解析】 税收产生的社会条件是国家的产生和存在；税收产生的经济条件是私有制的存在和发展。

2. 中国历史上曾多次进行重大税制改革。对税制改革的具体评价，下列说法中正确的有（　　）。

A. 春秋时期鲁国实施“初税亩”，从制度上肯定土地公有制，动摇了奴隶制的基础

B. 唐代初期推行“租庸调制”，客观上使政府赋税收入有了保障，但同时也较大加重了农民赋役负担

C. 唐代后期实行“两税法”，将地税和户税合并征收，改变了自战国以来以人丁为主的赋税制度，促进了当时社会经济的恢复发展

D. 明代嘉靖年间实施“一条鞭法”，其直接目的在于摆脱当时日益严重的财政危机

E. 清代康熙年间实施“摊丁入亩”，其主要内容为废除人头税，加大对最底层农民的人身控制

【答案】CD

【解析】“初税亩”承认土地私有制；“租庸调制”在一定程度上减轻了国家对农民的人身束缚，使农民在有土地耕种的同时保证了农耕的时间，推动了当时农业的发展；“两税法”把中唐极端紊乱的税制统一起来，在一定程度上减轻了人民的负担，促进了社会经济发展；“一条鞭法”将各州县田赋、徭役以及其他杂征总为一条，合并征收银两，按亩折算缴纳，简化税制既方便征收税款，也使地方官员难于作弊，进而增加财政收入。“摊丁入亩”是中国清朝雍正帝统治时的一项重大税制改革，废除了中国两千多年来的人头税（丁税），放松了对农民的人身控制。

3. 根据《立法法》规定，下列只能制定法律的税收基本制度有（　　）。

A. 税种的设立　　B. 纳税人的确定

C. 税率的确定　　D. 税收征收管理

E. 减免税政策

【答案】ACD

【解析】我国《立法法》规定，税种的设立、税率的确定和税收征收管理等税收基本制度只能制定法律。

4. 2020 年 12 月 30 日，习近平总书记主持召开中央全面深化改革委员会第 17 次会议并发表重要讲话。会议指出，优化税务执法方式要深入推进的工作可概括为“四精”。具体包括（　　）。

A. 精进通效　　B. 精确执法

C. 精细服务　　D. 精准监管

E. 精诚共治

【答案】BCDE

【解析】《关于进一步深化税收征管改革的意见》明确要深入推进精确执法、精细服务、精准监管、精诚共治，大幅提高税法遵从度和社会满意度，明显降低征纳成本，充分发挥税收在国家治理中的基础性、支柱性、保障性作用，为推动高质量发展提供有力支撑。

5. 进一步深化税收征管改革的目的是更好地发挥税收在国家治理中的重要作用。下列选项中，属于税收在国家治理中的作用的有（　　）。

A. 基础性　　B. 宏观性

C. 支柱性　　D. 保障性

E. 系统性

【答案】ACD

【解析】税收一头连着国家，一头连着数以亿计的市场主体，体现了国家与市场之间最基本的社会关系，事关国计民生。新时代深化税收征管改革的重要使命，就是要通过税收征管体制机制创新，全面提升征管能力，充分发挥税收在国家治理中的基础性、支柱性、保障性作用，肩负起“为国聚财、为民收税”的神圣使命。

6. 截至2021年底，下列税种已经立法征税的有（　　）。

A. 增值税　　B. 车辆购置税

C. 耕地占用税　　D. 烟叶税

E. 城市维护建设税

【答案】BCDE

【解析】截至2021年底，增值税尚未完成立法，其余四个税种均已完成立法。

7. 下列属于我国税收执法机关的包括（　　）。

A. 税务部门　　B. 海关部门

C. 财政部门　　D. 市场监督管理部门

E. 社会保障部门

【答案】AB

【解析】税收执法权是税收征收管理机关依法行政、征收税款的法定权力。目前我国税收执法机关主要有税务部门和海关部门。

8. 我国各级税务机关内部部门设置依据的标准主要包括（　　）。

A. 行政区划　　B. 税种分类

C. 管理职能　　D. 纳税人类型

E. 人员多少

【答案】BCD

【解析】各级税务机关内部部门设置主要依据税种分类、管理职能和纳税人类型三个标准来进行，也可以是若干标准结合的结果。

9. 下列对新时代税收现代化建设具体目标表述正确的有（　　）。

A. 构建坚强有力的党的领导体系　B. 构建科学完备的税收法治体系

C. 构建优质便捷的税费服务体系　D. 构建严密规范的税费征管体系

E. 构建合作共赢的国际税收体系

【答案】BCDE

【解析】选项 A 错误，准确的表述是“构建坚强有力的党的领导制度体系”。

10. 下列属于中国税务精神内容的有（　　）。

A. 忠诚担当　　B. 爱国奉献

C. 诚实守信　　D. 崇法守纪

E. 兴税强国

【答案】ADE

【解析】中国税务精神的内容是：“忠诚担当、崇法守纪、兴税强国”。

三、判断题

1. 从税收基本原理角度看，起征点只能照顾一部分纳税人，而免征额可以照顾适用范围内的所有纳税人。因此，起征点和免征额尽管都是税收优惠，但其基本内涵不同。(　　)

【答案】√

【解析】“起征点”是征税对象达到一定数额开始征税的起点，“免征额”是在征税对象的全部数额中免予征税的数额。因此，两者虽然都是税收优惠，但其内涵不同。

2. 国家税务总局不能制定出台税收法规。(　　)

【答案】√

【解析】税收法规，是指国务院、地方人大根据其职权或全国人大的授权，依据宪法和税收法律，通过一定法律程序制定的规范性税收文件。

3. 统筹推进减税降费和组织收入工作，就是既要把该减的税费不折不扣减到位，又要努力把该收的税费依法依规收上来，坚决守牢不收“过头税费”的底线。(　　)

【答案】√

【解析】落实减税降费政策和依法依规征税收费都是税务部门的基本职责，两者既有统一性又有矛盾性。统一性在于服务大局、促进发展的目的统一，矛盾性在于财政收支压力加大给落实减税降费和依法依规征税收费都带来不小压力。税务部门应想方设法妥善解决好两者间可能出现的矛盾，做到既坚决落实好减税降费政策，激发市场主体动力和活力；又依法依规组织收入，坚决不收“过头税费”，为“六稳”“六保”大局提供财力保障。

4. 英国18世纪政治思想家爱德蒙·柏克在《法国大革命反思录》中写道："国家的税收就是国家"；马克思指出："国家存在的经济体现就是捐税"，这表明税收是国家治理的基础和重要支柱。(　　)

【答案】√

【解析】税收在国家治理中具有基础性、支柱性、保障性作用。

5. 人类社会各个时期的税收法令和法律从性质上看是一致的，都是为了维护正常的税收秩序。(　　)

【答案】×

【解析】在法治社会，与以往一样的仍然是政府征税，纳税人按规定纳税。所不同的是，在税法制定的权限和程序、税款征收的权力和方法、税款使用的方向和内容等方面发生了根本性的变化，国王和政府的权力被严格限制，没有立法机关的同意，任何人或政府都不能肆意征收税款。

6. 税收规章可以作为税收司法的直接依据，发挥特有的税法效力。(　　)

【答案】×

【解析】税收规章可以增强税法的灵活性和可操作性，是税法体系的必要组成部分，但其法律效力较低。一般情况下，税收规章不作为税收司法的直接依据，而只具有参考性的效力。

7. 国际税法和国内税法的法律效力是平行的。(　　)

【答案】×

【解析】国际税法是国际法的特殊组成部分，一旦得到一国政府和立法机关的法律承认，国际税法的效力高于国内税法。

8. 税收立法权是税收管理体制的核心内容。(　　)

【答案】×

【解析】划分税权是税收管理体制的核心内容。

9. 税收是国家以法律规定对社会剩余产品进行的再分配，这种分配关系与市场分配方式有本质区别。(　　)

【答案】√

【解析】税收分配关系是一种特殊的分配关系，根本原因是税收分配通过非市场方式实现。

10. 为确保新时代治税思想的方向正确，必须坚持党对税务工作的领导。(　　)

【答案】√

【解析】在新时代税收现代化进程中，应坚持党对税收发展方向、税收政策运用协调、税收制度改革及其出台时机的全面领导，这是新时代税务工作的根本要求。

第二章　增　值　税

一、单项选择题

1. 根据增值税的类型划分，我国现行增值税属于（　　）。

A. 消费型增值税　　B. 生产型增值税

C. 收入型增值税　　D. 产出型增值税

【答案】 A

【解析】 我国现行增值税属于消费型增值税。

2. 从理论上讲，作为增值税征税对象的增值额是指（　　）。

A. V + M　　B. V

C. M　　D. C + V + M

【答案】 A

【解析】 增值额是企业在生产经营过程中新创造的那部分价值，即货物或劳务价值中的 V + M 部分，在我国相当于净产值或国民收入的部分。

3. 某汽车租赁公司为增值税一般纳税人，提供汽车租赁服务。2021 年 9 月取得的租金收入，根据现行增值税政策规定适用税率是（　　）

A. 13%　　B. 9%

C. 10%　　D. 6%

【答案】 A

【解析】 增值税一般纳税人提供有形动产租赁服务适用 13% 税率。

4. 下列关于增值税视同销售货物行为的说法中正确的是（　　）。

A. 购进的货物用于集体福利应视同销售货物

B. 购进的货物用于个人消费应视同销售货物

C. 位于同一县市实行统一核算的两个机构间移送货物用于销售的应视同销售货物

D. 购进的货物无偿赠送给其他单位应视同销售货物

【答案】D

【解析】单位或者个体工商户的下列行为，视同销售货物：设有两个以上机构并实行统一核算的纳税人，将货物从一个机构移送至其他机构用于销售，但相关机构设在同一县（市）的除外；将自产、委托加工的货物用于集体福利或者个人消费；将自产、委托加工或者购进的货物无偿赠送其他单位或者个人。

5. 增值税一般纳税人支付的下列运费，不允许计算抵扣进项税额的是（　　）。

A. 销售自产小轿车支付的运输费用

B. 外购生产用气体支付的运输费用

C. 外购职工福利用品的运输费用

D. 向小规模纳税人购买免税农产品的运输费用

【答案】C

【解析】纳税人用于简易计税方法计税项目、免征增值税项目、集体福利或者个人消费的购进货物，以及劳务、服务、无形资产和不动产，其进项税额不得从销项税额中抵扣。

6. 一般纳税人生产销售的下列货物中，适用9%税率的是（　　）。

A. 电视机　　B. 电力

C. 报纸　　D. 空气净化器

【答案】C

【解析】纳税人销售或者进口下列货物，税率为9%：农产品（含粮食）、自来水、暖气、石油液化气、天然气、食用植物油、冷气、热水、煤气、居民用煤炭制品、食用盐、农机、饲料、农药、农膜、化肥、沼气、二甲醚、图书、报纸、杂志、音像制品、电子出版物。

7. 以购进农产品为原料生产销售液体乳及乳制品、酒及酒精、植物油的增值税一般纳税人，购进农产品的增值税进项税额，采用（　　）。

A. 核定扣除办法　　B. 购进扣税办法

C. 税额抵减办法　　D. 税额退还办法

【答案】A

【解析】以购进农产品为原料生产销售液体乳及乳制品、酒及酒精、植物油的增值税一般纳税人，其购进农产品无论是否用于生产上述产品，购进农产品的增值税进项税额，实施核定扣除办法。

8. 小规模纳税人法定增值税征收率为（　　）。

A. 13%　　B. 9%

C. 6%　　D. 3%

【答案】D

【解析】根据《增值税暂行条例》第十二条规定，小规模纳税人增值税法定征收率为3%。

9. 现行增值税政策规定，增值税小规模纳税人的标准是（　　）。

A. 年应征增值税销售额500万元及以下

B. 年应征增值税销售额500万元（不含本数）

C. 年应征增值税销售额80万元及以下

D. 年应征增值税销售额180万元及以下

【答案】A

【解析】自2018年5月1日起，增值税小规模纳税人标准统一为年应征增值税销售额500万元及以下。

10. 根据现行增值税政策规定，下列项目中准予从销项税额中抵扣进项税额的是（　　）。

A. 免征增值税项目购进货物

B. 集体福利购进货物

C. 生产应税项目购进的免税农产品

D. 简易计税方法计税项目购进货物

【答案】C

【解析】增值税一般纳税人购进货物时，用于简易计税方法计税项目、免征增值税项目、集体福利或者个人消费，进项税额不得从销项税额中抵扣。一般纳税人购进免税农产品准予按规定抵扣。

11. 2021年7月，某汽车生产企业（增值税一般纳税人）销售一批小轿车，取得不含税销售额1300万元，同时收取小轿车改装款16.95万元，则该汽车生产企业当月需要计算的增值税销项税额为（　　）。

A. 2.44万元　　B. 225.59万元

C. 170.95万元　　D. 228.46万元

【答案】C

【解析】收取的小轿车改装款属于价外费用（含税销售额），需换算为不含税销售额。

销项税额 $=1300\times13\%+16.95\div(1+13\%)\times13\%=170.95$（万元）

12. 某企业为增值税小规模纳税人，2022 年 8 月取得适用 3% 征收率的含税销售收入 129780 元，购进原材料支付价款 36400 元。该企业当月应缴纳的增值税为（　　）。

A. 0 元　　B. 5400 元

C. 5724 元　　D. 3780 元

【答案】A

【解析】自 2022 年 4 月 1 日至 2022 年 12 月 31 日，增值税小规模纳税人适用 3% 征收率的应税销售收入，免征增值税。

13. 某企业系增值税一般纳税人，发生的下列款项应计入应征增值税销售额的是（　　）。

A. 向购买方收取的销项税额

B. 受托加工应征消费税的消费品所代收代缴的消费税

C. 销售货物的同时代办保险等而向购买方收取的保险费

D. 向购货方收取的延期付款利息

【答案】D

【解析】增值税属于价外税，销售额不包括向购买方收取的销项税额；受托方代收代缴的消费税是要上缴给国家的，不是受托方提供加工劳务获得的收入，不属于价外费用；销售货物的同时代办保险等而向购买方收取的保险费，以及向购买方收取的代购买方缴纳的车辆购置税、车辆牌照费，也不属于价外费用。增值税中的价外费用，包括价外向购买方收取的手续费、补贴、基金、集资费、返还利润、奖励费、违约金、滞纳金、延期付款利息、赔偿金、代收款项、代垫款项、包装费、包装物租金、储备费、优质费、运输装卸费以及其他各种性质的价外收费。

14. 张某将一辆自己使用过的原值为 8000 元的摩托车出售，取得收入 4160 元。下列说法正确的是（　　）。

A. 应缴纳 80 元的增值税

B. 免征增值税

C. 应缴纳 240 元的增值税

D. 应缴纳 160 元的增值税

【答案】B

【解析】自然人销售自己使用过的物品免征增值税。

15. 根据现行增值税制度的规定，下列各项中，属于增值税征税范围的是（　　）。

A. 存款利息

B. 单位聘用的员工为本单位提供的服务

C. 个体工商户为聘用的员工提供服务

D. 将委托加工的货物用于集体福利

【答案】 D

【解析】 选项 A 属于不征收增值税项目；选项 B、C 属于非经营活动，不缴纳增值税；选项 D 属于视同销售货物的行为，应征收增值税。

16. 增值税的纳税期限分别为 1 日、3 日、5 日、10 日、15 日、1 个月和 1 个季度。下列适用于以 1 个季度为纳税期限的纳税人是（　　）。

A. 小规模纳税人

B. 销售货物的一般纳税人

C. 季节性生产的一般纳税人

D. 货物生产周期长的一般纳税人

【答案】 A

【解析】 以 1 个季度为纳税期限的规定适用于小规模纳税人、银行、财务公司、信托投资公司、信用社，以及财政部和国家税务总局规定的其他纳税人。

17. 关于增值税进口货物的计税价格，下列说法正确的是（　　）。

A. 计税价格不含消费税　　B. 计税价格含增值税

C. 计税价格不含关税　　D. 计税价格含关税和消费税

【答案】 D

【解析】 纳税人进口货物，按照组成计税价格和规定的税率计算应纳税额，组成计税价格的公式为：组成计税价格 = 关税完税价格 + 关税 + 消费税。

18. 增值税小规模纳税人采取的计税方式是（　　）。

A. 核定征收方式　　B. 查账征收方式

C. 简易计税方式　　D. 发货票抵扣税款方式

【答案】 C

【解析】 增值税小规模纳税人采取简易计税方式计算增值税税额。

19. 一般纳税人出租其取得的不动产，不动产所在地与机构所在地不在同一县（市、区）的，负责预征增值税的税务机关是（　　）。

A. 不动产所在地税务机关

B. 机构所在地税务机关

C. 不动产所在地财政部门

D. 机构所在地财政部门

【答案】A

【解析】除自然人外，纳税人出租其取得的不动产，不动产所在地与机构所在地不在同一县（市、区）的，应按照规定的计税方法向不动产所在地主管税务机关预缴税款，向机构所在地主管税务机关申报纳税。

二、多项选择题

1. 下列关于增值税小规模纳税人的说法，正确的有（　　）。

A. 实行简易征收办法

B. 销售货物的非企业性单位可以选择按小规模纳税人纳税

C. 不得抵扣进项税额

D. 一经认定为小规模纳税人，不得再转为一般纳税人

E. 可以按季纳税

【答案】ABCE

【解析】除国家税务总局另有规定外，纳税人一经登记为一般纳税人后，不得转为小规模纳税人。

2. 根据现行增值税政策规定，下列应税销售行为适用6%税率的有（　　）。

A. 增值电信服务　　B. 交通运输服务

C. 金融服务　　D. 基础电信服务

E. 餐饮服务

【答案】ACE

【解析】提供交通运输服务、基础电信服务适用9%的增值税税率。

3. 根据现行增值税政策规定，单位或个体工商户的下列行为应视同销售货物征收增值税的有（　　）。

A. 将委托加工收回的货物用于赠送客户

B. 将外购的食品作为中秋节福利发给职工

C. 将自产的办公用品用于公司办公使用

D. 将自产的设备以投资的方式投入联营企业

E. 将委托加工的货物对外销售

【答案】AD

【解析】将自产、委托加工或者购进的货物无偿赠送其他单位或者个人视同销售货物，A 选项正确；将自产、委托加工或者购进的货物作为投资，提供给其他单位或者个体工商户视同销售货物，D 选项正确；将外购货物用于集体福利或者个人消费不得抵扣进项税额，已经抵扣应当作进项税额转出，B 选项错误；自产产品自己使用，不属于视同销售列举项目，C 选项错误；将委托加工的货物对外销售，本身就是销售行为，与视同销售无关，E 选项错误。

4. 依据增值税有关规定，下列行为中属于增值税征税范围的有（　　）。

A. 婚介公司提供婚介服务

B. 房地产开发公司销售房屋

C. 饭店提供餐饮服务

D. 根据国家指令无偿提供铁路运输服务、航空运输服务

E. 存款利息

【答案】ABC

【解析】根据国家指令无偿提供的铁路运输服务、航空运输服务，属于《营业税改征增值税试点实施办法》规定用于公益事业的服务，不视同销售服务，属于不征收增值税项目；存款利息属于不征收增值税项目。

5. 下列服务中，应缴纳增值税的有（　　）。

A. 信息技术服务　　B. 文化创意服务

C. 鉴证咨询服务　　D. 旅游服务

E. 法院提供的诉讼服务

【答案】ABCD

【解析】法院提供的诉讼服务属于行政事业性收费，属于非经营活动，不征收增值税。

6. 增值税纳税人按照人民币以外的货币结算销售额的，应当折合成人民币计算，折合率可以选择的情形包括（　　）。

A. 销售额发生当天人民币汇率中间价

B. 销售额发生当月人民币汇率中间价均价

C. 销售额发生当月最后一日人民币汇率中间价

D. 销售额发生当月 1 日人民币汇率中间价

E. 销售额发生当天人民币汇率最高价

【答案】AD

【解析】增值税销售额以人民币计算。纳税人按人民币以外的货币结算销售额的，其销售额的人民币折合率可以选择销售额发生的当天或者当月 1 日的人民币汇率中间价。

7. 根据现行增值税政策规定，销售方销售货物和应税劳务同时向购买方收取的下列款项属于价外费用的有（　　）。

A. 延期付款利息

B. 优质费

C. 违约金

D. 销售货物的同时代办保险收取的保险费

E. 代收的符合规定条件的政府性基金

【答案】ABC

【解析】价外费用包括价外向购买方收取的手续费、补贴、基金、集资费、返还利润、奖励费、违约金、滞纳金、延期付款利息、赔偿金、代收款项、代垫款项、包装费、包装物租金、储备费、优质费、运输装卸费以及其他各种性质的价外收费。价外费用不包括：①销售货物的同时代办保险等而向购买方收取的保险费，以及向购买方收取的代购买方缴纳的车辆购置税、车辆牌照费；②代为收取的符合条件的政府性基金。

8. 企业使用的下列车辆中，购进环节可以在本企业抵扣进项税额的有（　　）。

A. 接送员工上下班专用的汽车

B. 生产用货车

C. 职工食堂专用的货车

D. 既用于职工食堂也用于生产的货车

E. 承租方经营租赁用于生产的货车

【答案】BD

【解析】选项 A、C 属于外购货物用于集体福利，不予抵扣进项税额。选项 D 属于既用于增值税应税项目也用于集体福利的固定资产，准予抵扣进项税额。选项 B 用于生产的货车准予抵扣进项税额。选项 E 由出租方抵扣进项税额，承租方不予抵扣。

9. 下列各项中，不予从销项税额中抵扣的进项税额有（　　）。

A. 专门用于简易计税方法计税项目购进的专利技术

B. 既用于增值税应税项目又用于简易计税方法计税项目购进的固定资产

C. 非正常损失的购进货物

D. 接受的旅客运输服务

E. 娱乐服务

【答案】ACE

【解析】下列项目，进项税额不得从销项税额中抵扣：①用于简易计税方法计税项目、免征增值税项目、集体福利或者个人消费。其中涉及的固定资产、无形资产、不动产，仅指专用于上述项目的固定资产、无形资产（不包括其他权益性无形资产）、不动产。②非正常损失的购进货物，以及相关的劳务和交通运输服务。③购进的贷款服务、餐饮服务、居民日常服务和娱乐服务。购进的旅客运输服务准予抵扣进项税额。

10. 根据增值税的税收优惠政策，下列各项免征增值税的有（　　）。

A. 农民销售自己种植的玉米

B. 农民销售自己收购的花生

C. 向社会收购的古书

D. 直接用于教学的进口设备

E. 个体工商户销售自己使用过的物品

【答案】ACD

【解析】下列项目免征增值税：农业生产者销售的自产农产品；向社会收购的古书和旧书；直接用于科学研究、科学试验和教学的进口仪器、设备；其他个人销售自己使用过的物品。

11. 关于增值税纳税期限，下列说法正确的有（　　）。

A. 按月纳税

B. 按次纳税

C. 按日纳税

D. 按数量纳税

E. 按年纳税

【答案】ABC

【解析】增值税的纳税期限分别为1日、3日、5日、10日、15日、1个月或者1个季度。纳税人的具体纳税期限，由主管税务机关根据纳税人应纳税额的大小分别核定；不能按照固定期限纳税的，可以按次纳税。

12. 下列项目中，属于“销售服务、无形资产或者不动产”范围的业务有（　　）。

A. 建筑企业提供的建筑安装服务

B. 超市销售的商品

C. 汽修企业提供的修理服务

D. 转让专利权

E. 房地产企业销售的商品房

【答案】ADE

【解析】销售服务，是指有偿提供交通运输服务、邮政服务、电信服务、建筑服务、金融服务、现代服务、生活服务。销售无形资产，是指有偿转让无形资产所有权或者使用权的业务活动，包括技术、商标、著作权、商誉、自然资源使用权和其他权益性无形资产。B 选项属于销售货物，C 选项属于提供劳务，E 选项属于销售不动产。

13. 注明旅客身份信息的航空运输电子客票行程单，计算进项税额抵扣的基础包括（　　）。

A. 票价　　B. 燃油附加费

C. 航空保险费　　D. 机场建设费

E. 到达机场的出租车费

【答案】AB

【解析】取得注明旅客身份信息的航空运输电子客票行程单的，按照下列公式计算进项税额：航空旅客运输进项税额 =（票价 + 燃油附加费）÷（1 +9%）×9%。

14. 纳税人发生下列增值税应税销售行为，免征增值税的有（　　）。

A. 其他个人销售自己使用过的摩托车

B. 婚介所提供的婚姻介绍服务

C. 寺院的门票收入

D. 寺院销售货物的收入

E. 将货物销往养老院

【答案】ABC

【解析】下列项目免征增值税：婚姻介绍服务；寺院、宫观、清真寺和教堂举办文化、宗教活动的门票收入；销售自己使用过的物品，自己使用过的物品是指其他个人自己使用过的物品。

15. 下列关于增值税纳税地点的表述，正确的有（　　）。

A. 固定业户应当向其机构所在地主管税务机关申报纳税

B. 固定业户应当向购买方所在地主管税务机关申报纳税

C. 其他个人提供建筑服务应向建筑服务发生地主管税务机关申报纳税

D. 进口货物，应当向报关地海关申报纳税

E. 扣缴义务人应当向其机构所在地或者居住地主管税务机关申报缴纳其扣缴的税款

【答案】ACDE

【解析】固定业户应当向其机构所在地的主管税务机关申报纳税；其他个人提供建

筑服务、销售或者租赁不动产、转让自然资源使用权，应向建筑服务发生地、不动产所在地、自然资源所在地主管税务机关申报纳税；进口货物，应当向报关地海关申报纳税；扣缴义务人应当向其机构所在地或者居住地的主管税务机关申报缴纳其扣缴的税款。

16. 纳税人发生下列应税销售行为，需要预缴税款的有（　　）。

A. 小规模纳税人采取预收款方式销售自行开发的房地产项目

B. 纳税人跨地（市、州）提供建筑服务

C. 一般纳税人出租其取得的与机构所在地不在同一县（市、区）的不动产

D. 个体工商户出租其取得的与机构所在地不在同一县（市、区）的不动产

E. 其他个人出租其取得的与机构所在地不在同一县（市、区）的不动产

【答案】 ABCD

【解析】 小规模纳税人采取预收款方式销售自行开发的房地产项目，应在收到预收款时按照3%的预征率预缴增值税。纳税人跨地（市、州）提供建筑服务，应按照规定的纳税义务发生时间和计税方法，向建筑服务发生地主管税务机关预缴税款。除其他个人外，纳税人出租其取得的不动产，不动产所在地与机构所在地不在同一县（市、区）的，应按照规定的计税方法向不动产所在地主管税务机关预缴税款。

17. 张某出租购买的商铺和住房，下列表述正确的有（　　）。

A. 出租商铺按照5%的征收率计算应纳税额

B. 出租商铺按照9%的税率计算应纳税额

C. 出租住房按照9%的税率计算应纳税额

D. 出租住房按照5%的征收率计算应纳税额

E. 出租住房按照5%的征收率减按1.5%计算应纳税额

【答案】 AE

【解析】 其他个人出租不动产（不含住房），按照5%的征收率计算应纳税额。其他个人出租住房，按照5%的征收率减按1.5%计算应纳税额。

18. 某一般纳税人将已抵扣进项税额的固定资产转到福利部门使用，资产原值20万元，已计提折旧5万元，固定资产适用税率13%。下列表述正确的有（　　）。

A. 按固定资产原值和适用税率计算不得抵扣的进项税额

B. 按固定资产净值和适用税率计算不得抵扣的进项税额

C. 按固定资产原值和3%征收率计算不得抵扣的进项税额

D. 按固定资产净值和3%征收率计算不得抵扣的进项税额

E. 不得抵扣的进项税额为1.95万元

【答案】BE

【解析】已抵扣进项税额的固定资产、无形资产，发生不得抵扣情形的，按照下列公式计算不得抵扣的进项税额：不得抵扣的进项税额 = 固定资产、无形资产净值 × 适用税率。本题中，不得抵扣的进项税额 =（20 − 5）× 13% = 1.95（万元）。

19. 下列关于在我国境内发生应税销售行为，表述正确的有（　　）。

A. 在境内销售货物，是指销售货物的起运地或者所在地在境内

B. 在境内销售劳务，是指提供的应税劳务发生在境内

C. 在境内销售服务，是指服务（租赁不动产除外）的销售方或者购买方在境内

D. 在境内销售不动产，是指销售的不动产在境内

E. 在境内销售服务，是指服务（租赁不动产除外）发生在境内

【答案】ABCD

【解析】在境内销售货物，是指销售货物的起运地或者所在地在境内；在境内销售劳务，是指提供的应税劳务发生在境内；在境内销售服务，是指服务（租赁不动产除外）的销售方或者购买方在境内；境内销售不动产，是指销售的不动产在境内。

20. 下列关于增值税专用发票开具管理，表述正确的有（　　）。

A. 项目齐全，与实际交易相符

B. 字迹清楚，不得压线、错格

C. 发票联和抵扣联加盖发票专用章

D. 按照增值税纳税义务的发生时间开具

E. 对不符合要求的增值税专用发票，购买方无权拒收

【答案】ABCD

【解析】增值税专用发票开具要求：项目齐全，与实际交易相符；字迹清楚，不得压线、错格；发票联和抵扣联加盖发票专用章；按照增值税纳税义务的发生时间开具。对不符合上述要求的增值税专用发票，购买方有权拒收。

三、判断题

1. 在现行货物与劳务税的制度体系中，最能体现“鼓励专业化协作与生产”政策导向的税种是增值税。（　　）

【答案】√

【解析】增值税以增值额为征税对象，不重复征税，因此最能体现“鼓励专业化协作与生产”。

2. 有偿转让货物所有权、提供劳务、提供服务、转让无形资产所有权或者使用权、转让不动产所有权中的“有偿”是指取得货币、货物。( )

【答案】×

【解析】“有偿”是指取得货币、货物或者其他经济利益。

3. 销售货物或者应税劳务适用增值税免税规定的，纳税人可以放弃免税。放弃免税的纳税人在5年内不得再申请免税。( )

【答案】×

【解析】纳税人销售货物或者提供应税劳务和销售服务、无形资产、不动产适用免税、减税规定的，可以放弃免税、减税，依照规定缴纳增值税。放弃免税、减税后，36个月内不得再申请免税、减税。

4. 一项销售行为如果既涉及货物又涉及服务，应分别核算货物和服务的销售额，分别征收增值税。( )

【答案】×

【解析】一项销售行为如果既涉及货物又涉及服务，为混合销售。从事货物的生产、批发或者零售的单位和个体工商户的混合销售行为，按照销售货物缴纳增值税；其他单位和个体工商户的混合销售行为，按照销售服务缴纳增值税。

5. 单位或者个体工商户向其他单位或者个人无偿提供服务，视同销售服务。( )

【答案】×

【解析】视同销售服务，是指单位或者个体工商户向其他单位或者个人无偿提供服务，但用于公益事业或者以社会公众为对象的除外。

6. 某药厂为增值税一般纳税人，销售免税药品可以开具增值税专用发票。( )

【答案】×

【解析】销售免税货物，不得开具增值税专用发票。

7. 增值税纳税人将货物从一个机构移送到另一个机构用于销售的，应视同销售货物缴纳增值税。( )

【答案】×

【解析】设有两个以上机构并实行统一核算的纳税人，将货物从一个机构移送至其他机构用于销售，应视同销售货物，但相关机构设在同一县（市）的除外。

8. 依据现行增值税的相关规定，纳税人出口货物税率均为零。（　　）

【答案】×

【解析】纳税人出口货物，税率为零；但是，国务院另有规定的除外。

9. 纳税人销售货物、劳务、服务、无形资产或者不动产适用不同税率的，应当分别核算适用不同税率的销售额，未分别核算销售额的，从高适用税率。（　　）

【答案】√

【解析】纳税人销售货物、劳务、服务、无形资产或者不动产适用不同税率或者征收率的，应当分别核算适用不同税率或者征收率的销售额，未分别核算销售额的，从高适用税率。

10. 销售货物的同时代办保险等而向购买方收取的保险费，以及向购买方收取的代购买方缴纳的车辆购置税、车辆牌照费，属于应征增值税的价外费用。（　　）

【答案】×

【解析】纳税人销售货物的同时代办保险等而向购买方收取的保险费，以及向购买方收取的代购买方缴纳的车辆购置税、车辆牌照费，不属于应征增值税的价外费用。

11. 增值税纳税人销售货物的价格明显偏低并无正当理由的，由主管税务机关按组成计税价格确定其销售额。（　　）

【答案】×

【解析】纳税人销售货物的价格明显偏低并无正当理由或者发生视同销售货物行为而无销售额的，由主管税务机关按下列顺序核定其销售额：①按纳税人最近时期同类货物的平均销售价格确定；②按其他纳税人最近时期同类货物的平均销售价格确定；③按组成计税价格确定。

12. 纳税人购进法定免税农产品，按照9%的扣除率计算进项税额。（　　）

【答案】×

【解析】纳税人购进免税农产品，如果用于生产销售或者委托受托加工适用13%税率货物的农产品，按照10%的扣除率计算进项税额。

13. 自然人出租不动产，均按照5%的征收率计算增值税应纳税额。（　　）

【答案】×

【解析】其他个人出租不动产（不含住房），按照5%的征收率计算增值税应纳税额，向不动产所在地主管税务机关申报纳税。其他个人出租住房，按照5%的征收率减按1.5%计算增值税应纳税额。

14. 增值税纳税人可以自行选择按期纳税或按次纳税。(　　)

【答案】×

【解析】增值税的纳税期限分别为1日、3日、5日、10日、15日、1个月或者1个季度。纳税人的具体纳税期限，由主管税务机关根据应纳税额的大小分别核定；不能按照固定期限纳税的，可以按次纳税。

15. 纳税人跨地（市、州）提供建筑服务，在建筑服务发生地主管税务机关申报纳税。(　　)

【答案】×

【解析】纳税人跨地（市、州）提供建筑服务，应向建筑服务发生地主管税务机关预缴税款，向机构所在地主管税务机关申报纳税。

16. 增值税一般纳税人购进用于对外捐赠的货物，取得法定扣税凭证的，可以抵扣增值税进项税额。(　　)

【答案】√

【解析】纳税人将外购货物无偿赠送其他单位和个人作视同销售货物，其进项税额准予抵扣。

17. 金银首饰以旧换新业务，按新货物的正常售价减去旧货物的回收价格后的不含税余额征收增值税。(　　)

【答案】√

【解析】金银首饰以旧换新业务，按销售方实际收取的不含增值税的全部价款，即新货物的正常售价减去旧货物的回收价格后的不含税余额征收增值税。

18. 纳税人申请增值税专用发票最高开票限额的，主管税务机关必须事前进行实地查验。(　　)

【答案】×

【解析】纳税人申请增值税专用发票最高开票限额不超过10万元的，主管税务机关不需要事前进行实地查验。

19. 从事餐饮服务的一般纳税人从蔬菜批发市场购进免税蔬菜，取得增值税普通发票，该普通发票可以计算抵扣进项税额。(　　)

【答案】×

【解析】购进农产品取得农业生产者开具的自产农产品销售发票，可以计算抵扣进项税额。纳税人从批发、零售环节购进适用免征增值税政策的蔬菜、部分鲜活肉蛋而取得的增值税普通发票，不得作为计算抵扣进项税额的凭证。

20. 纳税人兼营增值税免税、减税项目的，应当分别核算免税、减税项目的销售额；未分别核算的，减半征收增值税。(　　)

【答案】×

【解析】纳税人兼营增值税免税、减税项目的，应当分别核算免税、减税项目的销售额；未分别核算的，不得免税、减税。

四、综合题

（一）某家电零售企业为增值税一般纳税人（增值税税率13%），2021年3月发生购销业务如下：

1. 本月购入W型彩色电视机150台，取得的增值税专用发票上注明价款为600000元、增值税为78000元；支付运输费用，取得增值税专用发票上注明价款为10000元、增值税为900元。

2. 本月销售W型彩色电视机40台，每台零售价4520元；另外将10台W型彩色电视机奖励给先进职工。

3. 采取以旧换新方式销售电冰箱300台，旧冰箱收购价为200元/台，新冰箱零售价为2260元/台。

4. 采用分期收款方式销售冰柜100台，每台零售价9040元，合同规定当月收款50%，余款次月后支付。

5. 上月未抵扣完的增值税进项税额为6120元。

当期获得的增值税专用发票已通过增值税发票综合服务平台确认抵扣。

根据上述资料和税法规定，计算该纳税人当月应纳的增值税。

【答案】

1. 业务1：购进货物取得合法有效抵扣凭证，可抵扣进项税额 $=78000+900=78900$（元）。

2. 业务2：销售货物销项税额 $=40\times4520\div(1+13\%)\times13\%=20800$（元）

外购货物用于职工奖励应当按进项税额转出处理，进项税额转出金额 $=78900\times10\div150=5260$（元）。

3. 业务3：以旧换新按新货物销售价计税，不得扣减旧货物收购价，金银首饰除外。

销项税额 $=300\times2260\div(1+13\%)\times13\%=78000$（元）

4. 业务 4：以分期收款方式销售货物，按合同约定的收款日期确认纳税义务，按约定金额确认销售额。零售企业的零售价为含税价，上述零售价均含税。

销项税额 = 100 × 9040 × 50% ÷（1 + 13%）× 13% = 52000（元）

5. 业务 5：上期留抵税额允许在本期抵扣。

应纳税额 = 20800 + 78000 + 52000 -（78900 - 5260）- 6120 = 71040（元）

（二）某企业为一般纳税人，2021 年 2 月发生下列业务：

1. 购进原材料一批，取得的增值税专用发票上注明价款为 200000 元、增值税为 26000 元。

2. 购进生产用设备一台，取得的增值税专用发票上注明的销售额为 300000 元、增值税为 39000 元。

3. 将无形资产使用权提供给某高校无偿使用，同类服务含税价为 530000 元。

4. 以分期收款方式销售货物一批，开具的增值税专用发票上注明销售额为 900000 元，本月实际收到货款 200000 元，合同规定本月应收货款为 300000 元。

当期获得的增值税专用发票已通过增值税发票综合服务平台确认抵扣。货物增值税适用税率均为 13%。

根据上述资料，计算该纳税人当月应纳的增值税。

【答案】

1. 业务 1：购进货物取得合法有效抵扣凭证，可抵扣进项税额为 26000 元。

2. 业务 2：购进生产设备取得合法有效抵扣凭证，可抵扣进项税额为 39000 元。

3. 业务 3：视同销售服务，有同类服务销售价。

销项税额 = 530000 ÷（1 + 6%）× 6% = 30000（元）

4. 业务 4：纳税人无论采用何种结算方式，先开发票的，在开具发票的当天确认纳税义务的发生。

销项税额 = 900000 × 13% = 117000（元）

应纳税额 = 30000 + 117000 - 26000 - 39000 = 82000（元）

（三）某企业为增值税一般纳税人，2021 年 3 月发生以下业务：

1. 购进钢材一批，取得的增值税专用发票上注明的金额为 500 万元，增值税为 65 万元，取得承运部门开具的增值税专用发票，注明运费金额为 4 万元，增值税为 0.36 万元。从某小规模纳税人企业购进辅料支付 0.85 万元，取得增值税普通发票。

2. 销售机械设备开具增值税专用发票，取得不含税价款 800 万元，向消费者个人销售机械设备开具增值税普通发票，发票注明价款为 56.5 万元。

3. 将本月购进已抵扣进项税额的钢材用于修建职工浴室，进价 1 万元（不含增值税）。

4. 将自产的一套机械设备捐赠给灾区，同类设备不含税销售额100万元。

当期获得的增值税专用发票已通过增值税发票综合服务平台确认抵扣，货物增值税适用税率均为13%。

根据上述资料，计算该纳税人当月应纳的增值税。

【答案】

1. 业务1：购进材料必须凭合法有效的抵扣凭证抵扣进项税额，从小规模纳税人处购入货物，未取得增值税专用发票，不予抵扣进项税额。

可抵扣进项税额 = 65 + 0.36 = 65.36（万元）

2. 业务2：销售货物开具增值税普通发票注明的金额为含税销售额，应换算为不含税销售额。

销项税额 = 800 × 13% + 56.5 ÷ (1 + 13%) × 13% = 110.5（万元）

3. 业务3：购进钢材用于修建职工浴室，属于用于集体福利，应作进项税额转出处理。

应转出的进项税额 = 1 × 13% = 0.13（万元）

4. 捐赠设备属于视同销售货物，有同类货物销售价格。

销项税额 = 100 × 13% = 13（万元）

应纳税额 = 110.5 + 13 − (65.36 − 0.13) = 58.27（万元）

（四）某制药企业为增值税一般纳税人，主要生产降糖药品和避孕药品，2021年7月发生如下经济业务：

1. 购买用于生产降糖药品的原材料，取得的增值税专用发票上注明的增值税为10万元；购买用于生产避孕药品的原材料，取得的增值税专用发票上注明的增值税为8万元。

2. 生产药品支付电费取得的增值税专用发票上注明增值税15万元，电费无法在各产品之间准确划分。

3. 当月销售药品共计取得不含税销售收入1500万元，其中包括避孕药品销售收入600万元。

4. 将研制的新降糖药品免费给患者试用，生产成本为20万元。

当期获得的增值税专用发票已通过增值税发票综合服务平台确认抵扣，增值税税率为13%，成本利润率为10%。

根据上述资料，计算该纳税人当月应纳的增值税。

【答案】

1. 业务1：用于免征增值税项目的购进货物进项税额不得从销项税额中抵扣，销售避孕药品免征增值税，可抵扣进项税额10万元。

2. 业务2：适用一般计税方法的纳税人，兼营简易计税方法计税项目、免征增值税项目而无法划分不得抵扣的进项税额，计算不得抵扣的进项税额的公式为：不得抵扣的进项税额 = 当期无法划分的全部进项税额 ×（当期简易计税方法计税项目销售额 + 免征增值税项目销售额）÷ 当期全部销售额。

不得抵扣的进项税额 = 15 × 600 ÷ 1500 = 6（万元）

可抵扣进项税额 = 15 − 6 = 9（万元）

3. 业务3：销售避孕药品免征增值税。

销项税额 =（1500 − 600）× 13% = 117（万元）

4. 业务4：自产货物无偿赠送，视同销售货物，因无同类货物销售价格，按组成计税价格计税。

销项税额 = 20 ×（1 + 10%）× 13% = 2.86（万元）

当月应纳增值税税额 = 117 + 2.86 − 10 − 9 = 100.86（万元）

（五）某企业为增值税一般纳税人，2021年3月发生如下经济业务：

1. 购进原材料一批，取得增值税专用发票上注明价款为160000元、增值税为20800元。

2. 生产加工一批新产品450件，每件成本价格380元（无同类产品销售价格，成本利润率为10%），全部发放给本企业职工。

3. 本月共销售货物取得不含税销售额30000000元。

4. 购进不动产50000000元，增值税专用发票注明税额4500000元。

5. 月末盘存发现上月购进已抵扣进项税额的原材料丢失，成本为50000元。

当期获得的增值税专用发票已通过增值税发票综合服务平台确认抵扣，购销货物的增值税税率均为13%。

根据上述资料，计算该纳税人当月应纳的增值税。

【答案】

1. 业务1：购进材料取得合法有效抵扣凭证。

可抵扣进项税额 = 20800（元）

2. 业务2：视同销售货物无销售额的，按组成计税价格确定销售额。

销项税额 = 450 × 380 ×（1 + 10%）× 13% = 24453（元）

3. 业务3：销项税额 = 30000000 × 13% = 3900000（元）

4. 业务4：购进不动产取得合法有效抵扣凭证。

可抵扣进项税额 = 4500000（元）

5. 业务5：外购货物发生非正常损失，无法确定该项进项税额的，按当期实际成本计算应扣减的进项税额。

应转出进项税额 = 50000 × 13% = 6500（元）

应纳税额 = 24453 + 3900000 − (20800 + 4500000 − 6500) = −589847（元）

因当期销项税额小于当期进项税额不足抵扣，所以当期实际应纳税额为 0，其不足抵扣部分 589847 元可以结转下期继续抵扣。

第三章　消　费　税

一、单项选择题

1. 根据现行消费税政策规定，下列消费品中实行从价定率与从量定额复合征税办法的是（　　）。

A. 啤酒　　B. 雪茄烟

C. 黄酒　　D. 卷烟

【答案】D

【解析】目前应税消费品中白酒、卷烟采用比例加定额的复合税率。

2. 纳税人自产的应税消费品用于抵偿债务，消费税计税依据是（　　）。

A. 同类应税消费品最高销售价格　B. 同类应税消费品平均销售价格

C. 同类应税消费品最低销售价格　D. 同类应税消费品最低销售价格的70%

【答案】A

【解析】纳税人自产的应税消费品用于换取生产资料和消费资料、投资入股和抵偿债务等方面，应当按纳税人同类应税消费品的最高销售价格作为计税依据。

3. 纳税人采用以旧换新方式销售的金银首饰，征收消费税的计税依据是（　　）。

A. 不得扣除换回旧首饰价款，按照销售金银首饰的含增值税的全部价款

B. 不得扣除换回旧首饰价款，按照销售金银首饰的不含增值税的全部价款

C. 按照实际收取的不含增值税的全部价款

D. 扣除换回旧首饰价款，按照实际收取的含增值税的全部价款

【答案】C

【解析】纳税人采用以旧换新（含翻新改制）方式销售的金银首饰，应按实际收取的不含增值税的全部价款，即扣除换回旧首饰价款后的不含增值税的全部价款确定计税依据征收消费税。

4. 根据我国现行消费税政策规定，纳税人委托个人加工应税消费品，下列关于消

费税缴纳说法正确的是（　　）。

A. 受托人代收并向居住地税务机关缴纳

B. 委托方收回后向其机构所在地或者居住地主管税务机关缴纳

C. 委托方收回后在受托方机构所在地缴纳

D. 可以由委托方缴纳，也可以由受托人代收代缴

【答案】B

【解析】委托个人加工的应税消费品，由委托方向其机构所在地或者居住地主管税务机关申报纳税。

5. 下列单位中不属于消费税纳税人的是（　　）。

A. 生产销售贵重首饰（金银首饰除外）的企业

B. 委托加工烟丝的卷烟厂

C. 进口小轿车的外贸公司

D. 零售高档化妆品的商场

【答案】D

【解析】高档化妆品消费税的纳税人是生产者而不是零售商。

6. 2021 年 5 月，某汽车制造厂以自产越野车（排量为 2.0 升）20 辆投资某广告公司取得 20% 股份，双方确认价值 750 万元。该厂生产的同一型号的越野车当月不含增值税售价分别为 40 万元/辆、38 万元/辆、36 万元/辆，则用作投资入股的越野车应缴纳的消费税是（　　）万元。（消费税税率为 5%）

A. 40　　　　B. 35

C. 30　　　　D. 0

【答案】A

【解析】纳税人自产的应税消费品用于换取生产资料和消费资料、投资入股和抵偿债务等方面，应当按纳税人同类应税消费品的最高销售价格作为计税依据。因此，按最高销售价格 40 万元/辆为计税依据。应纳消费税 $=20\times40\times5\%=40$（万元）。

7. 甲企业委托乙企业加工一批高档化妆品，甲企业提供原料及主要材料，实际成本为 44000 元（不含增值税），支付给乙企业不含税加工费 7000 元（其中包括乙企业代垫的辅助材料 1000 元），乙企业无同类高档化妆品的不含税售价，则乙企业代收代缴的消费税税额是（　　）元。（消费税税率为 15%）

A. 9000　　　　B. 10571.43

C. 8823.53　　　　D. 7650

【答案】A

【解析】代收代缴消费税计税依据为受托方的同类消费品的销售价格；没有同类消费品销售价格的，按照组成计税价格计算纳税。

实行从价定率办法计税的组成计税价格 =（材料成本 + 加工费）÷（1 − 比例税率）

应代收代缴消费税 =（44000 + 7000）÷（1 − 15%）× 15% = 9000（元）

8. 甲企业进口汽缸容量 250 毫升的摩托车一批，海关核定的关税完税价格为 40000 元，关税税率为 20%，消费税税率为 3%。则该批摩托车进口环节应缴消费税（　　）元。

A. 1200　　B. 1440

C. 1484.54　　D. 1398.06

【答案】C

【解析】进口的应税消费品，按照组成计税价格计税，实行从价定率办法计税的组成计税价格 =（关税完税价格 + 关税）÷（1 − 消费税比例税率）。

应纳消费税 =（40000 + 40000 × 20%）÷（1 − 3%）× 3% = 1484.54（元）

9. 下列各项中，不符合消费税纳税义务发生时间规定的是（　　）。

A. 进口的应税消费品，为报关进口的当天

B. 自产自用的应税消费品应该纳税的，为移送使用的当天

C. 采取预收货款结算方式的，为发出应税消费品的当天

D. 委托加工的应税消费品，为支付加工费的当天

【答案】D

【解析】纳税人委托加工应税消费品的，纳税义务发生时间为纳税人提货的当天。

10. 根据我国现行消费税政策规定，纳税人自产自用应税消费品，用于连续生产应税消费品的，其税务处理正确的是（　　）。

A. 视同销售纳税　　B. 于移送使用时纳税

C. 按组成计税价格纳税　　D. 不纳税

【答案】D

【解析】纳税人自产自用应税消费品，用于连续生产应税消费品的，不纳税；用于其他方面的，于移送使用时纳税。

11. 关于从量计征消费税的基本规定，下列说法正确的是（　　）。

A. 委托加工以受托方核定的数量为计税依据

B. 自产自用以移送使用数量为计税依据

C. 生产销售以库存数量为计税依据

D. 进口销售以实际成交数量为计税依据

【答案】B

【解析】适用从量计税方法的，其计税依据的确定为：销售应税消费品的，为应税消费品的销售数量；自产自用应税消费品的，为应税消费品的移送使用数量；委托加工应税消费品的，为纳税人收回的应税消费品数量；进口应税消费品的，为海关核定的应税消费品进口征税数量。

12. 根据我国现行消费税政策规定，下列消费品中属于消费税征税范围的是（　　）。

A. 香皂　　B. 竹制一次性筷子

C. 高尔夫球杆　　D. 拖拉机

【答案】C

【解析】小汽车属于消费税征税范围，包括乘用车和中轻型商用客车，不包括拖拉机。高尔夫球及球具属于消费税征税范围，具体包括高尔夫球、高尔夫球杆（含杆头、杆身和握把）、高尔夫球包（袋）。香皂、竹制一次性筷子则不属于消费税征税范围。

13. 某酒类产品制造商某月生产啤酒 1500 吨，当月销售 1000 吨啤酒，共获得含增值税的销售收入 117 万元。其应纳消费税的计税依据是（　　）。

A. 117 万元　　B. 1000 吨

C. 100 万元　　D. 1500 吨

【答案】B

【解析】啤酒消费税从量计征，其计税依据为啤酒的销售数量。

14. 下列项目中应征收消费税的是（　　）。

A. 超市零售啤酒

B. 4S 店销售的每辆零售价格 117 万元的小汽车

C. 烟草公司批发卷烟

D. 首饰店进口钻石

【答案】C

【解析】啤酒在生产环节纳税；每辆不含增值税零售价格在 130 万元及以上的小汽车在零售环节加征一道消费税；钻石在零售环节纳税；卷烟在批发环节加征一道消费税。

15. 根据消费税相关规定，下列表述正确的是（　　）。

A. 消费税征税范围具有选择性

B. 消费税的税率呈现单一税率形式

C. 消费品生产企业没有对外销售的应税消费品均不征消费税

D. 消费税实行多环节课征制度

【答案】A

【解析】消费税一般不会对所有的消费品征收，而是在大量消费品中有选择性地确定某些特定项目；消费税税率采用比例、定额和复合三种形式；而生产的应税消费品即使没有对外形成销售，用于职工福利等也需视同销售缴纳消费税；除卷烟和超豪华小汽车外，实行单环节课征。

二、多项选择题

1. 根据我国现行消费税政策规定，下列项目中不缴纳消费税的有（　　）。

A. 进口金银首饰　　B. 商店零售高档化妆品

C. 个人销售使用过的电动自行车　D. 进口卷烟

E. 卷烟批发

【答案】ABC

【解析】金银首饰在零售环节征收，其他环节不征收；高档化妆品在生产（进口）、委托加工环节征收；电动自行车不属于消费税征税范围；卷烟在生产（进口）、委托加工环节征税基础上，加征批发环节消费税。

2. 下列关于消费税纳税义务发生时间的说法，正确的有（　　）。

A. 采取预收货款结算方式的，纳税义务发生时间为收到预收货款的当天

B. 纳税人自产自用应税消费品，纳税义务发生时间为移送使用的当天

C. 采取分期收款结算方式的，纳税义务发生时间为货物发出的当天

D. 纳税人委托加工应税消费品，纳税义务发生时间为纳税人提货的当天

E. 采取预收货款结算方式的，纳税义务发生时间为发出应税消费品的当天

【答案】BDE

【解析】采取预收货款结算方式的，纳税义务发生的时间为发出应税消费品的当天；纳税人自产自用应税消费品，纳税义务发生的时间为移送使用的当天；采取赊销和分期收款结算方式的，纳税义务发生的时间为销售合同规定的收款日期的当天；纳税人委托加工应税消费品，纳税义务发生的时间为纳税人提货的当天。

3. 下列关于消费税计税依据的说法正确的有（　　）。

A. 消费税实行价外税，其计税价格不含消费税

B. 纳税人自产的消费品用于换取生产资料，应当按纳税人同类应税消费品的平均销售价格计算征收消费税

C. 纳税人通过自设非独立核算门市部销售自产应税消费品，应当按照门市部对外销售额计算征收消费税

D. 进口的应税消费品，按照组成计税价格计算纳税

E. 应税消费品全国平均成本利润率由主管税务机关确定

【答案】CD

【解析】消费税实行价内税，其计税价格含消费税；纳税人自产的消费品用于换取生产资料，应当按纳税人同类应税消费品的最高销售价格计算征收消费税；应税消费品全国平均成本利润率由国家税务总局确定。

4. 下列外购应税消费品已纳消费税可抵扣消费税税款的情形有（　　）。

A. 用外购已税烟丝为原料生产的卷烟

B. 用外购已税汽油为原料生产的汽油

C. 用外购已税白酒为原料生产的白酒

D. 用外购已税实木地板为原料生产的实木地板

E. 用外购已税珠宝玉石生产的钻石首饰

【答案】ABD

【解析】用外购已税白酒为原料生产的白酒，在计税时不得扣除已纳的消费税税款；外购已税珠宝玉石在生产环节纳税，钻石首饰在零售环节纳税，不属于同一环节，不得扣除已纳的消费税税款。

5. 根据我国现行消费税政策规定，下列说法正确的有（　　）。

A. 消费税的征税范围小于增值税的征税范围

B. 凡是征收增值税的货物都征收消费税

C. 应征消费税的货物，其增值税税基含有消费税

D. 应征消费税的货物，其消费税税基不含有增值税

E. 增值税与消费税的销售额确定方法完全一致

【答案】ACD

【解析】消费税征税对象有选择性，在普遍征收增值税的基础上选择一部分产品再征收一道消费税，其征税范围比增值税小得多。消费税是价内税，即消费税税额包含在消费品的价格内，而增值税是价外税，税基不含增值税税额。消费税与增值税销售额确定不完全一致，消费税在销售额确定上有其特殊规定，如价格明显偏低且无正当理由在销售额确定上与增值税不一致。

6. 根据我国现行消费税政策规定，下列消费品既征收增值税又征收消费税的有（ ）。

A. 从国外进口的数码相机

B. 葡萄酒厂销售自产的葡萄酒

C. 烟酒经销商店零售外购的已税烟酒

D. 从国外进口小轿车

E. 汽车4S店销售超豪华小汽车

【答案】 BDE

【解析】 数码相机属于增值税征税范围却不属于消费税征税范围。增值税在生产销售（含进口）、批发、零售各环节道道征收，而消费税是在上述环节中选择某一环节实行单环节征收，主要在生产销售（含进口）环节。金银首饰在零售环节征收，其他环节不征收。对超豪华小汽车，在生产（进口）环节按现行税率征收消费税的基础上，在零售环节加征消费税。卷烟在批发环节加征一道消费税。

7. 实行从量定额与从价定率相结合征税办法的产品有（ ）。

A. 卷烟　　B. 雪茄烟

C. 白酒　　D. 啤酒

E. 鞭炮、焰火

【答案】 AC

【解析】 我国现行消费税只有白酒和卷烟两类应税消费品采用复合计税方式，啤酒从量计税，雪茄烟和鞭炮、焰火从价计税。

8. 下列选项中属于消费税纳税人的有（ ）。

A. 进口小汽车的贸易公司　　B. 销售高档化妆品的商场

C. 从事卷烟批发业务的个人　　D. 生产销售成品油的企业

E. 批发高档化妆品企业

【答案】 ACD

【解析】 小汽车属于应税消费品，进口环节需要征收消费税；卷烟属于应税消费品，生产和批发环节均征收消费税；高档化妆品、成品油属于应税消费品，在生产环节征收消费税。

9. 下列关于金银首饰征收消费税的说法中，正确的有（ ）。

A. 金银首饰的纳税人是境内从事金银首饰零售业务的单位和个人

B. 经营单位将金银首饰用于职工福利视同零售业务

C. 带料加工的金银首饰，应按委托方收回金银首饰的销售价格确定计税依据

D. 纳税人销售的金银首饰的计税依据为含消费税的销售额

E. 纳税人销售的金银首饰的计税依据为含增值税的销售额

【答案】ABD

【解析】带料加工的金银首饰，应按受托方销售同类金银首饰的销售价格确定计税依据征收消费税。没有同类金银首饰销售价格，按照组成计税价格计算纳税。组成计税价格 =（材料成本 + 加工费）÷（1 – 金银首饰消费税税率）。消费税的销售额是不含增值税的销售额。

10. 下列关于消费税纳税地点的表述，正确的有（　　）。

A. 纳税人自产自用应税消费品，除国务院财政、税务主管部门另有规定外，应向机构所在地或者居住地的主管税务机关申报纳税

B. 纳税人的总机构与分支机构不在同一县（市）的，应当分别向各自机构所在地的主管税务机关申报纳税，经批准，可以汇总纳税

C. 纳税人到外县（市）销售应税消费品，应向销售地主管税务机关申报纳税

D. 委托个人加工的应税消费品，由委托方向其机构所在地或者居住地主管税务机关申报纳税

E. 进口的应税消费品，由进口人或者其代理人，向报关地海关申报纳税。

【答案】ABDE

【解析】纳税人销售的应税消费品，以及自产自用的应税消费品，除国务院财政、税务主管部门另有规定外，应当向纳税人机构所在地或者居住地的主管税务机关申报纳税。纳税人的总机构与分支机构不在同一县（市）的，应当分别向各自机构所在地的主管税务机关申报纳税；经财政部、国家税务总局或者其授权的财政、税务机关批准，可以由总机构汇总向总机构所在地的主管税务机关申报纳税。委托个人加工的应税消费品，由委托方向其机构所在地或者居住地主管税务机关申报纳税。进口的应税消费品，由进口人或者其代理人，向报关地海关申报纳税。纳税人到外县（市）销售或委托外县（市）代销自产应税消费品的，于应税消费品销售后，向机构所在地或者居住地主管税务机关申报纳税。

三、判断题

1. 我国现行增值税实行价外计征，即以不含税价格作为计税依据。所谓“不含税”，就是指包含增值税而不含消费税。（　　）

【答案】×

【解析】消费税的特点之一是价内税，即消费税包含在消费品的价格内，而增值税

是价外税，税基不含增值税。

2. 纳税人把自产的高档化妆品用作广告或样品的，应于移送使用时计算缴纳消费税。(　　)

【答案】√

【解析】纳税人自产自用的应税消费品，用于连续生产应税消费品的，不纳税；用于其他方面的，于移送使用时纳税。用于其他方面，是指纳税人将自产应税消费品用于生产非应税消费品、在建工程、管理部门、非生产机构、提供劳务、馈赠、赞助、集资、广告、样品、职工福利、奖励等方面。

3. 纳税人兼营不同税率的应税消费品，如果未分别核算不同税率应税消费品的销售额、销售数量，或者将不同税率的应税消费品组成成套消费品销售的，从高适用税率。(　　)

【答案】√

【解析】纳税人兼营不同税率的应当缴纳消费税的消费品，应当分别核算不同税率应税消费品的销售额、销售数量；未分别核算，或者将不同税率的应税消费品组成成套消费品销售的，从高适用税率。

4. 在我国境内生产、委托加工和进口《消费税暂行条例》规定的消费品的单位和个人，为消费税纳税人，其他单位和个人，不需要缴纳消费税。(　　)

【答案】×

【解析】在境内生产、委托加工和进口《消费税暂行条例》规定的消费品的单位和个人，以及国务院确定的销售《消费税暂行条例》规定的消费品的其他单位和个人，为消费税的纳税人。其他单位如销售《消费税暂行条例》规定的应税消费品，如批发卷烟，也属于消费税纳税人。

5. 纳税人自产自用的应税消费品，属于从价计征消费税的，如果没有同类消费品销售价格，按照组成计税价格计算缴纳消费税。(　　)

【答案】√

【解析】纳税人自产自用的应税消费品，按照纳税人生产的同类消费品的销售价格计算纳税；没有同类消费品销售价格的，按照组成计税价格计算纳税。

6. 酒和烟征收消费税时采用复合计税方法。(　　)

【答案】×

【解析】目前，消费税只针对烟中的卷烟和酒中的白酒采用复合计税方法。

7. 卷烟批发环节消费税税率为11%，并按0.005元/支加征从量税。(　　)

【答案】√

【解析】自2009年5月1日起，在卷烟批发环节加征一道消费税。在我国境内从事卷烟批发业务的单位和个人，应就其批发销售的所有牌号规格的卷烟的销售额（不含增值税）按照5%的比例税率计算缴纳消费税。自2015年5月10日起，税率由5%提高至11%，并按0.005元/支加征从量税。

8. 消费税的税率根据具体的消费品来确定，全部采用比例税率形式。(　　)

【答案】×

【解析】我国现行消费税采用了定额税率、比例税率和复合税率三种形式，不是全部采用比例税率。

9. 纳税人收回已代扣代缴消费税的委托加工应税消费品，将其直接出售，无论售价高低，均不再缴纳消费税。(　　)

【答案】×

【解析】委托方将收回的应税消费品，以不高于受托方的计税价格出售的，为直接出售，不再缴纳消费税；以高于受托方的计税价格出售的，不属于直接出售，需按照规定申报缴纳消费税。

10. 卷烟在生产和批发两个环节均征收消费税，但批发企业在计算纳税时可以扣除已含的生产环节的消费税税款。(　　)

【答案】×

【解析】卷烟消费税在生产环节征收后，批发企业在计算纳税时不得扣除已含的生产环节的消费税税款。

11. 金、银、铂金在零售环节征收消费税。(　　)

【答案】×

【解析】应税消费品针对的是金银首饰、铂金首饰，金、银、铂金不属于消费税的征税范围。

12. 纳税人生产销售白包卷烟不分征税类别，按56%税率征收消费税。(　　)

【答案】×

【解析】白包卷烟一律按照 56% 比例税率和每标准箱 150 元的定额税率复合计征消费税。

13. 某汽车厂将三辆 A 型小轿车奖励给有突出贡献的职工。该厂当月有同类 A 型小轿车销售，但价格不等。消费税应按照当月 A 型小轿车的最高价格确定计税销售额。(　　)

【答案】×

【解析】小轿车奖励员工不属于按最高销售价格计税的情形。同类消费品的销售价格指纳税人当月销售的同类消费品的销售价格，如果当月同类消费品各期销售价格高低不同，应按销售数量加权平均计算。

14. 某日化厂（增值税一般纳税人）下设一非独立核算的销售门市部，2021 年 7 月，该厂调拨给该门市部高档化妆品不含增值税价款 565000 元、洗涤用品不含增值税价款 339000 元。门市部当月零售高档化妆品，取得含增值税销售价款 678000 元；零售洗涤用品，取得含增值税销售价款 452000 元。则该日化厂当月应纳消费税 120000 元。(　　)

【答案】×

【解析】纳税人通过自设非独立核算门市部销售的自产应税消费品，应按照门市部对外销售额或者销售数量征收消费税。据此，应纳消费税 $=678000\div(1+13\%)\times15\%=90000$（元）。

15. 纳税人应税消费品的计税价格明显偏低且无正当理由的，由主管税务机关核定其计税价格。卷烟、白酒、成品油和小汽车的计税价格由国家税务总局核定，送财政部备案。(　　)

【答案】×

【解析】纳税人应税消费品的计税价格明显偏低且无正当理由的，由主管税务机关核定其计税价格。①卷烟、白酒和小汽车的计税价格由国家税务总局核定，送财政部备案；②其他应税消费品的计税价格由省、自治区和直辖市税务局核定。

四、综合题

（一）某酒厂（增值税一般纳税人）2021 年 4 月发生下列业务：

1. 生产销售散装啤酒 300 吨，每吨不含税售价 3800 元；

2. 销售散装粮食白酒 3 吨，含税单价每吨 4520 元；

3. 开发生产一种新型粮食白酒，广告样品使用 0.2 吨，已知该种白酒无同类产品出厂价，生产成本每吨37000元，成本利润率为10%。

啤酒消费税定额税率：

甲类啤酒：每吨出厂价（含包装物及包装物押金）在3000元以上（含3000元，不含增值税）的，税额为250元/吨。乙类啤酒：每吨出厂价在3000元以下的，税额为220元/吨。

粮食白酒消费税比例税率20%，定额税率0.5元/500克。

根据以上资料，计算当月应纳的消费税。

【答案】

1. 业务1：啤酒每吨不含税售价3800元，属于甲类啤酒。

应纳消费税 $=300\times250=75000$（元）

2. 业务2：白酒复合计税。

应纳消费税 $=(4520\times3)\div(1+13\%)\times20\%+3\times1000000\div500\times0.5=5400$（元）

3. 业务3：自产应税消费品用于其他方面，征收消费税。无同类产品出厂价，按组成计税价格计税。

应纳消费税 $=[37000\times(1+10\%)\times0.2+0.2\times0.5\times1000000\div500]\div(1-20\%)\times20\%+0.2\times0.5\times1000000\div500=2285$（元）

应纳消费税合计 $=75000+5400+2285=82685$（元）

（二）2021年4月，某白酒厂（增值税一般纳税人）发生下列业务：

1. 将用外购粮食白酒勾兑的白酒80吨全部销售，开出增值税专用发票，取得不含税销售额780万元；

2. 当月购进粮食白酒，取得增值税专用发票并在当月认证通过，专用发票上注明价款100万元。

注：月初库存外购粮食白酒余额为50万元（不含税），月末库存外购粮食白酒45万元（不含税）。

根据以上资料，计算当月应纳的消费税。

【答案】

销售外购已税白酒勾兑生产的白酒，在计算应纳消费税时，不得扣除外购白酒已纳的消费税；生产销售白酒需缴纳消费税。白酒适用复合计税方法。

当月应纳的消费税 $=780\times20\%+80\times1000000\div500\times0.5\div10000=164$（万元）

（三）某酒业集团公司（增值税一般纳税人）2021年7月发生如下业务：

1. 收回上月委托甲厂加工的65度散装粮食白酒1000吨，甲厂代收代缴了消费税（甲厂同类白酒不含税售价3000元/吨）；

2. 该公司收回后直接对外销售 500 吨，取得不含税销售额 150 万元；

3. 该公司将另外 500 吨 65 度散装粮食白酒经加浆降度后生产 38 度粮食白酒 750 吨；

4. 将生产出的 750 吨 38 度粮食白酒全部售出，每吨不含税单价 3600 元。

根据以上资料，计算当月应纳的消费税。

【答案】

1. 业务 1：甲厂已经代收代缴消费税，所以该企业不再纳税。

2. 业务 2：收回后直接对外销售 500 吨，由于销售价格等于受托方代收代缴消费税的计税依据，所以不再纳税。

3. 业务 3：白酒不在列举的可以抵扣外购或委托加工已纳税款范围内，所以不可以抵扣受托方已代收代缴消费税；用委托加工收回的应税消费品连续生产应税消费品无须纳税。

4. 业务 4：生产销售白酒，应缴纳消费税。

应纳消费税 $=3600\times750\times20\%+750\times1000000\div500\times0.5=1290000$（元）

第四章 企业所得税

一、单项选择题

1. 下列属于企业所得税免税收入的是（　　）。

A. 财政拨款　　B. 行政事业性收费

C. 政府性基金　　D. 国债利息收入

【答案】 D

【解析】 根据《企业所得税法》第二十六条规定，免税收入包括：国债利息收入；符合条件的居民企业之间的股息、红利等权益性投资收益；在中国境内设立机构、场所的非居民企业从居民企业取得与该机构、场所有实际联系的股息、红利等权益性投资收益；符合条件的非营利组织的收入。根据《企业所得税法》第七条规定，财政拨款、行政事业性收费、政府性基金是不征税收入。

2. 下列不得在企业所得税税前扣除的税金的是（　　）。

A. 契税　　B. 资源税

C. 城镇土地使用税　　D. 已抵扣的增值税

【答案】 D

【解析】 根据《企业所得税法实施条例》第三十一条规定，企业所得税税前扣除的税金，是指企业发生的除企业所得税和允许抵扣的增值税以外的各项税金及其附加。

3. 企业发生的公益性捐赠支出，在计算企业所得税应纳税所得额时的扣除限额是（　　）。

A. 年度营业收入的 12%　　B. 年度营业利润的 12%

C. 年度利润总额的 12%　　D. 年度应纳税所得额的 12%

【答案】 C

【解析】 根据《企业所得税法》第九条规定，企业发生的公益性捐赠支出，在年度利润总额 12% 以内的部分，准予在计算应纳税所得额时扣除；超过的部分，准予结转以后三年内在计算应纳税所得额时扣除。

4. 某公司依据加拿大法律成立，实际管理机构在南京。根据我国企业所得税法相关规定，该公司的企业所得税纳税地点是（　　）。

A. 加拿大　　B. 由纳税人选择一地

C. 南京　　D. 由两国税务机关协商确定

【答案】 C

【解析】 依据《企业所得税法》第五十条规定，除税收法律、行政法规另有规定外，居民企业以企业登记注册地为纳税地点；但登记注册地在境外的，以实际管理机构所在地为纳税地点。

5. 下列关于收入确认时间的说法中，不正确的是（　　）。

A. 接受捐赠，在实际收到捐赠资产时确认收入

B. 企业转让股权收入，应于转让协议生效且完成股权变更手续时，确认收入的实现

C. 股息、红利等权益性投资收益以投资方收到所得的日期确认收入的实现

D. 特许权使用费收入以合同约定的特许权使用人应付特许权使用费的日期确认收入的实现

【答案】 C

【解析】 根据《企业所得税法实施条例》第十七条规定，股息、红利等权益性投资收益，是指企业因权益性投资从被投资方取得的收入。股息、红利等权益性投资收益，除国务院财政、税务主管部门另有规定外，按照被投资方作出利润分配决定的日期确认收入的实现。

6. 甲汽车销售有限公司是我国居民企业，2021 年度来源于境内的应纳税所得额为 200 万元，来源于境外某国的税前所得为 100 万元。该企业全年已在国内预缴所得税款 40 万元，境外已纳所得税款 20 万元，该企业当年汇算清缴应补（退）的税款为（　　）万元。

A. 5　　B. 10

C. 15　　D. 35

【答案】 C

【解析】 甲公司境外所得税抵免限额 $=100\times25\%=25$（万元），因此甲公司境外已纳所得税款 20 万元可全额抵免。甲公司 2021 年度应补（退）的税额 $=(200+100)\times25\%-20-40=15$（万元），选项 C 正确。

7. 2021 年某居民企业实现商品销售收入 2000 万元，接受捐赠收入 100 万元，转让无形资产所有权收入 20 万元。该企业当年实际发生业务招待费 30 万元，广告费 240 万

元，业务宣传费80万元。2021年度该企业可税前扣除的业务招待费、广告费、业务宣传费合计（　　）万元。

A. 294.5　　B. 310

C. 325.5　　D. 330

【答案】B

【解析】业务招待费：扣除限额一 = 2000 × 5‰ = 10（万元），扣除限额二 = 30 × 60% = 18（万元），按照孰低原则，按10万元扣除。广告费和业务宣传费：扣除限额 = 2000 × 15% = 300（万元），小于实际发生额320万元（240 + 80），按300万元扣除。合计 = 10 + 300 = 310（万元）。

8. 下列关于企业所得税亏损弥补的说法，不正确的是（　　）。

A. 境内营业机构的亏损可以用境外营业机构的盈利弥补

B. 境外营业机构的亏损可以用境内营业机构的盈利弥补

C. 根据企业所得税法规定，亏损弥补的年限最长不得超过5年

D. 受疫情影响较大的交通运输、餐饮、住宿、旅游、电影行业企业2020年度发生的亏损，最长结转年限由5年延长至8年

【答案】B

【解析】根据《企业所得税法》第十七条规定，企业在汇总计算缴纳企业所得税时，其境外营业机构的亏损不得抵减境内营业机构的盈利。根据《企业所得税法》第十八条规定，企业纳税年度发生的亏损，准予向以后年度结转，用以后年度的所得弥补，但结转年限最长不得超过5年。依据《财政部　税务总局关于支持新型冠状病毒感染的肺炎疫情防控有关税收政策的公告》（财政部　税务总局公告2020年第8号）、《财政部　税务总局关于电影等行业税费支持政策的公告》（财政部　税务总局公告2020年第25号）规定，受疫情影响较大的交通运输、餐饮、住宿、旅游、电影行业企业2020年度发生的亏损，最长结转年限由5年延长至8年。

9. 根据企业所得税法规定，下列选项正确的是（　　）。

A. 对在中国境内未设立机构、场所的非居民企业应缴纳的所得税，由纳税人自行申报缴纳

B. 对非居民企业在中国境内取得劳务所得应缴纳的所得税，税务机关可以指定劳务费的支付人为扣缴义务人

C. 扣缴义务人每次代扣的税款，应当自代扣之日起15日内缴入国库

D. 应当扣缴的所得税，扣缴义务人未依法扣缴或者无法履行扣缴义务的，纳税人不需要再纳税

【答案】B

【解析】选项A，对非居民企业在中国境内未设立机构、场所的，或者虽设立机构、场所但取得的所得与其所设机构、场所没有实际联系的所得应缴纳的所得税，实行源泉扣缴，以支付人为扣缴义务人；选项C，扣缴义务人每次代扣的税款，应当自代扣之日起7日内缴入国库；选项D，应当扣缴的所得税，扣缴义务人未依法扣缴或者无法履行扣缴义务的，由纳税人在所得发生地缴纳。

10. 下列转让定价方法，可以适用于所有类型关联交易的是（　　）。

A. 可比非受控价格法　　B. 再销售价格法

C. 交易净利润法　　D. 成本加成法

【答案】A

【解析】一般情况下，可比非受控价格法可以适用于所有类型的关联交易。

11. 企业所得税纳税人中的企业分为居民企业和非居民企业。下列企业中，不属于居民企业的是（　　）。

A. 依法在中国境内成立的事业单位

B. 依法在中国境内成立的社会团体

C. 依照外国法律成立，实际管理机构在上海的企业

D. 依照外国法律成立，实际管理机构在境外的企业

【答案】D

【解析】居民企业，是指依法在中国境内成立，或者依照外国（地区）法律成立但实际管理机构在中国境内的企业，选项D符合题意。

12. 根据企业所得税法的规定，下列各项所得中，按负担、支付所得的企业或者机构、场所所在地确定所得来源地的是（　　）。

A. 销售货物所得　　B. 权益性投资所得

C. 动产转让所得　　D. 特许权使用费所得

【答案】D

【解析】选项A，销售货物所得，按照交易活动发生地确定；选项B，股息、红利等权益性投资所得，按照分配所得的企业所在地确定；选项C，动产转让所得按照转让动产的企业或者机构、场所所在地确定。

13. 某美国企业（实际管理机构不在中国境内）在北京设立分支机构，2021年该分支机构在中国境内取得咨询收入200万元；在中国境内培训技术人员，取得美方支付的

培训收入 100 万元；取得被投资方（境内 A 公司）分配的股息 300 万元；在香港取得与该分支机构无实际联系的所得 50 万元。2021 年度该美国企业应缴纳我国企业所得税的应纳税收入总额为（　　）万元。

A. 200　　B. 650

C. 600　　D. 300

【答案】C

【解析】该非居民企业来自境内所得额应该包括咨询收入 200 万元、境内培训收入 100 万元、被投资方境内 A 公司分配的股息 300 万元，合计 600 万元；在香港取得的所得发生在境外，而且和境内机构无关，所以不属于境内应纳税所得。

14. 某公司将设备租赁给他人使用，合同约定租期从 2021 年 9 月 1 日到 2024 年 8 月 31 日，每年不含税租金 480 万元，2021 年 8 月 15 日一次性收取 3 年租金 1440 万元。下列关于该租赁业务收入确认的说法，正确的是（　　）。

A. 2021 年增值税应确认的收入为 480 万元

B. 2021 年增值税应确认的收入为 160 万元

C. 2021 年企业所得税应确认的收入为 480 万元

D. 2021 年企业所得税可确认的收入为 160 万元

【答案】D

【解析】租金收入，按照合同约定承租人应付租金的日期确认收入的实现。如果交易合同或协议中规定的租赁期限跨年度且租金提前一次性支付，根据规定的收入与费用配比原则，出租人可对上述已确认的收入，在租赁期内分期均匀计入相关年度收入，所以该公司 2021 年可确认企业所得税收入 160 万元（480 × 4/12）。增值税方面，纳税人提供租赁服务采取预收款方式的，其纳税义务发生时间为收到预收款的当天，所以该公司 2021 年增值税应确认的收入为 1440 万元。

15. 某生产化工产品的公司，2021 年签订一份委托贷款合同，合同约定两年后合同到期时一次性收取利息 40 万元。公司会计已于 2012 年将 40 万元全部计入当年收入。应对利息收入进行的纳税调整及金额是（　　）。

A. 调减应纳税所得额 40 万元　　B. 调增应纳税所得额 40 万元

C. 调减应纳税所得额 0 万元　　D. 调减应纳税所得额 20 万元

【答案】A

【解析】利息收入应按照合同约定的债务人应付利息的日期确认收入的实现，即应于 2023 年再确认，故 2021 年应调减应纳税所得额 40 万元。

16. 企业拥有的下列无形资产允许在企业所得税税前摊销扣除的是（　　）。

A. 外购的商誉

B. 自创的商誉

C. 接受投资取得的商标权

D. 开发支出已作为管理费用在税前扣除的专利技术

【答案】 C

【解析】 无形资产不得计算摊销费用扣除的包括：自行开发的支出已在计算应纳税所得额时扣除的无形资产；自创商誉；与经营活动无关的无形资产；其他不得计算摊销费用扣除的无形资产。外购商誉的支出，在企业整体转让或者清算时，准予扣除。

17. 企业从事国家重点扶持的公共基础设施项目的投资经营的所得，享受企业所得税“三免三减半”的优惠政策，即第一年至第三年免征企业所得税，第四年至第六年减半征收企业所得税。企业享受这一政策的起始年度是（　　）。

A. 获利年度

B. 企业取得第一笔生产经营收入所属纳税年度

C. 项目取得第一笔生产经营收入所属纳税年度

D. 领取营业执照年度

【答案】 C

【解析】 企业从事国家重点扶持的公共基础设施项目的投资经营的所得，从项目取得第一笔生产经营收入所属纳税年度起，第一年至第三年免征企业所得税，第四年至第六年减半征收企业所得税。

18. 根据企业所得税相关规定，下列收入属于居民企业不征税收入的是（　　）。

A. 国债利息收入

B. 接受企业的捐赠收入

C. 取得的权益性投资收益

D. 依法收取并纳入财政管理的行政事业性收费

【答案】 D

【解析】 财政拨款、依法收取并纳入财政管理的行政事业性收费、政府性基金都属于不征税收入。选项 A，国债利息收入是免税收入；选项 B，接受企业的捐赠收入是应税收入；选项 C，取得符合条件的股息、红利等权益性投资收益是免税收入。

19. 2021 年，某公司计入成本、费用的工资为 1200 万元，给员工实际发放合理工资总额为 1000 万元，当年发生的职工福利费为 200 万元。该公司就职工福利费应调增应纳税所得额（　　）万元。

A. 0　　B. 32

C. 60　　D. 120

【答案】C

【解析】实际发放的合理的工资薪金支出准予计入企业工资薪金总额的基数。职工福利费扣除限额 = 1000 × 14% = 140（万元）。因此，职工福利费应调增应纳税所得额 = 200 − 140 = 60（万元）。

20. 某企业 2021 年度实现利润总额 100 万元，在营业外支出账户列支了通过公益性社会组织向目标脱贫地区的捐款 15 万元、直接向某希望小学的捐款 5 万元。在计算该企业 2021 年度应纳税所得额时，允许扣除的捐款数额为（　　）。

A. 5 万元　　B. 15 万元

C. 12 万元　　D. 10 万元

【答案】B

【解析】通过公益性社会组织向目标脱贫地区捐款 15 万元据实扣除；直接捐款 5 万元不允许扣除。

二、多项选择题

1. 在计算企业所得税应纳税所得额时，下列选项中不得在税前扣除的有（　　）。

A. 未能按规定时间生产出产品所支付的合同违约金

B. 向投资者支付的股息、红利

C. 违规生产被市场监管部门处罚的罚款

D. 广告性赞助支出

E. 非公益性捐赠

【答案】BCE

【解析】根据《企业所得税法》规定，在计算应纳税所得额时，下列支出不得扣除：向投资者支付的股息、红利等权益性投资收益款项；企业所得税税款；税收滞纳金；罚金、罚款和被没收财物的损失；不符合公益性捐赠条件的捐赠支出；非广告性质赞助支出；未经核定的准备金支出；与取得收入无关的其他支出。

2. 下列关于企业所得税所得来源地的说法，不正确的有（　　）。

A. 动产转让所得按照交易活动发生地确定

B. 不动产转让所得按照不动产所在地确定

C. 销售货物所得，按照交易活动发生地确定

D. 权益性投资资产转让所得按照投资企业所在地确定

E. 租金收入按照租赁资产所在地确定

【答案】ADE

【解析】选项 A，动产转让所得按照转让动产的企业或者机构、场所所在地确定；选项 D，权益性投资资产转让所得按照被投资企业所在地确定；选项 E，租金所得，按照负担、支付所得的企业或者机构、场所所在地确定，或者按照负担、支付所得的个人的住所地确定。

3. 下列选项，属于企业所得税销售货物收入确认条件的有（　　）。

A. 商品销售合同已经签订，企业已将商品所有权相关的主要风险和报酬转移给购货方

B. 企业对已售出的商品既没有保留通常与所有权相联系的继续管理权，也没有实施有效控制

C. 已发生或将发生的销售方的成本能够可靠地核算

D. 收入的金额能够可靠地计量

E. 相关经济利益很可能流入企业

【答案】ABCD

【解析】选项 E，相关经济利益很可能流入企业不属于企业所得税销售货物收入确认条件。

4. 根据企业所得税法规定，不得计算折旧并在税前扣除的固定资产包括（　　）。

A. 以经营租赁方式租入的固定资产

B. 以融资租赁方式租入的固定资产

C. 以融资租赁方式租出的固定资产

D. 管理部门使用的固定资产

E. 单独估价作为固定资产入账的土地

【答案】ACE

【解析】选项 A，以经营租赁方式租入的固定资产应当由出租方计提折旧；选项 C，以融资租赁方式租出的固定资产由承租方计算扣除折旧；选项 E，单独估价作为固定资产入账的土地不得计算扣除折旧。

5. 下列项目中属于企业所得税法规定的纳税人有（　　）。

A. 国有企业　　B. 事业单位

C. 个人独资企业　　D. 个人合伙企业

E. 一人有限责任公司

【答案】ABE

【解析】根据《企业所得税法》第一条规定，在中华人民共和国境内，企业和其他取得收入的组织为企业所得税的纳税人，个人独资企业、合伙企业不适用企业所得税法。

6. 下列关于现行企业所得税生物资产税务处理的说法中，正确的有（　　）。

A. 外购的生产性生物资产，以支付的相关税费为计税基础

B. 通过捐赠方式取得的生物性资产，仅以公允价值为计税基础

C. 生产性生物资产按照直线法计算的折旧，准予扣除

D. 林木类生产性生物资产的折旧最低年限为 10 年

E. 债务重组方式取得的生产性生物资产，以该资产的公允价值为计税基础

【答案】CD

【解析】选项 A，外购生产性生物资产，以购买价款和支付的相关税费为计税基础；选项 B、E，通过捐赠、投资、非货币性资产交换、债务重组等方式取得的生产性生物资产，以该资产的公允价值和支付的相关税费为计税基础。

7. 下列关于企业所得税收入确认的说法正确的有（　　）。

A. 以分期收款方式销售货物，按照合同约定的收款日期确认

B. 企业将资产用于市场推广，应视同销售

C. 企业以买一赠一方式销售的，赠送的商品应视同捐赠销售

D. 企业将自制商品用于职工奖励的，按照相同商品的公允价值确定收入

E. 特许权使用费收入，按照合同约定的特许权使用人应付特许权使用费的日期确认收入的实现

【答案】ABDE

【解析】选项 C，企业以买一赠一等方式组合销售本企业商品的，不属于捐赠，应将总销售金额按各项商品公允价值占总公允价值的比例来分摊确认各项的销售收入。

8. 下列企业于 2018 年 1 月 1 日后购进的固定资产，在计算企业所得税应纳税所得额时，可以一次性计入成本费用扣除的有（　　）。

A. 商场购进价值为 4500 元的二维码打码器

B. 某饮料厂购进价值 450 万元的办公楼

C. 集成电路生产企业购进价值为 120 万元的分析仪器

D. 信息技术服务公司购进价值为 70 万元的服务器群组

E. 生物制药企业自建一台价值 490 万元的生产设备

【答案】ACDE

【解析】企业在 2018 年 1 月 1 日至 2023 年 12 月 31 日期间新购进（含自建）的设备、器具，单位价值不超过 500 万元的，允许一次性计入当期成本费用在计算应纳税所得额时扣除，不再分年度计算折旧。

9. 在中国境内未设立机构、场所的非居民企业从中国境内取得的下列所得，应按收入全额计算征收企业所得税的有（　　）。

A. 股息　　B. 红利

C. 租金　　D. 特许权使用费

E. 财产转让所得

【答案】ABCD

【解析】非居民企业从中国境内取得的股息、红利等权益性投资收益和利息、租金、特许权使用费所得，以收入全额为应纳税所得额；转让财产所得，以收入全额减除财产净值后的余额为应纳税所得额。

10. 根据企业所得税相关规定，下列属于小型微利企业的有（　　）。

A. 某工业企业，从事国家非限制和禁止行业，年度应纳税所得额 250 万元，从业人数 100 人，资产总额 5500 万元

B. 某企业，从事国家限制性行业，年度应纳税所得额 100 万元，从业人数 200 人，资产总额 2000 万元

C. 某生产企业，从事国家非限制和禁止行业，年度应纳税所得额 200 万元，从业人数 280 人，资产总额不超过 4500 万元

D. 某服务企业，从事国家非限制和禁止行业，年度应纳税所得额 230 万元，从业人数 200 人，资产总额不超过 3000 万元

E. 某商业企业，从事国家非限制和禁止行业，年度应纳税所得额 290 万元，从业人数 302 人，资产总额不超过 3000 万元

【答案】CD

【解析】小型微利企业，是指从事国家非限制和禁止行业，且同时符合年度应纳税所得额不超过 300 万元、从业人数不超过 300 人、资产总额不超过 5000 万元等三个条件的企业。选项 A，资产总额超过 5000 万元，不符合小型微利企业标准；选项 B，企业从事国家限制性行业，不符合小型微利企业标准；选项 E，从业人数超过 300 人，不符合小型微利企业标准。

11. 下列企业适用 25% 企业所得税税率的有（　　）。

A. 在中国境内的居民企业

B. 在中国境内设有机构、场所，且取得的所得与其所设机构、场所有实际联系的非居民企业

C. 在中国境内设有机构、场所，但取得的所得与其所设机构、场所没有实际联系的非居民企业

D. 在中国境内未设立机构、场所的非居民企业

E. 依照外国（地区）法律成立但实际管理机构在中国境内的企业

【答案】ABE

【解析】选项 C，在中国境内设有机构、场所，但取得的所得与其所设机构、场所没有实际联系的非居民企业适用税率 20%，减按 10% 征税；选项 D，在中国境内未设立机构、场所的非居民企业来源于中国境内的所得适用税率 20%，减按 10% 征税。

12. 企业发生的下列资产处置行为，应按税法规定视同销售征收企业所得税的有（　　）。

A. 将自产电子产品用于对外捐赠　　B. 将自产白酒用于交际应酬

C. 将外购的电脑用于职工奖励　　D. 将自产烟丝继续用于生产卷烟

E. 将自产水泥用于本企业厂房建造

【答案】ABC

【解析】选项 D、E，将自产烟丝继续用于生产卷烟、将自产水泥用于本企业厂房建造，都只是改变资产的形状、结构或性能，资产的所有权并未发生转移，属于内部处置资产，无须视同销售计征企业所得税。

13. 下列关于企业所得税扣除项目的说法正确的有（　　）。

A. 企业实际发生的合理的工资薪金支出，准予扣除

B. 除已经计入有关资产成本以及与向所有者进行利润分配相关部分外的汇兑损失，准予当期扣除

C. 企业发生的职工福利费支出，不超过工资薪金总额 14% 的部分，准予扣除；超过部分准予结转以后年度扣除

D. 企业参加财产保险，按照规定缴纳的保险费，准予税前扣除

E. 企业发生的合理的劳动保护支出，准予扣除

【答案】ABDE

【解析】选项 C，根据《企业所得税法实施条例》第四十条规定，企业发生的职工福利费支出，不超过工资薪金总额 14% 的部分，准予扣除。并无超过部分准予结转以后年度扣除的相关规定。

14. 下列关于企业所得税优惠政策的说法正确的有（　　）。

A. 科技型中小企业开展研发活动中实际发生的研发费用，未形成无形资产计入当期损益时，按照规定据实扣除的基础上，自 2022 年 1 月 1 日起，再按照实际发生额的 100% 在税前加计扣除

B. 安置残疾人就业的，按照支付给残疾职工工资的 100% 加计扣除

C. 居民企业技术转让所得不超过 500 万元的部分，免征企业所得税，超过 500 万元的部分减半征收企业所得税

D. 自 2021 年 1 月 1 日至 2022 年 12 月 31 日，对小型微利企业年应纳税所得额不超过 100 万元的部分，减按 12.5% 计入应纳税所得额，按 20% 的税率缴纳企业所得税。对年应纳税所得额超过 100 万元但不超过 300 万元的部分，减按 50% 计入应纳税所得额，按 20% 的税率缴纳企业所得税

E. 民族自治地方的自治机关对本民族自治地方的企业应缴纳的企业所得税可以决定减征或者免征

【答案】 ABCD

【解析】 选项 E，民族自治地方的自治机关对本民族自治地方的企业应缴纳的企业所得税中属于地方分享的部分，可以决定减征或者免征。

15. 下列收入应计入应纳税所得额缴纳企业所得税的有（　　）。

A. 租金收入

B. 财产转让收入

C. 符合条件的居民企业之间的股息、红利等权益性投资收益

D. 企业依法代政府收取的具有专项用途的财政资金

E. 国债转让所得

【答案】 ABE

【解析】 选项 C，符合条件的居民企业之间的股息、红利等权益性投资收益是免税收入；选项 D，企业依法代政府收取的具有专项用途的财政资金是不征税收入。

16. 下列项目不得在企业所得税税前扣除的有（　　）。

A. 向投资者支付的股息、红利等权益性投资收益款项

B. 税收滞纳金

C. 企业对外投资期间，投资资产的成本

D. 企业转让资产，该项资产的净值

E. 准予抵扣的增值税

【答案】 ABCE

【解析】选项D，企业转让资产，该项资产的净值准予税前扣除。

17. 下列关于企业所得税优惠政策的说法正确的有（　　）。

A. 企业从事农机作业和维修服务的所得减半征收企业所得税

B. 企业安置残疾人员的免征企业所得税

C. 自2020年1月1日起，对疫情防控重点保障物资生产企业为扩大产能新购置的相关设备，允许一次性计入当期成本费用在企业所得税税前扣除

D. 现行企业所得税减免税管理均为备案类减免税

E. 现行享受企业所得税优惠事项采取“自行判别、申报享受、相关资料留存备查”的办理方式

【答案】CE

【解析】企业从事农机作业和维修服务的所得免征收企业所得税；企业安置残疾人员，按照支付给残疾职工工资的100%加计扣除；现行享受企业所得税优惠事项采取“自行判别、申报享受、相关资料留存备查”的办理方式。

18. 下列关于企业所得税的说法正确的有（　　）。

A. 企业应纳税所得额的计算以权责发生制为原则

B. 我国企业所得税管辖权为居民管辖权

C. 企业分为居民企业和非居民企业

D. 企业应当自年度终了之日起5个月内，向税务机关报送年度企业所得税纳税申报表，并汇算清缴，结清应缴应退税款

E. 企业在纳税年度内如果亏损，无须向税务机关报送年度企业所得税纳税申报表

【答案】ACD

【解析】选项B，我国企业所得税管辖权包括居民管辖权、来源地税收管辖权；选项E，企业在纳税年度内无论盈利或者亏损，都应当依照规定的期限，向税务机关报送预缴企业所得税纳税申报表、年度企业所得税纳税申报表、财务会计报告和税务机关规定应当报送的其他有关资料。

19. 按照企业所得税法及相关规定，纳税人发生的下列借款费用、利息支出准予在发生当期税前扣除的有（　　）。

A. 企业向非金融机构借款的利息支出，超过按照金融企业同期同类贷款利率计算的数额的部分

B. 金融企业的各项存款利息支出和同业拆借利息支出

C. 企业经批准发行债券的利息支出

D. 企业办公用房建造期间发生的合理的借款费用

E. 房地产开发企业为开发商品房发生的借款，在商品房建造期间发生的借款利息

【答案】BC

【解析】选项A，非金融企业向非金融企业借款的利息支出，不超过按照金融企业同期同类贷款利率计算的数额的部分准予税前扣除；选项D，企业办公用房建造期间发生的合理的借款费用应当计入该资产成本；选项E，房地产开发企业为开发商品房发生的借款，在商品房建造期间发生的借款利息应计入该存货成本，在商品房结转成本时再在企业所得税税前列支。

20. 按照企业所得税法及相关规定，企业发生的下列固定资产折旧不能在企业所得税税前扣除的有（　　）。

A. 已完工但未投入使用的房屋

B. 以经营租赁方式租出的固定资产

C. 已足额提取折旧仍继续使用的固定资产

D. 单独估价作为固定资产入账的土地

E. 未投入使用的设备

【答案】CDE

【解析】在计算应纳税所得额时，企业按照规定计算的固定资产折旧，准予扣除。企业应当自固定资产投入使用月份的次月起计提折旧。下列固定资产折旧不得扣除：以经营租赁方式租入的固定资产；以融资租赁方式租出的固定资产；已足额提取折旧仍继续使用的固定资产；与经营活动无关的固定资产；单独估价作为固定资产入账的土地；其他不得计算折旧扣除的固定资产。

三、判断题

1. 根据企业所得税法规定，居民企业取得来源于中国境内、境外的所得均应征收企业所得税。（　　）

【答案】√

【解析】居民企业的征税对象是来源于中国境内、境外的所得。

2. 企业的免税收入用于支出所形成的费用或者财产，不得扣除或者计算对应的折旧、摊销扣除。（　　）

【答案】×

【解析】企业的不征税收入用于支出所形成的费用或者财产，不得扣除或者计算对

应的折旧、摊销扣除，但免税收入用于支出所形成的费用或者财产，可以扣除或者计算对应的折旧、摊销扣除。

3. 根据企业所得税相关规定，企业被认定为高新技术企业后发生年度亏损，可用以后年度的所得弥补，但最长不能超过10年。(　　)

【答案】 ×

【解析】 自2018年1月1日起，当年具备高新技术企业或科技型中小企业资格的企业，其具备资格年度之前5个年度发生的尚未弥补完的亏损，准予结转以后年度弥补，最长结转年限由5年延长至10年。

4. 企业的固定资产由于技术进步等原因，确需加速折旧的，可以一次性计算扣除固定资产折旧。(　　)

【答案】 ×

【解析】 企业的固定资产由于技术进步等原因，确需加速折旧的，可以缩短折旧年限或者采取加速折旧的方法。

5. 自2021年1月1日起，企业的新产品、新技术、新工艺研发费用可按100%加计扣除。(　　)

【答案】 ×

【解析】 自2021年1月1日起，制造业企业开展研发活动中实际发生的研发费用，未形成无形资产计入当期损益的，在按规定据实扣除的基础上，按照实际发生额的100%在税前加计扣除；形成无形资产的，按照无形资产成本的200%在税前摊销。

6. 企业从关联方接受的债权性投资发生的利息支出，不得在计算企业所得税应纳税所得额时扣除。(　　)

【答案】 ×

【解析】 企业从关联方接受的债权性投资与权益性投资的比例超过规定标准而发生的利息支出，不得在计算企业所得税应纳税所得额时扣除。

7. 企业的固定资产由于技术进步等原因，确需加速折旧的，若采取缩短折旧年限的，最低折旧年限不得低于规定折旧年限的50%。(　　)

【答案】 ×

【解析】 企业的固定资产由于技术进步等原因，确需加速折旧的，若采取缩短折旧年限的，最低折旧年限不得低于规定折旧年限的60%。

8. 企业发生的捐赠支出，在年度利润总额 12% 以内的部分，准予在计算应纳税所得额时扣除，超过年度利润总额 12% 的部分不得扣除。(　　)

【答案】 ×

【解析】 企业发生的公益性捐赠支出，除另有规定可全额扣除外，在年度利润总额 12% 以内的部分，准予在计算应纳税所得额时扣除；超过年度利润总额 12% 的部分，准予结转以后 3 年内在计算应纳税所得额时扣除。

9. 企业对外投资期间，投资资产的成本在计算应纳税所得额时允许扣除。(　　)

【答案】 ×

【解析】 企业对外投资期间，投资资产的成本不得在计算应纳税所得额时扣除。企业在转让或者处置投资资产时，投资资产的成本，准予扣除。

10. 企业所得税主要体现量能负担原则，所以企业所得税以企业利润总额而不是企业营业收入总额为计税依据。(　　)

【答案】 ×

【解析】 企业所得税主要体现量能负担原则，所以企业所得税以应纳税所得额为计税依据。

11. 依据企业所得税法规定，无形资产摊销年限一律不得低于 10 年。(　　)

【答案】 ×

【解析】 无形资产摊销年限不得低于 10 年。作为投资或者受让的无形资产，有关法律规定或者合同约定使用年限的，可以按照规定或者约定的使用年限分期摊销。

12. 企业固定资产会计折旧年限如果长于税法规定的最低折旧年限，其折旧应按会计折旧年限计算扣除，税法另有规定的除外。(　　)

【答案】 √

【解析】 企业固定资产会计折旧年限如果短于税法规定的最低折旧年限，其按会计折旧年限计提的折旧高于按税法规定的最低折旧年限计提的折旧部分，应调增当期应纳税所得额。企业固定资产会计折旧年限如果长于税法规定的最低折旧年限，其折旧应按会计折旧年限计算扣除，税法另有规定的除外。

13. 企业所得税的收入总额包括货币形式和非货币形式收入。纳税人以非货币形式取得的收入，确定收入额的标准是历史成本。(　　)

【答案】 ×

【解析】根据《企业所得税法实施条例》第十三条规定，企业以非货币形式取得的收入，应当按照公允价值确定收入额。公允价值，是指按照市场价格确定的价值。

14. 甲公司2015年10月对乙公司进行投资，投资成本200万元，2021年10月乙公司进行清算，甲公司分得剩余财产300万元，其中含累计未分配利润和累计盈余公积35万元，甲、乙公司均属于居民企业，则甲公司应缴纳的企业所得税是18.75万元。(　　)

【答案】×

【解析】被清算企业的股东分得的剩余资产的金额，其中相当于被清算企业累计未分配利润和累计盈余公积中按该股东所占股份比例计算的部分，应确认为股息所得（符合免税收入条件的，免征企业所得税）。剩余资产减除股息所得后的余额，超过或低于股东投资成本的部分，应确认为股东的投资转让所得或损失。甲公司的应纳税所得额＝300－35－200＝65（万元），应纳企业所得税额＝65×25%＝16.25（万元）。

15. 企业在2018年1月1日至2023年12月31日期间新购进的固定资产，单位价值不超过500万元的，允许一次性计入当期成本费用在计算应纳税所得额时扣除，不再分年度计算折旧。(　　)

【答案】×

【解析】企业在2018年1月1日至2023年12月31日期间新购进的设备、器具，单位价值不超过500万元的，允许一次性计入当期成本费用在计算应纳税所得额时扣除，不再分年度计算折旧。

16. 创业投资企业采取股权投资方式，直接投资于未上市的中小高新技术企业满2年的，可按其投资额70%比例抵扣该创业投资企业的应纳税额。当年不足抵扣的，可以在以后纳税年度结转抵扣。(　　)

【答案】×

【解析】创业投资企业采取股权投资方式，直接投资于未上市的中小高新技术企业满2年的，可按其投资额70%比例抵扣该创业投资企业的应纳税所得额。当年不足抵扣的，可以在以后纳税年度结转抵扣。

17. 某生产企业（一般纳税人），2021年2月将一批自产货物分配给股东，该货物的成本为200万元，市场不含税的销售价格为350万元，该企业应确认视同销售所得额为150万元。(　　)

【答案】√

【解析】该批货物的成本为200万元，视同销售价格为350万元，应纳税所得额=350-200=150（万元）。

18. 甲企业采用预收款方式销售货物，该货物的成本800万元，市场不含税的销售价格1000万元，2020年9月8日收到预收款，合同约定的发货时间为2021年1月，截至2020年12月31日尚未发货。根据企业所得税相关规定，甲企业应在收到预收款时确认销售收入。（　　）

【答案】×

【解析】根据《国家税务总局关于确认企业所得税收入若干问题的通知》（国税函〔2009〕875号）规定，以预收款方式销售货物的，货物发出时确认收入。

19. 因债权人原因确实无法支付的应付款项应并入应纳税所得额征收企业所得税，并且属于业务招待费扣除限额计算基数的组成部分。（　　）

【答案】×

【解析】因债权人原因确实无法支付的应付款项应并入应纳税所得额征收企业所得税，通常应在"营业外收入"核算，不属于业务招待费扣除限额计算基数的组成部分。

20. 税务机关依照企业所得税法规定作出特别纳税调整，需要补征税款的，应当补征税款，并自税款所属纳税年度的当年6月1日起至补缴税款之日止的期间，按日加收利息。（　　）

【答案】×

【解析】税务机关依照企业所得税法规定作出特别纳税调整，需要补征税款的，应当补征税款，并自税款所属纳税年度的次年6月1日起至补缴税款之日止的期间，按日加收利息。

四、综合题

（一）某居民生产企业为增值税一般纳税人，2021年度会计利润为500万元，适用企业所得税税率25%，已预缴企业所得税50万元。该企业2021年部分业务如下：

1. 全年取得主营业务收入和其他业务收入共计2500万元；
2. 取得国债利息收入8万元；
3. 取得技术转让所得100万元；
4. 业务招待费支出55万元；
5. 通过公益性组织向灾区捐赠85万元；
6. 计提存货跌价准备20万元。

上述收入均不含增值税。

请根据上述资料及企业所得税相关规定，回答下列问题：

1. 该企业 2021 年合计调增应纳税所得额为（　　）万元。

A. 20　　B. 25

C. 42.5　　D. 87.5

【答案】D

【解析】业务招待费扣除限额一 = 2500 × 5‰ = 12.5（万元）

业务招待费扣除限额二 = 55 × 60% = 33（万元）

业务招待费调增应纳税所得额 = 55 − 12.5 = 42.5（万元）

公益性捐款扣除限额 = 500 × 12% = 60（万元）

调增应纳税所得额 = 85 − 60 = 25（万元）

计提存货跌价准备 20 万元不得扣除，调增应纳税所得额 20 万元。

合计调增应纳税所得额 = 42.5 + 25 + 20 = 87.5（万元）

2. 该企业 2021 年合计调减应纳税所得额为（　　）万元。

A. 0　　B. 8

C. 20　　D. 108

【答案】D

【解析】国债利息收入 8 万元属于免税收入，调减应纳税所得额 8 万元；技术转让所得 100 万元免征企业所得税，调减应纳税所得额 100 万元，共计调减应纳税所得额 108 万元。

3. 该企业 2021 年应补缴企业所得税（　　）万元。

A. 69.875　　B. 79.88

C. 119.88　　D. 479.50

【答案】A

【解析】应纳税所得额 = 500 + 87.5 − 108 = 479.5（万元）

应补缴税额 = 479.5 × 25% − 50 = 69.875（万元）

（二）某市高新技术企业为增值税一般纳税人，专门制造某健身器材高新技术产品，符合高新技术企业条件并已经在主管税务机关备案。企业 2021 年度经营情况如下：

1. 销售高新产品收入，其中开具增值税专用发票上注明销售额 3960 万元，开具增值税普通发票取得含税销售收入 565 万元及包装费收入 45.2 万元。发生货物销售成本合计 2500 万元。

2. 将一闲置仓库对外出租，取得不含税租金收入 200 万元，对应的其他业务支出为 80 万元。

3. 发生销售费用合计400万元，其中广告费用120万元、业务宣传费65万元。

4. 发生管理费用合计1280万元，其中工资总额480万元、业务招待费金额60万元、新产品研究开发费用100万元。

5. 全年缴纳增值税250万元，城市维护建设税及教育费附加合计25万元。

根据上述资料，回答下列问题：

1. 计算企业所得税应纳税所得额时准予扣除的广告费、业务宣传费金额为（　　）万元。

A. 23.4　　B. 185

C. 470　　D. 705

【答案】B

【解析】广告费用、业务宣传费扣除限额=[3960+(565+45.2)÷(1+13%)+200]×15%=705（万元），实际发生额=120+65=185（万元），准予扣除的广告费、业务宣传费为185万元。

2. 计算企业所得税应纳税所得额时，业务招待费纳税调整金额为（　　）。

A. 0　　B. 纳税调减23.5万元

C. 纳税调增24万元　　D. 纳税调增36.5万元

【答案】D

【解析】业务招待费扣除限额：60×60%=36（万元）>4700×5‰=23.5（万元），扣除限额为23.5万元，应纳税调增=60-23.5=36.5（万元）。

3. 该企业2021年应纳企业所得税为（　　）万元。

A. 15.225　　B. 45.225

C. 52.73　　D. 52.725

【答案】D

【解析】依据《财政部　税务总局关于进一步完善研发费用税前加计扣除政策的公告》（财政部　税务总局公告2021年第13号），制造业企业开展研发活动中实际发生的研发费用，未形成无形资产计入当期损益的，在按规定据实扣除的基础上，自2021年1月1日起，再按照实际发生额的100%在税前加计扣除；形成无形资产的，自2021年1月1日起，按照无形资产成本的200%在税前摊销。高新技术企业采用15%优惠税率。

应纳税所得额=4500-2500+200-80-400-1280-25+36.5-100=351.5（万元）

应纳税额=351.5×15%=52.725（万元）

（三）某市日化厂为增值税一般纳税人，2021年生产经营的有关资料如下：

1. 销售产品取得不含税销售收入2200万元，在同一张发票列示的商业折扣20万元，实际取得不含税销售收入2180万元；购买国债取得利息收入50万元；接受捐赠取得银行存款40万元。

2. 产品销售成本为1100万元。本年购进货物取得增值税专业发票注明的增值税60万元；外购原材料支付运费，取得增值税专用发票上注明价税合计金额为54.5万元。

3. 销售税金及附加、期间费用总额320万元，其中符合税法规定列支范围的研究开发费用40万元。

4. 营业外支出中发生购进原材料的非正常损失，账面成本10万元（该原材料应转出的进项税额为1.3万元），保险公司赔偿5万元。

该企业城市维护建设税税率7%，教育费附加征收率3%，不考虑地方教育附加。

根据上述资料，回答下列问题：

1. 2021年度该企业所得税前准许扣除税金为（　　）万元。

A. 30.74　　B. 28.54

C. 31.06　　D. 22.02

【答案】D

【解析】业务1：销售产品取得不含税销售收入2200万元，在同一张发票列示的商业折扣20万元，实际取得不含税销售收入2180万元，销项税额 $=2180\times13\%=283.4$（万元）。

业务2：进项税额 $=60+54.5\div(1+9\%)\times9\%=64.5$（万元）

业务4：转出进项税额1.3万元，当期应纳增值税 $=283.4-64.5+1.3=220.2$（万元）。

应纳城市维护建设税、教育费附加合计 $=220.2\times7\%+220.2\times3\%=22.02$（万元）

2. 2021年度该企业所得税前准许扣除的损失为（　　）万元。

A. 6.3　　B. 6.7

C. 10　　D. 11.7

【答案】A

【解析】准许扣除的损失＝账面成本＋转出的进项税额－保险或其他责任人赔偿＝$10+1.3-5=6.3$（万元）

3. 2021年度该企业应缴纳企业所得税（　　）万元。

A. 165.61　　B. 168.48

C. 190.925　　D. 188.425

【答案】D

【解析】利润总额 $=2180+50+40-1100-320-6.3=843.7$（万元）

业务1：国债利息免税，调减50万元。

业务3：2021年1月1日起，制造业企业研发费用按实际发生额的100%加计扣除，纳税调减 $40\times100\%=40$（万元），应纳税所得额 $=843.7-50-40=753.7$（万元），应

纳税额 =753.7×25% =188.425（万元）。

（四）某制造企业，职工人数200人，资产总额4500万元。2021年度生产经营业务如下：

1. 取得产品销售收入3000万元、国债利息收入20万元；

2. 与产品销售收入配比的成本2200万元；

3. 发生销售费用252万元、管理费用390万元（其中业务招待费28万元，新产品研发费用120万元）；

4. 向非金融企业借款200万元，支付年利息费用18万元（注：金融企业同期同类借款年利息率为6%）；

5. 企业所得税税前准许扣除的税金及附加32万元；

6. 10月购进符合《环境保护专用设备企业所得税优惠目录》的专用设备，取得增值税专用发票注明金额30万元、增值税进项税额4.8万元，该设备当月投入使用；

7. 计入成本、费用中的实发工资总额200万元、拨缴职工工会经费4万元、发生职工福利费35万元、发生职工教育经费10万元。

根据上述资料，回答下列问题：

1. 该企业2021年度会计利润总额为（　　）万元。

A. 148　　B. 128

C. 98　　D. 160

【答案】 B

【解析】 会计利润总额 =3000 +20 -2200 -252 -390 -18 -32 =128（万元）

2. 该企业2021年度纳税调减金额为（　　）万元。

A. 110　　B. 140

C. 20　　D. 90

【答案】 B

【解析】 国债利息收入免征企业所得税，应调减所得额20万元；新产品研发费用应调减所得额 =120×100% =120（万元）。

3. 该企业2021年度纳税调增金额为（　　）万元。

A. 19　　B. 20

C. 13　　D. 26

【答案】 D

【解析】 业务招待费扣除限额：28×60% =16.8（万元）>3000×0.5% =15（万元）；业务招待费应调增所得额 =28 -15（孰小原则）=13（万元）。

利息费用支出应调增所得额 =18 -200×6% =6（万元）

工会经费应调增所得额 = 4 - 200 × 2% = 0（万元）

职工福利费应调增所得额 = 35 - 200 × 14% = 7（万元）

职工教育经费限额 = 200 × 8% = 16（万元），实际发生 10 万元，未超过标准，故不需要纳税调整。

4. 该企业 2021 年度应纳税所得额为（　　）万元。

A. 64　　　　B. 14

C. 44　　　　D. 50

【答案】B

【解析】应纳税所得额 = 128 - 20 + 13 - 120 + 6 + 7 = 14（万元）

5. 该企业 2021 年度应纳税额为（　　）万元。

A. 0　　　　B. 0.35

C. 0.7　　　　D. 2.2

【答案】A

【解析】该企业 2021 年度应缴纳企业所得税 = 14 × 12.5% × 20% - 0.35 = 0

环保设备投资抵免结转以后年度扣除的金额 = 30 × 10% - 0.35 = 2.65（万元）

（五）某工业企业为增值税一般纳税人（增值税税率为 13%），2021 年度利润表中反映的利润总额为 500 万元，已预缴企业所得税 125 万元。某税务师事务所检查发现以下几项内容需要作纳税调整：

1. 取得其他业务收入 56.5 万元（含税），企业未作收入处理，也未申报纳税。其他业务成本 40 万元未结转。

2. 2021 年 1 月 1 日，经有关部门批准向职工集资 100 万元，用于弥补经营资金不足，集资期限 10 个月，支付利息 8 万元（同期银行贷款年利率为 6%）。

3. 2021 年 6 月 1 日，以经营租赁方式租入一台机器设备使用，租期 1 年，一次性支付年租金 12 万元，全部计入管理费用。

4. 因意外事故得到保险公司赔偿款 10 万元，未调整营业外支出。

5. 提取的存货跌价准备金 15 万元已在企业所得税税前扣除。

根据上述资料，回答下列问题（不考虑城市维护建设税及教育费附加）：

1. 合计调增应纳税所得额（　　）万元。

A. 78　　　　B. 84

C. 83　　　　D. 91.5

【答案】C

【解析】业务 1：收入未入账和申报金额 = 56.5 ÷（1 + 13%）= 50（万元），调增应纳税所得额 50 万元。

业务 2：企业向非金融机构借款超出同期银行贷款利率部分不能扣除，调增应纳税所得额 =8 −（100 ×6%）÷12 ×10 =3（万元）。

业务 3：以经营租赁方式租入固定资产发生的租赁费支出，按照租赁期限一年均匀扣除，2021 年租用 7 个月，调增应纳税所得额 =12 −12 ÷12 ×7 =5（万元）。

业务 4：企业发生意外事故的损失，应减除保险赔款后的余额在税前扣除，调增应纳税所得额 10 万元。

业务 5：未经核定的准备金不能税前扣除，调增应纳税所得额 15 万元。

总计调增应纳税所得额 =50 +3 +5 +10 +15 =83（万元）

2. 合计调减应纳税所得额（　　）万元。

A. 0　　　　B. 40

C. 48.5　　　　D. 45

【答案】 B

【解析】 其他业务成本 40 万元未结转，应调减应纳税所得额 40 万元。

3. 2021 年应补缴企业所得税（　　）万元。

A. 10.75　　　　B. 9.5

C. 11　　　　D. 135.75

【答案】 A

【解析】 2021 年应补缴企业所得税 =（500 +83 −40）×25% −125 =10.75（万元）

第五章　个人所得税

一、单项选择题

1. 外籍人员A某在中国境内无住所，2020年7月3日来我国工作，2021年7月2日凌晨2时离开中国。则下列各项说法正确的是（　　）。

A. 2020年A某属于我国居民个人

B. 2021年A某属于我国居民个人

C. 2020年和2021年A某均属于我国非居民个人

D. 2020年和2021年A某均属于我国居民个人

【答案】C

【解析】根据《个人所得税法》规定，在中国境内有住所，或者无住所而一个纳税年度内在中国境内居住累计满183天的个人，为居民个人。由于A某在2021年7月2日当天在中国境内停留不足24小时，当天不计入在中国境内居住天数。因此，A某在2020年和2021年两个年度内在我国累计居住都不满183天，所以2020年和2021年均为个人所得税法规定的非居民个人。

2. 个人取得的下列所得中，应确定为来源于中国境内所得的是（　　）。

A. 在境外公司任职取得的所得

B. 许可商标权在境外使用而取得的所得

C. 从境外公司取得的利息所得

D. 将境内房产转让给外籍人员取得的所得

【答案】D

【解析】根据《个人所得税法》第三条规定，除国务院财政、税务主管部门另有规定外，下列所得，不论支付地点是否在中国境内，均为来源于中国境内的所得：①因任职、受雇、履约等在中国境内提供劳务取得的所得；②将财产出租给承租人在中国境内使用而取得的所得；③许可各种特许权在中国境内使用而取得的所得；④转让中国境内的不动产等财产或者在中国境内转让其他财产取得的所得；⑤从中国境内企业、事业单位、其他组织以及居民个人取得的利息、股息、红利所得。只有选项D，符合条件。

3. 居民个人取得的下列所得，应纳入综合所得计征个人所得税的是（　　）。

A. 财产租赁所得　　　　B. 特许权使用费所得

C. 利息、股息、红利所得　　　　D. 财产转让所得

【答案】B

【解析】居民个人的综合所得包括工资薪金所得、劳务报酬所得、稿酬所得和特许权使用费所得。

4. 下列收入应按劳务报酬项目纳入综合所得缴纳个人所得税的是（　　）。

A. 退休后再受雇取得的收入　　　　B. 在就职单位取得的加班收入

C. 保险营销员取得的佣金收入　　　　D. 个人转让房产取得的收入

【答案】C

【解析】选项 A、B，按工资、薪金所得项目缴纳个人所得税；选项 D，按财产转让所得项目缴纳个人所得税。

5. 对个人依法从事办学活动取得的所得计征个人所得税时，适用的所得项目是（　　）。

A. 劳务报酬所得　　　　B. 工资、薪金所得

C. 偶然所得　　　　D. 经营所得

【答案】D

【解析】个人依法从事办学、医疗、咨询以及其他有偿服务活动取得的所得，应按照经营所得项目计征个人所得税。

6. 下列关于居民综合所得适用税率和预扣率的说法，错误的是（　　）。

A. 综合所得适用 7 级超额累进税率

B. 工资、薪金所得预扣预缴时适用 7 级超额累进预扣率

C. 劳务报酬所得预扣预缴时适用 3 级超额累进预扣率

D. 稿酬所得预扣预缴时适用 7 级超额累进预扣率

【答案】D

【解析】稿酬所得预扣预缴时适用 20% 的比例预扣率。

7. 对于居民个人的综合所得，专项扣除指的是（　　）。

A. 居民个人按照国家规定的范围和标准缴纳的基本养老保险、基本医疗保险、失业保险等社会保险费和住房公积金

B. 单位按照国家规定的范围和标准为职工缴纳的基本养老保险、基本医疗保险、

失业保险等社会保险费

C. 企业年金支出

D. 赡养老人支出

【答案】A

【解析】选项 B，属于免税收入；选项 C，属于依法确定的其他扣除；选项 D，属于专项附加扣除。

8. 根据个人所得税法规定，下列关于专项附加扣除说法正确的是（　　）。

A. 个人接受本科及以下学历（学位）继续教育，符合规定扣除条件的，可以选择由其父母扣除，也可以选择由本人扣除

B. 纳税人的子女接受全日制学历教育的相关支出，按照每个子女每月 2000 元的标准定额扣除

C. 纳税人接受技能人员职业资格继续教育、专业技术人员职业资格继续教育的支出，在取得相关证书的当年，按照 2400 元定额扣除

D. 纳税人发生的首套住房贷款利息支出，扣除期限最长不超过 360 个月

【答案】A

【解析】选项 B，纳税人的子女接受全日制学历教育的相关支出，按照每个子女每月 1000 元的标准定额扣除；选项 C，纳税人接受技能人员职业资格继续教育、专业技术人员职业资格继续教育的支出，在取得相关证书的当年，按照 3600 元定额扣除；选项 D，纳税人发生的首套住房贷款利息支出，扣除期限最长不超过 240 个月。

9. 居民个人取得的综合所得，其征税方法是（　　）。

A. 按次计征　　B. 按月计征

C. 按季计征　　D. 按年计征

【答案】D

【解析】居民个人取得的综合所得和经营所得按年计征。

10. 个人取得的下列利息收入中，应缴纳个人所得税的是（　　）。

A. 财政部发行国债的利息　　B. 国家发行金融债券的利息

C. 企业发行公司债券的利息　　D. 个人储蓄存款的利息

【答案】C

【解析】选项 A、B、D，免征个人所得税。

11. 某居民个人 2021 年度发生的与基本医保相关的医药费用支出，扣除医保报销后

个人负担（指医保目录范围内的自付部分）金额为20万元，则当年度汇算清缴时可以扣除的大病医疗支出为（　　）万元。

A. 6.5　　B. 8

C. 18.5　　D. 20

【答案】B

【解析】在一个纳税年度内，纳税人发生的与基本医保相关的医药费用支出，扣除医保报销后个人负担（指医保目录范围内的自付部分）累计超过15000元的部分，由纳税人在办理年度汇算清缴时，在80000元限额内据实扣除。该居民个人的大病医疗支出超过15000元的部分为185000元，但大病医疗扣除的限额为80000元，所以最多只能扣除80000元。

12. 根据个人所得税法规定，下列各项中，属于专项扣除的是（　　）。

A. 个人购买符合国家规定的商业健康保险

B. 个人缴付符合国家规定的企业年金

C. 个人缴付符合国家规定的职业年金

D. 个人缴付符合国家规定的基本养老保险

【答案】D

【解析】选项A、B、C属于依法确定的其他扣除。

13. 2021年8月，钱某受聘为甲公司进行装修设计，甲公司应支付钱某税前劳务报酬收入6万元，甲公司应为钱某预扣预缴个人所得税税额（　　）元。

A. 12400　　B. 10000

C. 14000　　D. 15400

【答案】A

【解析】钱某取得的装修设计费收入属于劳务报酬所得，且一次超过了4000元，因此，甲公司应预扣预缴的个人所得税 = 60000 ×（1 - 20%）× 30% - 2000 = 12400（元）。

14. 根据个人所得税法规定，下列各项中，以一个月内取得的收入为一次的是（　　）。

A. 偶然所得　　B. 利息、股息、红利所得

C. 财产租赁所得　　D. 经营所得

【答案】C

【解析】选项A，偶然所得，以每次取得该项收入为一次；选项B，利息、股息、红利所得，以支付利息、股息、红利时取得的收入为一次；选项C，财产租赁所得，以

一个月内取得的收入为一次；选项 D，经营所得按年计税。

15. 某居民个人取得的下列收入中，应计算缴纳个人所得税的是（　　）。

A. 国债利息收入

B. 任职单位报销的差旅费

C. 为外单位开设讲座取得的酬金

D. 从任职单位提留的福利费中支付给个人的生活补助费

【答案】 C

【解析】 选项 A，国债利息收入免征个人所得税；选项 B，差旅费津贴不属于纳税人本人工资、薪金所得项目的收入，不予征税；选项 C，按照劳务报酬所得计算缴纳个人所得税；选项 D，属于个人所得税法所称免税的福利费。

二、多项选择题

1. 下列关于个人所得税税制模式的表述中，正确的有（　　）。

A. 我国目前实行分类征收制模式

B. 实行分类征收制模式便于征收管理，但不利于平衡纳税人税负

C. 实行综合征收制模式征收管理相对复杂，但有利于平衡纳税人税负

D. 我国已经初步建立了分类与综合相结合的征收模式——混合征收制

E. 我国目前实行综合征收制模式

【答案】 BCD

【解析】 我国目前个人所得税实行混合征收制模式。

2. 根据个人所得税法规定，区分居民纳税人和非居民纳税人的判断标准包括（　　）。

A. 住所　　B. 收入来源地

C. 国籍　　D. 居住时间

E. 住房

【答案】 AD

【解析】 个人所得税法依据住所和居住时间两个标准，将纳税人区分为居民和非居民纳税人，分别承担不同的纳税义务。

3. 下列各项中，应当按照工资、薪金所得项目征收个人所得税的有（　　）。

A. 劳动分红　　B. 独生子女补贴

C. 差旅费津贴　　D. 超过规定标准的误餐费

E. 季度奖金

【答案】ADE

【解析】选项B、C不征收个人所得税。

4. 以下各项所得适用超额累进税率形式的有（ ）。

A. 财产租赁所得

B. 综合所得

C. 偶然所得

D. 个人独资企业投资者取得的生产经营所得

E. 个体工商户取得的生产经营所得

【答案】BDE

【解析】综合所得和经营所得适用超额累进税率；财产租赁所得、偶然所得适用20%的比例税率。

5. 居民个人取得的下列所得中，适用按次征收个人所得税的有（ ）。

A. 工资、薪金所得
B. 财产租赁所得

C. 经营所得
D. 财产转让所得

E. 偶然所得

【答案】BDE

【解析】经营所得、综合所得按年征收个人所得税；利息、股息、红利所得，财产租赁所得，财产转让所得、偶然所得，按次或按月征收个人所得税。

6. 在确定综合所得的年收入额时，下列说法正确的有（ ）。

A. 劳务报酬所得，每次收入不超过4000元的，允许减除800元的费用

B. 劳务报酬所得以收入减除20%的费用后的余额为收入额

C. 稿酬所得以收入减除20%的费用后的余额为收入额，稿酬所得的收入额减按70%计算

D. 特许权使用费所得以收入减除20%的费用后的余额为收入额

E. 工资薪金所得以收入减除每月5000元费用后的余额为收入额

【答案】BCD

【解析】在计算综合所得的年收入额时，无论每次收入是否超过4000元，均按照下列规定计算：劳务报酬所得、稿酬所得、特许权使用费所得以收入减除20%的费用后的余额为收入额；稿酬所得的收入额减按70%计算；工资薪金所得以收入全额为收入额。

7. 下列个人所获得的收入，属于免征个人所得税的有（　　）。

A. 保险理赔金额

B. 商场抽奖所得

C. 被学校评为校级优秀教师获得的奖金

D. 退休工资收入

E. 国债利息

【答案】ADE

【解析】选项 B，应按照偶然所得项目全额征收个人所得税。选项 C，省级人民政府、国务院部委和中国人民解放军军以上单位，以及外国组织、国际组织颁发的科学、教育、技术、文化、卫生、体育、环境保护等方面的奖金，免征个人所得税。个人取得校级奖金，应征收个人所得税。

8. 纳税人从中国境外取得的特许权使用费所得，在计算抵免限额和实际抵免额时，下列说法正确的有（　　）。

A. 与境内综合所得合并计算应纳税额

B. 与境内综合所得分别计算应纳税额

C. 应该分国分项计算抵免限额

D. 实际已纳税额超过抵免限额部分，可以在以后 5 个纳税年度内结转抵免

E. 实际已纳税额低于抵免限额部分，应当在中国缴纳差额部分的税款

【答案】ADE

【解析】除国务院财政、税务主管部门另有规定外，来源于中国境外一个国家（地区）的综合所得抵免限额、经营所得抵免限额以及其他所得抵免限额之和，为来源于该国家（地区）所得的抵免限额，即应该分国不分项计算抵免限额。

9. 根据个人所得税法规定，下列情形中，纳税人应当按照规定自行到主管税务机关办理纳税申报的有（　　）。

A. 张某当年度取得工资薪金所得 20 万元，劳务报酬所得 5 万元，专项扣除 2 万元

B. 王某每月从甲公司取得 3 万元工资，从乙公司取得 8000 元工资，专项扣除全年合计 1.5 万元

C. 李某将其拥有的境外房产出售，取得收入 300 万元

D. 赵某取得中奖收入 1 万元，扣缴义务人未扣缴税款

E. 周某取得境内上市公司的税后分红 3000 元

【答案】ABCD

【解析】选项 A、B 属于取得综合所得需要办理汇算清缴的情形；选项 C 属于取得境外所得的情形；选项 D 属于取得应税所得，扣缴义务人未扣缴税款的情形。因此，选项 A、B、C、D 均属于需要办理纳税申报的情况。选项 E 属于取得股息、红利所得，扣缴义务人已经代扣代缴，无须自行申报。

10. 下列关于个人所得税纳税期限的表述，错误的有（　　）。

A. 纳税人因移居境外注销中国户籍的，应当在注销中国户籍前办理税款清算

B. 居民个人从中国境外取得所得的，应当在取得所得的次年 3 月 1 日前申报纳税

C. 非居民个人在中国境内从两处以上取得工资、薪金所得的，应当在取得所得的次月 15 日内申报纳税

D. 纳税人取得经营所得，在取得所得的次年 3 月 1 日至 6 月 30 日内办理汇算清缴

E. 纳税人取得应税所得没有扣缴义务人的，应当在取得所得的次月 15 日内向税务机关报送纳税申报表，并缴纳税款

【答案】BD

【解析】选项 B，居民个人从中国境外取得所得的，应当在取得所得的次年 3 月 1 日至 6 月 30 日内申报纳税；选项 D，纳税人取得经营所得，在取得所得的次年 3 月 31 日前办理汇算清缴。

11. 居民个人综合所得专项附加扣除中，属于标准定额扣除的有（　　）。

A. 子女教育支出　　B. 大病医疗支出

C. 赡养老人支出　　D. 首套住房贷款利息支出

E. 继续教育支出

【答案】ACDE

【解析】7 个专项附加扣除中只有大病医疗支出属于限额扣除，其他均属于标准定额扣除。

12. 下列关于非居民个人征税具体规定的说法，正确的有（　　）。

A. 非居民个人的劳务报酬所得属于一次性收入的，以取得该项收入为一次

B. 非居民个人的劳务报酬所得属于同一事项连续取得收入的，以一年内的收入为一次

C. 非居民个人稿酬所得分次支付的，应合并计算为一次

D. 非居民个人取得的工资、薪金所得，应按年计税

E. 非居民个人取得的特许权使用费所得，不适用汇算清缴

【答案】ACE

【解析】选项 B，非居民个人的劳务报酬所得属于同一事项连续取得收入的，以一个月内取得的收入为一次；选项 D，非居民个人取得的工资、薪金所得，应按月计税。

13. 下列各项所得在计算应纳税所得额时，不允许扣减任何费用的有（　　）。

A. 偶然所得　　B. 特许权使用费所得

C. 利息、股息、红利所得　　D. 财产租赁所得

E. 财产转让所得

【答案】AC

【解析】偶然所得，利息、股息、红利所得以每次收入额为应纳税所得额，不允许作任何扣除。

14. 下列各项所得中，应当缴纳个人所得税的有（　　）。

A. 个人取得的公司债券利息

B. 保险赔款

C. 个人取得的县区级人民政府发放的奖金

D. 国家发行的金融债券利息

E. 国务院特殊津贴

【答案】AC

【解析】选项 B、D、E 免征个人所得税。选项 C，省级人民政府、国务院部委和中国人民解放军军以上单位，以及外国组织、国际组织颁发的科学、教育、技术、文化、卫生、体育、环境保护等方面的奖金，免征个人所得税。县级人民政府发放的奖金征收个人所得税。

15. 下列情形中，纳税人应办理纳税申报的有（　　）。

A. 取得综合所得但不需要办理汇算清缴

B. 取得应税所得，扣缴义务人未扣缴税款

C. 取得境外所得

D. 非居民个人在中国境内从两处以上取得工资、薪金所得

E. 取得财产租赁所得

【答案】BCD

【解析】有下列情形之一的，纳税人应当依法办理纳税申报：取得综合所得需要办理汇算清缴；取得应税所得没有扣缴义务人；取得应税所得，扣缴义务人未扣缴税款；取得境外所得；因移居境外注销中国户籍；非居民个人在中国境内从两处以上取得工

资、薪金所得；国务院规定的其他情形。

三、判断题

1. 某外籍公民 A 先生在中国境内无住所，2019 年 1 月来华工作后一直在中国境内居住。A 先生 2021 年 8 月取得一笔来源于境外并由境外公司支付的特许权使用费，这笔所得应在中国缴纳个人所得税。（　　）

【答案】×

【解析】在中国境内无住所，但在中国境内一个纳税年度累计居住满 183 天的年度连续不满 6 年，其来源于中国境外且由境外单位或个人支付的所得，免予缴纳个人所得税。

2. 劳务报酬所得、稿酬所得、特许权使用费所得，属于一次性收入的，以取得该项收入为一次；属于同一项目连续性收入的，以一年内取得的收入为一次。（　　）

【答案】×

【解析】属于同一项目连续性收入的，以一个月内取得的收入为一次。

3. 张某喜欢诗歌创作，经常在报纸上发表作品。张某在个人所得税年度汇算清缴时应当向税务机关提供获得稿酬的信息。（　　）

【答案】√

【解析】居民个人取得劳务报酬所得、稿酬所得、特许权使用费所得，应当在汇算清缴时向税务机关提供有关信息，减除专项附加扣除。

4. 取得经营所得的个人，在计算其每一纳税年度的应纳税所得额时，应当以经营收入减去经营成本和费用作为应纳税所得额，不得减除费用 6 万元、专项扣除、专项附加扣除以及依法确定的其他扣除。（　　）

【答案】×

【解析】取得经营所得的个人，没有综合所得的，在计算其每一纳税年度的应纳税所得额时，应当减除费用 6 万元、专项扣除、专项附加扣除以及依法确定的其他扣除。专项附加扣除在办理汇算清缴时减除。

5. 王某 2021 年度通过某县民政部门对贫困地区捐款 5 万元，未考虑捐赠的个人所得税综合所得为 12 万元。王某 2021 年度个人所得税应纳税所得额应为 8.4 万元。（　　）

【答案】√

【解析】个人将其所得对教育、扶贫、济困等公益慈善事业进行捐赠，捐赠额未超过纳税人申报的应纳税所得额30%的部分，可以从其应纳税所得额中扣除；国务院规定对公益慈善事业捐赠实行全额税前扣除的，从其规定。

王某2021年度个人所得税应纳税所得额 = 12 ×（1 - 30%）= 8.4（万元）

6. 我国居民李某的综合所得、经营所得既有来自境内的，也有来自境外的。缴纳个人所得税时，应当分别境内外和所得项目单独计算应纳税额。(　　)

【答案】 ×

【解析】 居民个人从中国境内和境外取得的综合所得、经营所得，应当分别合并计算应纳税额；从中国境内和境外取得的其他所得，应当分别单独计算应纳税额。

7. 个人所得税法规定，居民个人从中国境外取得的所得，可以从其应纳税额中抵免已在境外缴纳的个人所得税税额，但抵免额不得超过该纳税人境外所得依照规定计算的应纳税额。抵免限额采用分国不分项的方式确定。(　　)

【答案】 √

【解析】 除国务院财政、税务主管部门另有规定外，来源于我国境外一个国家（地区）的综合所得抵免限额、经营所得抵免限额以及其他所得抵免限额之和，为来源于该国家（地区）所得的抵免限额。

8. 非居民个人取得工资、薪金所得，劳务报酬所得，稿酬所得和特许权使用费所得，有扣缴义务人的，由扣缴义务人按月或者按次代扣代缴税款，并办理汇算清缴。(　　)

【答案】 ×

【解析】 非居民个人不办理汇算清缴。

9. 个人所得税的扣缴义务人应当在代扣税款的次月15日内，按照全员全额扣缴申报的规定，向主管税务机关报送相关涉税信息资料。(　　)

【答案】 √

【解析】 全员全额扣缴申报，是指扣缴义务人在代扣税款的次月15日内，向主管税务机关报送其支付所得的所有个人的有关信息、支付所得数额、扣除事项和数额、扣缴税款的具体数额和总额以及其他相关涉税信息资料。

10. 扣缴义务人每月或者每次预扣、代扣的税款，应当在次月10日内缴入国库，并向税务机关报送扣缴个人所得税申报表。(　　)

【答案】 ×

【解析】扣缴义务人每月或者每次预扣、代扣的税款，应当在次月 15 日内缴入国库，并向税务机关报送扣缴个人所得税申报表。

11. 对扣缴义务人按照所扣缴的税款，付给 3% 的手续费。(　　)

【答案】×

【解析】对扣缴义务人按照所扣缴的税款，付给 2% 的手续费。

12. 纳税人不能委托他人办理汇算清缴。(　　)

【答案】×

【解析】纳税人可以委托扣缴义务人或者其他单位和个人办理汇算清缴。

13. 纳税人取得综合所得办理汇算清缴申请退税，应当提供其在中国境内开设的银行账户，并在纳税人所在地就地办理税款退库。(　　)

【答案】×

【解析】纳税人申请退税，应当提供其在中国境内开设的银行账户，并在汇算清缴地就地办理税款退库。

14. 赵某在某国际公认的避税地设立独资公司，从不在该公司领取任何报酬和分红。税务机关可以根据我国《个人所得税法》规定采取合理的方法对赵某进行反避税调整。(　　)

【答案】√

【解析】居民个人控制的，或者居民个人和居民企业共同控制的设立在实际税负明显偏低的国家（地区）的企业，无合理经营需要，对应当归属于居民个人的利润不作分配或者减少分配，税务机关有权按照合理方法进行纳税调整。

15. 对于个人转让不动产的行为，税务机关和不动产登记机构应当相互配合，提供相关信息，确保个人所得税信息和不动产登记信息的准确性。(　　)

【答案】√

【解析】个人转让不动产的，税务机关应当根据不动产登记等相关信息核验应缴的个人所得税，登记机构办理转移登记时，应当查验与该不动产转让相关的个人所得税的完税凭证。

四、综合题

（一）某居民个人 2021 年度收支情况为：每月取得任职单位发放的工资 32500 元，

个人负担的“三险一金”为2500元；8月10日应邀到某大学举行讲座，获得收入80000元；9月16日起将自己拥有的专利技术许可给甲公司在中国境内使用，一次性取得使用费收入3000元；10月出版一部专著，取得出版社支付的稿酬200000元。

其他情况：该居民个人为独生子女，父母均为65周岁并有2个正在读大学的子女。子女教育支出均由其扣除，无其他扣除项目。

要求：根据以上资料，回答下列问题。

1. 2021年度全年单位为其发放工资应预扣预缴的个人所得税为（　　）元。

A. 28680　　B. 33480

C. 40680　　D. 46080

【答案】 B

【解析】 全年预扣预缴应纳税所得额 =（32500 − 5000 − 2500 − 2000 − 2000）× 12 = 252000（元），全年应预扣预缴个人所得税额 = 252000 × 20% − 16920 = 33480（元）。

2. 大学在支付讲座收入时应预扣预缴的个人所得税为（　　）元。

A. 3880　　B. 6190

C. 15240　　D. 18600

【答案】 D

【解析】 预扣预缴的应纳税所得额 = 80000 ×（1 − 20%）= 64000（元），适用3级超额累进预扣率，预扣率40%，速算扣除数7000元，预扣预缴税额 = 64000 × 40% − 7000 = 18600（元）。

3. 该居民个人2021年度应纳的个人所得税为（　　）元。

A. 22400　　B. 46080

C. 74920　　D. 76200

【答案】 D

【解析】 全年应纳税所得额 =（32500 − 5000 − 2500 − 2000 − 2000）× 12 +（80000 + 3000）×（1 − 20%）+ 200000 ×（1 − 20%）× 70% = 430400（元），全年应纳个人所得税额 = 430400 × 30% − 52920 = 76200（元）。

（二）某外籍非居民个人，2021年7月1日首次来到中国，12月31日离境回国。在中国期间收入情况为：每月取得在中国任职单位发放的工资32500元；8月10日应邀到中国某大学举行讲座，获得收入80000元；9月16日起将自己拥有的专利技术许可给甲公司在中国境内使用，一次性取得使用费收入3000元；10月在中国出版一部专著，取得出版社支付的稿酬200000元。

要求：根据以上资料，回答下列问题。

1. 任职单位每月发放工资时应代扣代缴个人所得税（　　）元。

A. 4215　　B. 5500

C. 6500　　D. 6875

【答案】A

【解析】应纳税所得额 = 32500 − 5000 = 27500（元），适用税率 25%，速算扣除数 2660 元，应代扣代缴税额 = 27500 × 25% − 2660 = 4215（元）。

2. 大学在支付讲座收入时应代扣代缴个人所得税（　　）元。

A. 3880　　B. 6190

C. 15240　　D. 18600

【答案】C

【解析】应纳税所得额 = 80000 ×（1 − 20%）= 64000（元），适用税率 35%，速算扣除数 7160 元，应代扣代缴税额 = 64000 × 35% − 7160 = 15240（元）。

3. 该外籍人员 2021 年度在中国应纳的个人所得税为（　　）元。

A. 25290　　B. 40530

C. 75842　　D. 76200

【答案】C

【解析】全年应纳个人所得税税额 = 4215 × 6 + 15240 + 3000 ×（1 − 20%）× 3% + 200000 ×（1 − 20%）× 70% × 45% − 15160 = 75842（元）

（三）某居民个人 2021 年度收入情况为：将自有商铺出租，每月取得租金收入 4500 元；将造价 360000 元的自建房屋（非住房）一幢出售，不含增值税售价 550000 元，在售房过程中按规定支付的除增值税外的交易费等相关税费 35000 元；取得财政部发行国债的利息 20000 元，取得某国内上市公司发行的公司债券利息 10000 元。

要求：根据以上资料，回答下列问题。

1. 关于出租商铺所得应纳个人所得税，以下说法正确的有（　　）。

A. 应按财产租赁所得征税

B. 统一按减除 20% 费用后的余额为应纳税所得额

C. 适用税率 20%

D. 不考虑其他税费情况下，应纳税额为 720 元

E. 应按综合所得征税

【答案】ACD

【解析】选项 B，财产租赁所得，每次收入不超过 4000 元的，减除费用 800 元；4000 元以上的，减除 20% 的费用，其余额为应纳税所得额；选项 D，4500 ×（1 − 20%）× 20% = 720（元）。

2. 关于出售房屋所得应纳个人所得税，以下说法正确的有（　　）。

A. 应按财产转让所得征税

B. 应纳税所得额 = 财产转让收入 - 财产原值 - 合理费用

C. 适用税率 20%

D. 应纳税额为 31000 元

E. 应按偶然所得征税

【答案】ABCD

【解析】应纳税所得额 = 550000 - 360000 - 35000 = 155000（元）

应纳税额 = 155000 × 20% = 31000（元）

3. 关于利息所得应纳个人所得税，以下说法正确的有（　　）。

A. 应按利息、股息、红利征税

B. 统一按减除 800 元费用后的余额为应纳税所得额

C. 适用税率 10%

D. 应纳税额为 6000 元

E. 应纳税额为 2000 元

【答案】AE

【解析】选项 B，利息、股息、红利所得和偶然所得，以支付利息、股息、红利时取得的收入为一次，以每次收入额为应纳税所得额；选项 C，适用税率 20%；选项 D，财政部发行国债的利息，免税。

第六章　资源和环境税相关税种

一、单项选择题

1. 下列企业既是增值税纳税人，又是资源税纳税人的是（　　）。

A. 销售有色金属矿产品的贸易公司

B. 进口有色金属矿产品的企业

C. 在境内开采有色金属矿产品的企业

D. 在境外开采有色金属矿产品的企业

【答案】C

【解析】选项 A、B 需缴纳增值税，不缴纳资源税；选项 D 不属于我国资源税和增值税的纳税人。

2. 假设某油田 2021 年 10 月销售原油 86000 吨，收取不含增值税价款 25800 万元；自用原油 30 吨，其中 20 吨用于本企业在建工程，10 吨用于加热原油。原油资源税税率为 6%。该油田当月应纳资源税为（　　）。

A. 1548.36 万元　　B. 1548 万元

C. 1548.54 万元　　D. 1548.18 万元

【答案】A

【解析】在建工程用油应当纳税，用于加热的原油免征资源税。

该油田本月应纳资源税 =（25800 + 25800 ÷ 86000 × 20）× 6% = 1548.36（万元）

3. 下列属于《资源税法》规定的免税项目的是（　　）。

A. 在油田范围内运输原油过程中用于加热的原油

B. 从低丰度油气田开采的天然气

C. 从衰竭期矿山开采的矿产品

D. 纳税人开采稠油

【答案】A

【解析】选项 B、C、D 属于减税项目。

4. 下列关于环境保护税计税依据确定方法说法正确的是（　　）。

A. 应税大气污染物按照污染物排放浓度折合的污染当量数确定

B. 应税水污染物按照污染物排放量折合的污染当量数确定

C. 应税固体废物按照固体废物的产生量确定

D. 应税噪声按照实测的分贝数确定

【答案】 B

【解析】 环境保护税的计税依据，按照应税污染物的类别确定：应税大气污染物和应税水污染物按照污染物排放量折合的污染当量数确定；应税固体废物按照固体废物的排放量确定；应税噪声按照超过国家规定标准的分贝数确定。

5. 下列关于环境保护税应纳税额计算方法错误的是（　　）。

A. 排放应税大气污染物，每一排放口均应按照污染当量数从大到小排序，对前三项污染物计算环境保护税

B. 排放应税大气污染物而没有排放口的，按照污染当量数从大到小排序，对前五项污染物计算环境保护税

C. 排放应税水污染物，每一排放口均应区分第一类水污染物和其他类水污染物，按照污染当量数从大到小排序，对第一类水污染物按照前五项计算环境保护税，对其他类水污染物按照前三项计算环境保护税

D. 从两个以上排放口排放应税污染物的，对每一排放口排放的应税污染物分别计算征收环境保护税

【答案】 B

【解析】 排放应税大气污染物而没有排放口的，按照污染当量数从大到小排序，对前三项污染物计算环境保护税，只有 B 选项符合题意。

6. 下列不属于我国耕地占用税纳税人的是（　　）。

A. 经批准占用耕地的建设用地人　B. 农用地转用的用地申请人

C. 农村集体土地承包人　D. 未经批准占用耕地的实际用地人

【答案】 C

【解析】 根据《耕地占用税法实施办法》规定，建设用地人、用地申请人和实际用地人是耕地占用税的纳税人；农村集体土地承包人不缴纳耕地占用税。

7. 耕地占用税在税制分类上属于（　　）。

A. 货物和劳务税类　B. 所得税类

C. 财产税类　D. 行为税类

【答案】D

【解析】耕地占用税属于行为税，征税对象是占用应税耕地的行为。

8. 某卷烟厂为增值税一般纳税人，2021 年 3 月收购烟叶 5000 千克，实际支付的收购价款为 65 万元，已开具烟叶收购发票。烟叶税税率为 20%。关于烟叶税的税务处理，下列表述正确的是（　　）。

A. 卷烟厂自行缴纳烟叶税 14.30 万元

B. 卷烟厂自行缴纳烟叶税 13.00 万元

C. 卷烟厂代扣代缴烟叶税 14.30 万元

D. 卷烟厂代扣代缴烟叶税 13.00 万元

【答案】A

【解析】在我国境内收购烟叶的单位为烟叶税的纳税人，卷烟厂自行缴纳的烟叶税 = 实际支付的价款总额 × 税率 = 65 ×（1 + 10%）× 20% = 14.3（万元）。

9. 某运输企业 2021 年年初拥有小轿车 5 辆，2021 年 3 月外购货车 12 辆（整备质量为 10 吨/辆），并于当月办理登记手续。假设货车年税额为整备质量每吨 50 元，小轿车年税额为每辆 500 元，该运输企业 2021 年应缴纳车船税（　　）。

A. 2500 元　　B. 7000 元

C. 8500 元　　D. 7500 元

【答案】D

【解析】该运输企业 2021 年应缴纳的车船税 = 5 × 500 + 12 × 10 × 50 ÷ 12 × 10 = 7500（元）

二、多项选择题

1. 我国《资源税法》统一了税目，下列关于资源税税目的说法正确的有（　　）。

A. 资源税的税目，依照《税目税率表》执行

B. 金属矿产包括黑色金属和有色金属

C. 盐就是指卤水盐和海盐

D. 应税资源应当位于我国境内

E. 应税矿产品是指矿产品原矿

【答案】AB

【解析】《资源税法》明确，盐包括钠盐、钾盐、镁盐、锂盐天然卤水、海盐等，C 选项错误；应税资源包括中华人民共和国领域和中华人民共和国管辖的其他海域的列明资源，范围不限于境内，D 选项错误；应税产品为矿产品的，包括原矿或选矿产品，E 选项错误。

2. 《资源税法》规定的税率形式有（　　）。

A. 固定比例税率　　B. 超额累进税率

C. 幅度比例税率　　D. 超率累进税率

E. 幅度定额税率

【答案】ACE

【解析】《资源税法》规定的税率形式包括固定比例税率、幅度比例税率和幅度定额税率。

3. 矿山开采企业发生的从坑口或者洗选（加工）地到车站、码头或者购买方指定地点的相关运杂费用不计入资源税从价计征应税产品销售额。下列属于相关运杂费用的有（　　）。

A. 增值税税款　　B. 运输费用

C. 装卸费用　　D. 建设基金

E. 仓储费用

【答案】BCDE

【解析】相关运杂费用是指应税产品从坑口或者洗选（加工）地到车站、码头或者购买方指定地点的运输费用、建设基金以及随运销产生的装卸、仓储、港杂费用。相关运杂费用不属于资源产品价值的必然构成，原则上不纳入资源税的计税依据。

4. 《环境保护税法》规定的立法目的包括（　　）。

A. 保护和改善环境　　B. 筹集环保资金

C. 减少污染物排放　　D. 规范环保资金使用

E. 推进生态文明建设

【答案】ACE

【解析】《环境保护税法》立法目的：保护和改善环境，减少污染物排放，推进生态文明建设。

5. 下列属于耕地占用税征税范围的有（　　）。

A. 国家所有的耕地　　B. 集体所有的耕地

C. 渔业水域滩涂　　D. 城镇绿化用地

E. 农田水利用地

【答案】ABCE

【解析】耕地占用税的征税范围既包括耕地，也包括耕地以外的农用地。耕地是指我国境内用于种植农作物的土地，包括国家所有和集体所有的耕地；耕地以外的农用地，包括园地、林地、草地、农田水利用地、养殖水面、渔业水域滩涂以及其他农用地。林地，不包括城镇村庄范围内的绿化林木用地。

6. 下列关于耕地占用税政策说法正确的有（　　）。

A. 耕地占用税应纳税额等于纳税人实际占用的耕地面积乘以适用税额

B. 占用基本农田的，根据当地适用税额加按 100% 征收

C. 各地耕地占用税适用税额由省级人民代表大会常务委员会决定

D. 各县耕地占用税适用税额不得低于税法规定的平均税额

E. 耕地占用税对纳税人占用应税耕地的行为实行一次性征收

【答案】 ACE

【解析】 占用基本农田的，根据当地适用税额加按 150% 征收，B 选项错误；各省级行政区域内耕地占用税适用税额的平均水平不得低于税法规定的平均税额，D 选项错误。

7. 甲县某烟草公司到相邻的乙县收购烟叶，2021 年 8 月 9 日支付烟叶收购价款 80 万元，另对烟农支付了价外补贴，下列纳税事项的表述中，正确的有（　　）。

A. 烟草公司应在 2021 年 9 月 10 日前申报缴纳烟叶税

B. 烟草公司收购烟叶的纳税义务发生时间是 2021 年 8 月 9 日

C. 烟草公司 8 月收购烟叶应缴纳烟叶税 17. 6 万元

D. 烟草公司应向甲县主管税务机关申报缴纳烟叶税

E. 烟草公司对烟农代扣代缴烟叶税

【答案】 BC

【解析】 烟叶税按月计征，纳税人应当于纳税义务发生月终了之日起 15 日内申报并缴纳税款。该烟草公司收购烟叶的纳税义务发生时间为收购烟叶的当天（2021 年 8 月 9 日），那么应于 2021 年 9 月 15 日前（含当天）申报缴纳烟叶税。纳税人收购烟叶实际支付的价款总额包括纳税人支付给烟叶生产销售单位和个人的烟叶收购价款以及价外补贴。其中，价外补贴统按烟叶收购价款的 10% 计算。其应纳烟叶税 = 80 ×（1 + 10%）× 20% = 17. 6（万元）。纳税人收购烟叶应当向烟叶收购地（乙县）的主管税务机关申报纳税。收购烟叶的烟草公司是烟叶税的纳税人，烟农不是烟叶税纳税人，不存在代扣代缴烟叶税的政策。

8. 下列各项中，符合车船税相关规定的有（　　）。

A. 乘用车，以“每辆”为计税单位

B. 载货汽车，以“整备质量每吨”为计税单位

C. 机动船舶，以“每艘”为计税单位

D. 游艇，以“净吨位每吨”为计税单位

E. 挂车，以“每辆”为计税单位

【答案】AB

【解析】车船税的计税单位，分别确定为“每辆、净吨位每吨、整备质量每吨、艇身长度每米”四种。选项 C，机动船舶以“净吨位每吨”为计税单位；选项 D，游艇以“艇身长度每米”为计税单位；选项 E，挂车以“整备质量每吨”为计税单位。

三、判断题

1. 矿产品分为原矿和选矿，纳税人可以根据需要选择按照原矿或选矿缴纳资源税。(　　)

【答案】×

【解析】按照原矿还是选矿缴纳资源税是税法规定的，纳税人不能自行选择。

2. 衰竭期矿山，是指实际开采年限超过 15 年，且剩余可开采储量下降到原设计可开采储量的 20% 以下或者剩余开采年限不超过 5 年的矿山。(　　)

【答案】×

【解析】衰竭期矿山，是指“设计开采年限”超过 15 年，而不是“实际开采年限”超过 15 年。

3. 企业直接向环境排放的应税污染物达到国家规定的排放标准，也需要缴纳环境保护税。(　　)

【答案】√

【解析】与原排污费制度相衔接，环境保护税针对大气、水污染物的排放总量征收，即不管是达标排放的污染物还是超标排放的污染物都要征税。但由于达标排放的污染物所含污染当量数少，从而可以少缴税；超标排放的污染物所含污染当量数多，从而需要多缴税。这种政策处理，有利于促进企业、单位改进工艺、减少污染物排放。

4. 依法设立的城乡污水集中处理场所，是指为社会公众提供生活污水处理服务的场所，其向环境排放经处理后的生活污水的，不缴纳环境保护税。

【答案】×

【解析】依法设立的城乡污水集中处理场所超过国家和地方规定的排放标准向环境排放应税污染物的，应当缴纳环境保护税；排放应税污染物不超过国家和地方规定的排放标准的，暂予免征环境保护税。

5. 应税水污染物不一定是液体状态的污染物。(　　)

【答案】√

【解析】应税水污染物，是指向水体排放的能导致水体污染的物质，并未明确污染物的状态。

6. 纳税人根据耕地占用税政策规定自行判断是否符合优惠条件，符合条件的，纳税人申报享受税收优惠，并将有关资料提交主管税务机关保存。(　　)

【答案】×

【解析】耕地占用税减免优惠实行“自行判别、申报享受、有关资料留存备查”办理方式。纳税人根据政策规定自行判断是否符合优惠条件，符合条件的，纳税人申报享受税收优惠，并将有关资料留存备查。纳税人对留存材料的真实性和合法性承担法律责任。

7. 耕地占用税的纳税人履行纳税义务是取得建设用地批准书的前提条件。(　　)

【答案】√

【解析】自然资源主管部门凭耕地占用税完税凭证或者免税凭证和其他有关文件发放建设用地批准书。

8. 收购烟叶的单位和个人为烟叶税的纳税人。(　　)

【答案】×

【解析】我国境内收购烟叶的单位为烟叶税的纳税人，不包括个人。

9. 消费者个人购买小汽车当月即发生车船税纳税义务。(　　)

【答案】√

【解析】车船税纳税义务发生时间为取得车船所有权或者管理权的当月。

第七章　财产和行为税相关税种

一、单项选择题

1. 我国土地增值税的计算采用的税率类型属于（　　）。

A. 三级超率累进税率　　B. 四级超率累进税率

C. 五级超额累进税率　　D. 七级超额累进税率

【答案】 B

【解析】 我国的土地增值税实行四级超率累进税率。

2. 在计算土地增值税时，不是按纳税人实际发生额进行扣除的是（　　）。

A. 取得土地使用权时所支付的金额

B. 房地产开发成本

C. 房地产开发费用

D. 与转让房地产有关的税金

【答案】 C

【解析】 在计算扣除项目金额时，房地产开发费用不是按照纳税人实际发生额进行扣除，而是按照规定的方法计算扣除。

3. 某生产企业转让一栋旧办公楼，取得不含增值税收入 400 万元，转让环节可扣除的相关税金共计 2.61 万元。该办公楼原造价 300 万元。经房地产评估机构评定，该楼的重置成本价为 800 万元。成新度折扣率为四成，该企业转让办公楼应缴纳的土地增值税为（　　）万元。

A. 23.22　　B. 16.5

C. 14.5　　D. 25.5

【答案】 A

【解析】 第一步，确定收入额：不含增值税的转让收入为 400 万元；第二步，确定扣除项目金额：纳税人转让旧房及建筑物的评估价格 = 800 × 40% = 320（万元），扣除项目金额合计 = 320 + 2.61 = 322.61（万元）；第三步，计算增值额：增值额 = 400 −

322.61 = 77.39（万元）；第四步，计算增值率：增值率 = 增值额 ÷ 扣除项目金额 × 100% = 77.39 ÷ 322.61 × 100% = 23.99%；第五步，确定税率为30%，速算扣除系数为0；第六步，计算土地增值税税额：应纳土地增值税税额 = 增值额 × 适用税率 - 扣除项目金额 × 适用速算扣除系数 = 77.39 × 30% - 322.61 × 0 = 23.22（万元）。

4. 经济落后地区的城镇土地使用税适用税额标准经批准可以适当降低，但降低额不得超过规定的最低税额的30%。有权批准适当降低的机关是（　　）。

A. 国家税务总局　　B. 财政部

C. 省、自治区、直辖市人民政府　　D. 省、自治区、直辖市税务局

【答案】C

【解析】经省、自治区、直辖市人民政府批准，经济落后地区城镇土地使用税的适用税额标准可以适当降低，但降低额不得超过最低税额的30%。

5. 下列用地行为，免征城镇土地使用税的是（　　）。

A. 军队家属的宿舍用地　　B. 个人所有的居住房屋及院落用地

C. 国家机关的办公用地　　D. 企业内部道路绿化工地

【答案】C

【解析】选项A、B，免税单位职工家属的宿舍用地、个人所有的居住房屋及院落用地，由各省、自治区、直辖市税务局决定是否免征城镇土地使用税；选项D，市政街道、广场、绿化地带等公共用地免征城镇土地使用税，对企业厂区（包括生产、办公及生活区）以内的绿化用地应照章征收城镇土地使用税。

6. 根据现行房产税的相关规定，房产税以房产余值作为计税依据的，应以房产原值一次减除一定比例后的余值计算缴纳，该一定比例是指（　　）。

A. 3% ~ 5%　　B. 5% ~ 10%

C. 10% ~ 30%　　D. 15% ~ 30%

【答案】C

【解析】房产税依照房产原值一次减除10% ~ 30%后的余值计算缴纳。具体减除幅度由省、自治区、直辖市人民政府规定。没有房产原值的，由房产所在地税务机关参考同类房产核定。

7. 甲公司2021年年初房产原值为8000万元，3月与乙公司签订租赁合同，约定自2021年4月起将其中原值500万元的房产租赁给乙公司，租期3年，月租金2万元，2021年4—6月为免租使用期间。甲公司所在地计算房产税余值的减除比例为30%，甲

公司2021年度应缴纳的房产税为（　　）。（不考虑增值税）

A. 65.49元　　B. 66.21元

C. 66.54元　　D. 67.26元

【答案】C

【解析】税法规定，对出租房产，租赁双方签订的租赁合同约定有免收租金期限的，免收租金期间由产权所有人按照房产余值缴纳房产税。从价计征房产税 =8000×（1－30%）×1.2%÷12×6+（8000－500）×（1－30%）×1.2%÷12×6=33.6+31.5=65.1（万元）；从租计征房产税 =2×6×12% =1.44（万元）；甲公司2021年度应缴纳的房产税 =65.1+1.44=66.54（万元）。

8. 甲企业将其闲置的办公楼以800万元的价格（不含增值税，下同）出售给乙企业，该办公楼原值1000万元，已计提折旧300万元。已知当地契税税率为4%。下列关于契税的处理，正确的是（　　）。

A. 甲企业应缴纳契税28万元　　B. 甲企业应缴纳契税32万元

C. 乙企业应缴纳契税28万元　　D. 乙企业应缴纳契税32万元

【答案】D

【解析】契税的纳税人是产权承受方。房屋买卖，契税的计税依据为成交价格。乙企业应缴纳契税 =800×4% =32（万元）。

9. 城市维护建设税采用的税率形式是（　　）。

A. 产品比例税率　　B. 行业比例税率

C. 地区差别比例税率　　D. 有幅度的比例税率

【答案】C

【解析】城市维护建设税实行地区差别比例税率，分为三档：①纳税人所在地在市区的，税率为7%；②纳税人所在地在县城、镇的，税率为5%；③纳税人所在地不在市区、县城或镇的，税率为1%。

10. 下列属于城市维护建设税计税依据的是（　　）。

A. 进口环节缴纳的增值税　　B. 进口环节缴纳的关税

C. 进口环节缴纳的消费税　　D. 国内销售环节缴纳的增值税、消费税

【答案】D

【解析】城市维护建设税的计税依据是纳税人实际缴纳的消费税、增值税税额，不包括关税。对进口货物或者境外单位和个人向境内销售劳务、服务、无形资产缴纳的增值税、消费税税额，不征收城市维护建设税。

二、多项选择题

1. 下列经济活动中，需要缴纳土地增值税的有（ ）。

A. 抵押期间的房地产
B. 房地产的评估增值
C. 房地产的继承
D. 两公司互换房产产权用于办公
E. 个人销售商铺

【答案】DE

【解析】抵押期间的房地产、房地产的评估增值，产权未发生转移，不征税；房地产的继承不属于征税范围。

2. 下列项目中，属于土地增值税准予扣除项目中房地产开发成本的有（ ）。

A. 公共配套设施费
B. 建筑安装工程费
C. 契税
D. 耕地占用税
E. 借款利息费用

【答案】ABD

【解析】选项 C，契税属于取得土地使用权所支付的金额；选项 E，借款利息费用在房地产开发费用中扣除。

3. 关于城镇土地使用税的纳税人，下列说法正确的有（ ）。

A. 土地使用权共有的，共有各方分别为纳税人
B. 土地使用权未确定的，实际使用人为纳税人
C. 土地使用权权属纠纷未解决的，纠纷双方均为纳税人
D. 在建制镇范围内使用土地的自然人不是城镇土地使用税的纳税人
E. 拥有土地使用权的纳税人不在土地所在地的，由代管人或实际使用人纳税

【答案】ABE

【解析】城镇土地使用税由拥有土地使用权的单位和个人缴纳；拥有土地使用权的纳税人不在土地所在地的，由代管人或实际使用人纳税；土地使用权未确定或权属纠纷未解决的，由实际使用人纳税；土地使用权共有的，由共有各方分别纳税。选项 C 错误。凡在城市、县城、建制镇、工矿区范围内使用土地的单位和个人，为城镇土地使用税的纳税义务人，个人包括个体工商户及其他个人（自然人），选项 D 错误。

4. 下列关于城镇土地使用税征收管理的表述，正确的有（ ）。

A. 纳税人出租、出借房产，自交付出租、出借房产之次月起计征城镇土地使用税
B. 城镇土地使用税按年计算、一次性缴纳

C. 纳税人新征用的耕地，自批准征用次月起缴纳城镇土地使用税

D. 纳税人购置存量房，自办理房屋权属转移、变更登记手续，房地产权属登记机关签发房屋权属证书之次月起计征城镇土地使用税

E. 纳税人使用的土地不属于同一省（自治区、直辖市）管辖范围的，由国务院财政税务主管部门确定纳税地点

【答案】AD

【解析】选项B，城镇土地使用税按年计算、分期缴纳，具体纳税期限由省、自治区、直辖市人民政府确定，一般分别确定按月、季、半年或1年等不同的期限缴纳。选项C，纳税人新征用的耕地，自批准征用之日起满1年时开始缴纳城镇土地使用税。选项E，纳税人使用的土地不属于同一省（自治区、直辖市）管辖范围的，应由纳税人分别向土地所在地的税务机关申报缴纳城镇土地使用税。

5. 下列各项中，符合房产税纳税人规定的有（　　）。

A. 产权出典的，由承典人纳税

B. 产权属于国家所有的，由经营管理的单位纳税

C. 产权未确定及租典纠纷未解决的，由房产代管人或者使用人纳税

D. 房屋产权所有人不在房屋所在地的，由房产代管人或使用人纳税

E. 产权属集体和个人所有的，由经营管理单位纳税

【答案】ABCD

【解析】选项E，产权属集体和个人所有的，由集体单位和个人纳税。

6. 下列行为中，应缴纳契税的有（　　）。

A. 以获奖方式取得房屋产权

B. 法定继承人继承土地、房屋权属

C. 以出让方式承受土地权属

D. 以实物交换土地使用权

E. 以自有房产作价入股本人经营的个人独资企业

【答案】ACD

【解析】选项B，法定继承人通过继承承受土地、房屋权属的，免征契税。选项E，房屋产权未发生变化，不缴纳契税。

7. 关于契税的计税依据，以下表述正确的有（　　）。

A. 土地使用权出让、出售，房屋买卖，为土地、房屋权属转移合同确定的成交价格

B. 土地使用权互换、房屋互换，以互换出去的土地使用权、房屋的价格为计税依据

C. 以划拨方式取得的土地使用权，经批准改为出让方式重新取得该土地使用权的，应由该土地使用权人以成交价格为计税依据缴纳契税

D. 先以划拨方式取得土地使用权，后经批准转让房地产，划拨土地性质改为出让的，承受方应分别以补缴的土地出让价款和房地产权属转移合同确定的成交价格为计税依据缴纳契税

E. 土地使用权出让的，以土地出让金为计税依据

【答案】 AD

【解析】 选项 B，土地使用权互换、房屋互换，互换价格相等的，互换双方计税依据为零；互换价格不相等的，以其差额为计税依据，由支付差额的一方缴纳契税。选项 C，以划拨方式取得的土地使用权，经批准改为出让方式重新取得该土地使用权的，应由该土地使用权人以补缴的土地出让价款为计税依据缴纳契税。选项 E，土地使用权出让的，计税依据包括土地出让金、土地补偿费、安置补助费、地上附着物和青苗补偿费、征收补偿费、城市基础设施配套费、实物配建房屋等应交付的货币以及实物、其他经济利益对应的价款。

8. 下列合同中，按“产权转移书据”计征印花税的有（　　）。

A. 专利实施许可合同　　B. 专利申请权转让合同

C. 商品房销售合同　　D. 土地使用权出让合同

E. 土地使用权转让合同

【答案】 ACDE

【解析】 选项 B，按“技术合同”计征印花税。

9. 下列车辆属于车辆购置税应税车辆的有（　　）。

A. 汽车挂车　　B. 电动摩托车

C. 叉车　　D. 有轨电车

E. 汽车

【答案】 ADE

【解析】 车辆购置税以列举的车辆作为征税对象，未列举的车辆不征税。其征税范围包括汽车、有轨电车、汽车挂车、排气量超过 150 毫升的摩托车。

10. 下列行为需要缴纳车辆购置税的有（　　）。

A. 某医院接受某汽车厂捐赠小客车用于医疗服务

B. 某汽车厂将自产小轿车用于日常办公

C. 某幼儿园租赁客车用于校车服务

D. 某物流企业接受汽车生产商投资的运输车辆自用

E. 某轮胎制造企业接受汽车生产商抵债的小汽车自用

【答案】ABDE

【解析】车辆购置税的征税范围是指在我国境内购置应税车辆的行为。具体包括：购买自用行为、进口自用行为、受赠使用行为、自产自用行为、获奖自用行为等。选项C，租入车辆不属于车辆购置税的应税行为。

三、判断题

1. 纳税人转让旧房及建筑物，不能取得评估价格，但能提供购房发票的，在计算土地增值税扣除项目时，可按发票所载金额据实扣除。(　　)

【答案】×

【解析】纳税人转让旧房及建筑物，凡不能取得评估价格，但能提供购房发票的，经当地税务部门确认，取得土地使用权时所支付的金额、旧房及建筑物的评估价格，可按发票所载金额并从购买年度起至转让年度止每年加计5%计算。

2. 纳税人建造普通标准住宅出售，增值额未超过扣除项目金额20%的，免征土地增值税；超过20%的，应就其超过部分按规定计税。(　　)

【答案】×

【解析】纳税人建造普通标准住宅出售，增值额未超过扣除项目金额20%的，免征土地增值税；超过20%的，应就其全部增值额按规定计税。

3. 纳税人将原有房产用于生产经营，从生产经营之次月起，缴纳房产税。(　　)

【答案】×

【解析】纳税人将原有房产用于生产经营，从生产经营之月起，缴纳房产税。

4. 因土地、房屋被县级以上人民政府征收、征用，重新承受土地、房屋权属的，免征契税。(　　)

【答案】×

【解析】因土地、房屋被县级以上人民政府征收、征用，重新承受土地、房屋权属的，由省、自治区、直辖市人民政府决定免征或者减征契税。

5. 纳税人缴纳契税后，一律不得退税。(　　)

【答案】×

【解析】纳税人缴纳契税后发生下列情形，可依照有关法律法规申请退税：①因人民法院判决或者仲裁委员会裁决导致土地、房屋权属转移行为无效、被撤销或者被解除，且土地、房屋权属变更至原权利人的；②在出让土地使用权交付时，因容积率调整或实际交付面积小于合同约定面积需退还土地出让价款的；③在新建商品房交付时，因实际交付面积小于合同约定面积需返还房价款的。

6. 城市维护建设税的计税依据是纳税人应缴纳的增值税和消费税，纳税人被税务机关查补的增值税、消费税税款不再计入城市维护建设税的计税依据。（　　）

【答案】×

【解析】城市维护建设税的计税依据是纳税人依法实际缴纳的增值税、消费税税额；纳税人在被查补增值税、消费税时，应同时查补城市维护建设税。

7. 甲公司将货物卖给乙公司，双方订立了购销合同，丙公司作为该合同的担保人，丁公司作为证人，戊公司作为鉴定人，则该合同印花税的纳税人为甲、乙和丙三方。（　　）

【答案】×

【解析】同一凭证，凡由两方或者两方以上当事人签订并各执一份的，其当事人各方都是印花税的纳税人，应当由各方就所执的一份各自全额贴花。所谓当事人，是指对凭证有直接权利义务关系的单位和个人，不包括担保人、证人、鉴定人。甲公司、乙公司为当事人，是合同印花税的纳税人。

8. 证券交易印花税由买卖证券（股票）的双方分别缴纳。（　　）

【答案】×

【解析】目前证券（股票）交易印花税税率为1‰，只对出让方征收，对受让方不征收。

9. 购买已缴纳车辆购置税的旧机动车自用也要缴纳车辆购置税。（　　）

【答案】×

【解析】车辆购置税实行一次性征收。购置已征车辆购置税的车辆，不再征收车辆购置税。

10. 纳税人将已征车辆购置税的车辆退回车辆生产企业或者销售企业的，可以向主管税务机关申请退还已缴纳的全部车辆购置税。（　　）

【答案】×

【解析】纳税人将已征车辆购置税的车辆退回车辆生产企业或者销售企业的，可以向主管税务机关申请退还车辆购置税。退税额以已缴税款为基准，自缴纳税款之日至申请退税之日，每满一年扣减10%。

第八章　社会保险费

一、单项选择题

1. 企业职工基本养老保险职工个人的缴费比例为（　　）。

A. 6%　　B. 7%

C. 8%　　D. 9%

【答案】 C

【解析】 根据《国务院关于完善企业职工基本养老保险制度的决定》（国发〔2005〕38 号）规定，从 2006 年 1 月 1 日起，个人账户的规模统一由本人缴费工资的 11% 调整为 8%，全部由个人缴费形成，单位缴费不再划入个人账户。

2. “十四五”期间，将实现全国统筹的险种是（　　）。

A. 基本养老保险　　B. 基本医疗保险

C. 失业保险　　D. 工伤保险

【答案】 A

【解析】 根据《中共中央关于制定国民经济和社会发展第十四个五年规划和二〇三五年远景目标的建议》，“十四五”期间我国将实现基本养老保险全国统筹，实施渐进式延迟法定退休年龄。

3. 用人单位未按时足额缴纳社会保险费的，由社会保险费征收机构责令限期缴纳或者补足，并自欠缴之日起，按日加收滞纳金，滞纳金标准为（　　）。

A. 0.2‰　　B. 0.5‰

C. 2‰　　D. 5‰

【答案】 B

【解析】 根据《社会保险法》第八十六条规定，用人单位未按时足额缴纳社会保险费的，由社会保险费征收机构责令限期缴纳或者补足，并自欠缴之日起，按日加收 0.5‰的滞纳金；逾期仍不缴纳的，由有关行政部门处欠缴数额 1 倍以上 3 倍以下的罚款。

4. 企业职工基本养老保险企业的缴费比例为（　　）。

A. 14%　　B. 16%

C. 18%　　D. 20%

【答案】B

【解析】根据《国务院办公厅关于印发降低社会保险费率综合方案的通知》（国办发〔2019〕13号）规定，自2019年5月1日起，降低城镇职工基本养老保险单位缴费比例。各省、自治区、直辖市及新疆生产建设兵团养老保险单位缴费比例高于16%的，可降至16%；目前低于16%的，要研究提出过渡办法。

5. 机关事业单位工作人员的职业年金制度的缴纳原则为（　　）。

A. 自愿原则　　B. 强制原则

C. 协商原则　　D. 灵活原则

【答案】B

【解析】根据《国务院关于机关事业单位工作人员养老保险制度改革的决定》（国发〔2015〕2号）规定，机关事业单位在参加基本养老保险的基础上，应当为其工作人员建立职业年金。单位按本单位工资总额的8%缴费，个人按本人缴费工资的4%缴费。

6. 职工个人基本医疗保险的缴费比例是（　　）。

A. 2%　　B. 6%

C. 7%　　D. 8%

【答案】A

【解析】根据《国务院关于建立城镇职工基本医疗保险制度的决定》（国发〔1998〕44号）规定，职工基本医疗保险费由用人单位和职工共同缴纳。用人单位缴费率应控制在职工工资总额的6%左右，职工缴费率一般为本人工资收入的2%。

7. 职工基本医疗保险费用人单位的缴费基数是（　　）。

A. 职工个人工资　　B. 本单位职工工资总额

C. 在岗职工的平均工资　　D. 全口径城镇单位就业人员的平均工资

【答案】B

【解析】根据《国务院关于建立城镇职工基本医疗保险制度的决定》（国发〔1998〕44号）规定，职工基本医疗保险费由用人单位和职工共同缴纳。用人单位缴费率应控制在职工工资总额的6%左右，职工缴费率一般为本人工资收入的2%。

8. 根据阶段性降低失业保险费率政策，目前失业保险总费率为（　　）。

A. 3%　　B. 2%

C. 1%　　D. 0.5%

【答案】C

【解析】自 2017 年 1 月 1 日起，失业保险总费率为 1.5% 的省（区、市），失业保险总费率可以降为 1%，执行至 2018 年 4 月 30 日。自 2018 年 5 月 1 日起，实施失业保险总费率 1% 的省（区、市），延长阶段性降费率的期限至 2019 年 4 月 30 日。自 2019 年 5 月 1 日起，阶段性降低失业保险费率的期限不断延长，目前，该项政策已延期至 2023 年 4 月 30 日。

9. 工伤保险费率实行的方法是（　　）。

A. 单一比例费率　　B. 差别比例费率

C. 浮动费率　　D. 基准费率和浮动费率相结合

【答案】D

【解析】根据《人力资源社会保障部　财政部关于调整工伤保险费率政策的通知》（人社部发〔2015〕71 号）规定，不同工伤风险类别的行业执行不同的工伤保险行业基准费率，通过费率浮动的办法确定每个行业内的费率档次，即基准费率和浮动费率相结合。

10. 用人单位未按照规定申报应缴纳基本养老保险费的，由社会保险征收费机构按照该单位上月缴费数额的一定比例确定缴费数额，这一比例是（　　）。

A. 100%　　B. 110%

C. 120%　　D. 130%

【答案】B

【解析】根据《社会保险费申报缴纳管理规定》（人力资源和社会保障部令第 20 号）第八条规定，用人单位未按照规定申报应缴纳的社会保险费数额的，社会保险经办机构暂按该单位上月缴费数额的 110% 确定应缴数额；没有上月缴费数额的，社会保险经办机构暂按该单位的经营状况、职工人数、当地上年度职工平均工资等有关情况确定应缴数额。

二、多项选择题

1. 下列属于企业职工基本养老保险征收范围的有（　　）。

A. 外资企业

B. 灵活就业人员

C. 国有企业

D. 事业单位

E. 与企业签订劳动合同的进城务工人员

【答案】ABCE

【解析】根据《社会保险法》第十条规定，职工应当参加基本养老保险，由用人单位和职工共同缴纳基本养老保险费。无雇工的个体工商户、未在用人单位参加基本养老保险的非全日制从业人员以及其他灵活就业人员可以参加基本养老保险，由个人缴纳基本养老保险费。故选项A、B、C正确。根据《社会保险法》第九十五条规定，进城务工的农村居民依照规定参加社会保险。故选项E正确。事业单位缴纳机关事业单位基本养老保险，选项D错误。

2. 我国基本养老保险包括（　　）。

A. 企业职工基本养老保险　　B. 城乡居民基本养老保险

C. 机关事业单位基本养老保险　　D. 灵活就业人员基本养老保险

E. 商业养老保险

【答案】ABC

【解析】根据《社会保险法》《国务院关于建立统一的城乡居民基本养老保险制度的意见》（国发〔2014〕8号）和《国务院关于机关事业单位工作人员养老保险制度改革的决定》（国发〔2015〕2号），我国基本养老保险包括企业职工基本养老保险、城乡居民基本养老保险和机关事业单位基本养老保险，灵活就业人员属于企业职工基本养老保险范畴。商业养老保险属于补充养老保险。

3. 企业职工基本养老保险的征收范围包括（　　）。

A. 城镇各类企业及其职工

B. 民办非企业单位及其职工

C. 按照公务员法管理的单位、参照公务员法管理的机关（单位）事业单位编制外的签订劳动合同聘用人员

D. 无雇工的个体工商户、未在用人单位参加基本养老保险的非全日制从业人员以及其他灵活就业人员

E. 参照公务员法管理的事业单位及其编制内的工作人员

【答案】ABCD

【解析】根据《国务院关于机关事业单位工作人员养老保险制度改革的决定》（国发〔2015〕2号）规定，机关事业单位工作人员养老保险制度适用于按照公务员法管理的单位、参照公务员法管理的机关（单位）、事业单位及其编制内的工作人员，故选项E错误。

4. 按照保障层次划分，养老保险包括（　　）。

A. 国家养老保险　　B. 基本养老保险

C. 补充养老保险　　D. 个人储蓄性养老保险

E. 单位养老保险

【答案】BCD

【解析】根据《国务院关于企业职工养老保险制度改革的决定》（国发〔1991〕33号）规定，企业补充养老保险由企业根据自身经济能力，为本企业职工建立，所需费用从企业自有资金中的奖励、福利基金内提取。个人储蓄性养老保险由职工根据个人收入情况自愿参加。国家提倡、鼓励企业实行补充养老保险和职工参加个人储蓄性养老保险，并在政策上给予指导。同时，允许试行将个人储蓄性养老保险与企业补充养老保险挂钩的办法。

5. 城乡居民养老保险基金的构成包括（　　）。

A. 个人缴费　　B. 个人摊派

C. 集体补助　　D. 政府补贴

E. 集体筹资

【答案】ACD

【解析】根据《国务院关于建立统一的城乡居民基本养老保险制度的意见》（国发〔2014〕8号）规定，城乡居民养老保险基金由个人缴费、集体补助、政府补贴构成。

6. 城乡居民基本医疗保险的征收范围包括（　　）。

A. 城乡非从业居民　　B. 未成年人

C. 大学生　　D. 取得居住证的常住人口

E. 农民工

【答案】ABCD

【解析】根据《国务院关于整合城乡居民基本医疗保险制度的意见》（国发〔2016〕3号）规定，城乡居民医疗保险制度覆盖范围包括现有城镇居民医疗保险和新农合所有应参保（合）人员，即覆盖除职工基本医疗保险应参保人员以外的其他所有城乡居民。农民工和灵活就业人员依法参加职工基本医疗保险，有困难的可按照当地规定参加城乡居民医疗保险。

7. 失业保险的征收范围包括（　　）。

A. 国有企业及其职工　　B. 外商投资企业及其职工

C. 事业单位及其职工　　D. 政府机关及其公务员

E. 城镇私营企业及其职工

【答案】ABCE

【解析】根据《失业保险条例》规定，城镇企业事业单位、城镇企业事业单位职工依照规定，缴纳失业保险。城镇企业事业单位失业人员依照规定，享受失业保险待遇。

8. 生育保险的征收范围包括（　　）。

A. 国有企业　　B. 灵活就业人员

C. 集体企业　　D. 机关单位

E. 城乡居民

【答案】ACD

【解析】根据《社会保险法》第五十三条规定："职工应当参加生育保险，由用人单位按照国家规定缴纳生育保险费，职工不缴纳生育保险费。"《社会保险法》第五十四条规定："用人单位已经缴纳生育保险的，其职工享受生育保险待遇；职工未就业配偶按照国家规定享受生育医疗费用待遇。所需资金从生育保险基金中支付。"上述规定说明我国生育保险的范围覆盖了所有用人单位及其职工，并且扩大到了用人单位职工的未就业配偶。

9. 以下不属于工伤保险基准费率的有（　　）。

A. 0.2%　　B. 0.4%

C. 0.5%　　D. 0.8%

E. 1.9%

【答案】CD

【解析】根据《人力资源社会保障部　财政部关于调整工伤保险费率政策的通知》（人社部发〔2015〕71号）规定，不同工伤风险类别的行业执行不同的工伤保险行业基准费率。各行业工伤风险类别对应的全国工伤保险行业基准费率为，一类至八类分别控制在该行业用人单位职工工资总额的0.2%、0.4%、0.7%、0.9%、1.1%、1.3%、1.6%、1.9%左右。

10. 个人与所在用人单位发生社会保险争议时，可以采取的法律手段包括（　　）。

A. 申请行政复议　　B. 申请调解

C. 申请仲裁　　D. 提起诉讼

E. 提出申诉

【答案】BCD

【解析】根据《社会保险法》第八十三条规定，个人与所在用人单位发生社会保险争议的，可以依法申请调解、仲裁，提起诉讼。用人单位侵害个人社会保险权益的，个人也可以要求社会保险行政部门或者社会保险费征收机构依法处理。

三、判断题

1. 灵活就业人员基本养老保险费采取自愿缴纳原则。(　　)

【答案】√

【解析】根据《社会保险法》第十条规定，职工应当参加基本养老保险，由用人单位和职工共同缴纳基本养老保险费。无雇工的个体工商户、未在用人单位参加基本养老保险的非全日制从业人员以及其他灵活就业人员可以参加基本养老保险，由个人缴纳基本养老保险费。

2. 社会平均工资为本省城镇非私营单位就业人员平均工资和城镇私营单位就业人员平均工资计算的全口径城镇单位就业人员平均工资。(　　)

【答案】×

【解析】根据《降低社会保险费率综合方案》规定，调整就业人员平均工资计算口径。各省应以本省城镇非私营单位就业人员平均工资和城镇私营单位就业人员平均工资加权计算的全口径城镇单位就业人员平均工资，核定社会保险个人缴费基数上下限，合理降低部分参保人员和企业的社会保险缴费基数。

3. 灵活就业人员缴纳的基本养老保险费全部记入个人账户。(　　)

【答案】×

【解析】根据《国务院关于完善企业职工基本养老保险制度的决定》(国发〔2005〕38号）规定，城镇个体工商户和灵活就业人员参加基本养老保险的缴费基数为当地上年度在岗职工平均工资，缴费比例为20%，其中8%记入个人账户，退休后按企业职工基本养老金计发办法计发基本养老金。

4. 企业年金由企业和职工共同缴费，企业缴费为本企业职工工资总额的8%，职工个人缴费为本人工资的4%。(　　)

【答案】×

【解析】根据《企业年金办法》第十五条规定，企业缴费每年不超过本企业职工工资总额的8%。企业和职工个人缴费合计不超过本企业职工工资总额的12%。具体所需费用，由企业和职工一方协商确定。

5. 2019年，我国生育保险和职工基本医疗保险合并实施，两个险种合并为一个险种。(　　)

【答案】×

【解析】根据《国务院办公厅关于全面推进生育保险和职工基本医疗保险合并实施的意见》(国办发〔2019〕10号)规定，遵循保留险种、保障待遇、统一管理、降低成本的总体思路，推进两项保险合并实施，实现参保同步登记、基金合并运行、征缴管理一致、监督管理统一、经办服务一体化。因此，两个险种并未合并为一个险种。

6. 一类行业工伤保险浮动费率在基准费率的基础上，可分别向上浮动至120%、150%或向下浮动至80%、50%。(　　)

【答案】×

【解析】根据《人力资源社会保障部　财政部关于调整工伤保险费率政策的通知》(人社部发〔2015〕71号)规定，一类行业分为三个档次，即在基准费率的基础上，可向上浮动至120%、150%，二类至八类行业分为五个档次，即在基准费率的基础上，可分别向上浮动至120%、150%或向下浮动至80%、50%。

7. 生育保险和工伤保险费由用人单位缴纳，职工个人无须缴纳。(　　)

【答案】√

【解析】根据《社会保险法》第五十三条规定，职工应当参加生育保险，由用人单位按照国家规定缴纳生育保险费，职工不缴纳生育保险费。

8. 目前，失业保险总费率为1%，其中个人费率不超过0.5%。(　　)

【答案】√

【解析】根据《人力资源社会保障部 财政部关于阶段性降低失业保险费率有关问题的通知》(人社部发〔2017〕14号)规定，自2017年1月1日起，失业保险总费率为1.5%的省(区、市)，可以将总费率降至1%，降低费率的期限执行至2018年4月30日。在省(区、市)行政区域内，单位及个人的费率应当统一，个人费率不得超过单位费率。具体方案由各省(区、市)研究确定。自2018年5月1日起，实施失业保险总费率1%的省(区、市)，延长阶段性降费率的期限至2019年4月30日。自2019年5月1日起，阶段性降低失业保险费率的期限不断延长，目前，该项政策已延期至2023年4月30日。

9. 用人单位未按时足额缴纳社会保险费的，由税务部门责令其限期缴纳或者补足。(　　)

【答案】√

【解析】根据《社会保险法》第六十三条规定，用人单位未按时足额缴纳社会保险费的，由社会保险费征收机构责令其限期缴纳或者补足。

10. 用人单位的职工应当缴纳的社会保险费由用人单位代扣代缴，用人单位未按时足额代缴的，用人单位和职工共同承担滞纳金。

【答案】 ×

【解析】 根据《社会保险费申报缴纳管理规定》第十一条规定，职工应当缴纳的社会保险费由用人单位代扣代缴。用人单位依法履行代扣代缴义务时，任何单位或者个人不得干预或者拒绝。用人单位未按时足额代缴的，社会保险经办机构应当责令其限期缴纳，并自欠缴之日起按日加收0.5‰的滞纳金。用人单位不得要求职工承担滞纳金。

第九章　非 税 收 入

一、单项选择题

1. 三峡电站水资源费的缴费主体是（　　）。

A. 电力用户　　　　　　　　　B. 省级电网企业

C. 中国长江电力股份有限公司　D. 从事生产、经营的单位和个人

【答案】C

【解析】根据《财政部 国家发展和改革委员会 水利部 中国人民银行关于三峡电站水资源费征收使用管理有关问题的通知》（财综〔2011〕19号）规定，中国长江电力股份有限公司按照三峡电站实际发电量和规定的征收标准缴纳水资源费。

2. 拒不缴纳水土保持补偿费的，由主管部门责令限期缴纳；逾期不缴纳的，自滞纳之日起按日加收滞纳金，滞纳金加收比例是（　　）。

A. 0.5‰　　　　　　　　　B. 5‰

C. 0.2‰　　　　　　　　　D. 2‰

【答案】A

【解析】根据《水土保持法》第五十七条的规定，违反规定，拒不缴纳水土保持补偿费的，由县级以上人民政府水行政主管部门责令限期缴纳；逾期不缴纳的，自滞纳之日起按日加收滞纳部分0.5‰的滞纳金，可以处应缴水土保持补偿费3倍以下的罚款。

3. 土地闲置费是国家为了规范土地市场行为，促进节约集约用地，对超出土地出让合同约定的动工开发日期满一定期限未动工开发的国有建设用地使用权人征收的费用。这个期限是（　　）。

A. 6个月　　　　　　　　　B. 1年

C. 2年　　　　　　　　　　D. 3年

【答案】B

【解析】超过土地出让合同约定的动工开发日期满1年未动工开发（因不可抗力或者政府、政府有关部门的行为或者动工开发必需的前期工作造成动工开发迟延的除外）

的国有建设用地使用权人应当缴纳土地闲置费。

4. 土地闲置费的征收标准是（　　）。

A. 土地使用权出让金的20%以下

B. 土地使用权出让金的20%以上

C. 土地使用权出让金的20%

D. 土地使用权出让金的30%

【答案】A

【解析】土地闲置费按照相当于土地使用权出让金20%以下的标准征收。

5. 城镇垃圾处理费的征收对象是（　　）。

A. 产生垃圾的单位

B. 产生垃圾的单位和个人

C. 产生生活垃圾的单位和个人

D. 垃圾处理单位

【答案】C

【解析】城镇垃圾处理费是政府为了加强城市生活垃圾管理，改善城市市容和环境卫生，向产生生活垃圾的单位和个人征收的专项用于城市生活垃圾收集、运输和处置的费用。

6. 国家重大水利工程建设基金的征收对象是（　　）。

A. 国家重大水利工程建设单位

B. 电力企业

C. 供电企业

D. 全国范围内（除西藏自治区外）的电力用户

【答案】D

【解析】国家重大水利工程建设基金的征收对象是全国范围内（除西藏自治区外）的电力用户。

7. 农网还贷资金按照一定标准并入电价收取。下列关于农网还贷资金征收标准的表述，正确的是（　　）。

A. 按社会用电量每度电2分钱标准

B. 按社会用电量每度电1.5分钱标准

C. 按社会用电量每度电1分钱标准

D. 按社会用电量每度电0.5分钱标准

【答案】A

【解析】农网还贷资金按社会用电量每度电 2 分钱标准，并入电价收取。

8. 核电站乏燃料处理处置基金的缴纳义务人是拥有已投入商业运行一定时间的压水堆核电机组的核电厂，这个时间是（　　）。

A. 1 年以上　　B. 3 年以上

C. 5 年以上　　D. 10 年以上

【答案】C

【解析】核电站乏燃料处理处置基金的征收对象是拥有已投入商业运行 5 年以上压水堆核电机组的核电厂。

9. 以招标、拍卖、挂牌和协议方式出让国有土地使用权的，土地出让收入的征收标准为（　　）。

A. 取得的总成交价款加上拆迁补偿支出

B. 取得的总成交价款扣除拆迁补偿支出

C. 取得的总成交价款（不含代收代缴的税费）

D. 取得的总成交价款（含代收代缴的税费）

【答案】C

【解析】以招标、拍卖、挂牌和协议方式出让国有土地使用权的，土地出让收入的征收标准为取得的总成交价款，不含代收代缴的税费。

10. 油价调控风险准备金，是当国际市场原油价格低于国家规定的成品油价格调控下限时，由我国境内生产、委托加工和进口汽油、柴油的成品油生产经营企业按照汽油、柴油的销售数量和规定的征收标准缴纳的政策性收入。按照现行规定，国内成品油价格调控下限是（　　）。

A. 每桶 40 美元　　B. 每桶 50 美元

C. 每桶 60 美元　　D. 每桶 70 美元

【答案】A

【解析】我国对成品油价格机制设置调控下限，下限水平定为每桶 40 美元，即当国内成品油价格挂靠的国际市场原油价格低于每桶 40 美元时，国内成品油价格不再下调。

二、多项选择题

1. 下列选项中，属于非税收入特征的有（　　）。

A. 灵活性　　B. 不稳定性

C. 非普遍性　　D. 资金使用的特定性

E. 固定性

【答案】 ABCD

【解析】 非税收入具有灵活性、不稳定性、非普遍性、资金使用的特定性等特征。非税收入在形式、取得方式和征收依据等方面具有多样性，因此，固定性并非非税收入的特征。

2. 下列非税收入中，已划转税务机关征收的项目有（　　）。

A. 特种设备检验检测费　　B. 城镇垃圾处理费

C. 农网还贷资金　　D. 耕地开垦费

E. 车辆通行费

【答案】 BC

【解析】 特种设备检验检测费、耕地开垦费、车辆通行费不属于税务机关征管职责范围。

3. 下列关于石油特别收益金的说法，正确的有（　　）。

A. 凡在我国陆地领域和所辖海域开采的石油，无论其是否在我国境内销售，均应按规定缴纳石油特别收益金

B. 石油开采企业在规定的期限内未足额缴纳石油特别收益金的，由税务机关责令限期缴纳，并从滞纳之日起按日加收0.2‰的滞纳金

C. 企业缴纳的石油特别收益金不得在企业所得税税前扣除

D. 国家留成油不征收石油特别收益金

E. 石油特别收益金征收比率按石油开采企业销售原油的月加权平均价格确定，起征点为65美元/桶

【答案】 ADE

【解析】 石油开采企业在规定的期限内未足额缴纳石油特别收益金的，由税务机关责令限期缴纳，并从滞纳之日起按日加收0.5‰的滞纳金；企业缴纳的石油特别收益金可以在企业所得税税前扣除。

4. 下列选项中，属于非税收入执收单位职责的有（　　）。

A. 设立非税收入项目

B. 公示非税收入征收依据和具体征收事项

C. 编报非税收入年度收入预算

D. 及时足额上缴非税收入

E. 对欠缴、少缴收入实施催缴

【答案】BCDE

【解析】设立非税收入项目，应当依据法律、法规的规定或者按照规定管理权限予以批准，非税收入执收单位无此职责。

5. 下列关于教育费附加、地方教育附加的说法，不正确的有（　　）。

A. 对海关代征的进口商品增值税，不征收教育费附加、地方教育附加

B. 对海关代征的进口商品增值税，应当征收教育费附加、地方教育附加

C. 对增值税、消费税实行先征后返、即征即退办法的，除另有规定外，应当予以退（返）还附征的教育费附加

D. 对增值税、消费税实行先征后退办法的，除另有规定外，应当予以退（返）还附征的教育费附加

E. 地方教育附加以单位和个人实际缴纳的增值税、消费税的税额为计征依据

【答案】BCD

【解析】对海关代征的进口商品增值税、消费税，不征收教育费附加、地方教育附加。对增值税、消费税实行先征后返、先征后退、即征即退办法的，除另有规定外，对附征的教育费附加，一律不予退（返）还。

6. 下列关于文化事业建设费的说法，正确的有（　　）。

A. 文化事业建设费，是为了加强社会主义精神文明建设、促进社会主义文化事业的健康发展而征收的一种政府性基金

B. 文化事业建设费按照提供广告服务、娱乐服务应缴增值税和3%的费率计算

C. 文化事业建设费按照提供广告服务、娱乐服务取得的计费销售额和3%的费率计算

D. 自2020年1月1日至2021年12月31日，免征文化事业建设费

E. 文化事业建设费一律实行扣缴申报

【答案】ACD

【解析】文化事业建设费按照提供广告服务、娱乐服务取得的计费销售额和3%的费率计算。文化事业建设费由缴费人或扣缴义务人自行申报缴纳或解缴。

7. 下列选项中，属于废弃电器电子产品处理基金缴纳义务人的有（　　）。

A. 电器电子产品生产者　　B. 进口电器电子产品的收货人

C. 进口电器电子产品的代理人　　D. 电器电子产品销售者

E. 电器电子产品消费者

【答案】ABC

【解析】电器电子产品生产者（包括自主品牌生产企业和代工生产企业）、进口电器电子产品的收货人或者其代理人是废弃电器电子产品处理基金的缴纳义务人。

8. 为保障残疾人权益，用人单位应当按照一定比例安排残疾人就业，未达到规定比例的，应按照规定缴纳残疾人就业保障金。下列关于残疾人就业保障金的说法，正确的有（　　）。

A. 用人单位安排残疾人就业的比例不得低于本单位在职职工总数的1%

B. 用人单位安排残疾人就业的比例不得低于本单位在职职工总数的1.5%

C. 用人单位在职职工年平均工资上限按照当地社会平均工资2倍执行

D. 用人单位在职职工年平均工资上限按照当地社会平均工资3倍执行

E. 在职职工人数在50人（含）以下的企业，暂免征收残疾人就业保障金

【答案】BC

【解析】用人单位安排残疾人就业的比例不得低于本单位在职职工总数的1.5%。用人单位在职职工年平均工资上限按照当地社会平均工资2倍执行。2020年1月1日至2022年12月31日，在职职工人数在30人（含）以下的企业，暂免征收残疾人就业保障金。

9. 国家重大水利工程建设基金按照纳入计征范围的全部销售电量和国家规定的征收标准计征。全部销售电量包括（　　）。

A. 省级电网企业销售给电力用户的电量

B. 省级电网企业扣除合理线损后的趸售电量

C. 省级电网企业销售给子公司的电量和对境外销售电量

D. 企业自备电厂自发自用电量

E. 国家扶贫开发工作重点县农业排灌用电

【答案】ABCD

【解析】全部销售电量具体包括：①省级电网企业销售给电力用户的电量；②省级电网企业扣除合理线损后的趸售电量（即实际销售给转供单位的电量）；③省级电网企业销售给子公司的电量和对境外销售电量；④企业自备电厂自发自用电量；⑤地方独立电网销售电量（不含省级电网企业销售给地方独立电网企业的电量）。不包括国家扶贫开发工作重点县农业排灌用电。

10. 对分布式光伏发电自发自用电量可以免收的政府性基金包括（　　）。

A. 水土保持补偿费　　B. 可再生能源电价附加

C. 国家重大水利工程建设基金　　D. 大中型水库移民后期扶持基金

E. 农网还贷资金

【答案】BCDE

【解析】根据《财政部关于对分布式光伏发电自发自用电量免征政府性基金有关问题的通知》（财综〔2013〕103 号）规定，对分布式光伏发电自发自用电量免收可再生能源电价附加、国家重大水利工程建设基金、大中型水库移民后期扶持基金、农网还贷资金等 4 项针对电量征收的政府性基金。

三、判断题

1. 水土保持补偿费的征收对象是在山区、丘陵区、风沙区以及水土保持规划确定的容易发生水土流失的其他区域开办生产建设项目或者从事其他非生产建设活动，损坏水土保持设施、地貌植被，不能恢复原有水土保持功能的单位和个人。（　　）

【答案】×

【解析】水土保持补偿费的征收对象是在山区、丘陵区、风沙区以及水土保持规划确定的容易发生水土流失的其他区域开办生产建设项目或者从事其他生产建设活动，损坏水土保持设施、地貌植被，不能恢复原有水土保持功能的单位和个人。

2. 对养老和医疗机构建设全额免征防空地下室易地建设费。（　　）

【答案】×

【解析】根据《财政部 国家发展改革委关于减免养老和医疗机构行政事业性收费有关问题的通知》（财税〔2014〕77 号）规定，自 2015 年 1 月 1 日起，对非营利性养老和医疗机构建设全额免征防空地下室易地建设费，对营利性养老和医疗机构建设减半收取防空地下室易地建设费。

3. 自 2016 年 4 月 1 日起，增值税小规模纳税人随增值税、消费税附征的教育费附加、地方教育附加原则上实行按半年申报。（　　）

【答案】×

【解析】自 2016 年 4 月 1 日起，增值税小规模纳税人随增值税、消费税附征的教育费附加、地方教育附加原则上实行按季申报。

4. 2019 年 1 月 1 日至 2021 年 12 月 31 日，对增值税小规模纳税人可以在 50% 的税额幅度内减征教育费附加和地方教育附加。增值税小规模纳税人已依法享受教育费附加和地方教育附加其他优惠政策的，不可叠加享受以上规定的优惠政策。（　　）

【答案】×

【解析】根据《财政部 税务总局关于实施小微企业普惠性税收减免政策的通知》

（财税〔2019〕13 号）规定，2019 年 1 月 1 日至 2021 年 12 月 31 日，对增值税小规模纳税人可以在 50% 的税额幅度内减征教育费附加和地方教育附加。增值税小规模纳税人已依法享受教育费附加和地方教育附加其他优惠政策的，可叠加享受以上规定的优惠政策。

5. 文化事业建设费的征收对象中，既包括单位，也包括个人。（　　）

【答案】 ×

【解析】 文化事业建设费的征收对象中，广告服务业的征收对象不包括个人，而娱乐服务业包括个人。

6. 出口电器电子产品的企业无须缴纳废弃电器电子产品处理基金。（　　）

【答案】 √

【解析】 废弃电器电子产品处理基金缴纳义务人出口电器电子产品，免征废弃电器电子产品处理基金。

7. 用于政府行政管理目的的公务船舶专用码头用海，免缴海域使用金。（　　）

【答案】 √

【解析】 用于政府行政管理目的的公务船舶专用码头用海，包括公安边防、海关、交通港航公安、海事、海监、出入境检验检疫、环境监测、渔政、渔监等公务船舶专用码头用海。公务船舶专用码头用海，仅指公务船舶专用的港池、码头（含堆场）、防波堤和航道用海，不包括其他相关用海。

8. 甲公司安排王某在本公司就业，王某持有《中华人民共和国残疾人证》（1 级）。甲公司在计算本公司应缴的残疾人就业保障金时，可以按照已安排 2 名残疾人就业计算。（　　）

【答案】 √

【解析】 用人单位安排 1 名持有《中华人民共和国残疾人证》（1 至 2 级）或《中华人民共和国残疾军人证》（1 至 3 级）的人员就业的，按照安排 2 名残疾人就业计算。

9. 地方水库移民扶持基金包括省级大中型水库库区基金、小型水库移民扶助基金两个征收项目。（　　）

【答案】 √

【解析】 根据《财政部关于取消、停征和整合部分政府性基金项目等有关问题的通知》（财税〔2016〕11 号）规定，自 2016 年 2 月 1 日起，将省级大中型水库库区基金、小型水库移民扶助基金合并为地方水库移民扶持基金。

10. 可再生能源电价附加根据销售电量扣除农业生产用电后，按照每千瓦时一定金额的标准计征。(　　)

【答案】 √

【解析】 可再生能源电价附加根据销售电量扣除农业生产用电（含农业排灌用电）后，按照每千瓦时一定金额的标准计征。

第十章　税费征收与服务

一、单项选择题

1. 税收征收管理程序及环节包括：纳税人申报、税务机关纳税评估、税款征收及欠税追征、违法调查、税收争议处理等。下列各项中，不属于税收征收管理必经环节的是（　　）。

A. 纳税申报　　B. 纳税评估

C. 税款征收　　D. 欠税追征

【答案】 D

【解析】 欠税是指纳税人、纳税担保人或扣缴义务人超过税法规定的期限或税务机关依法确定的期限应缴未缴或少缴税款的行为。欠税追征发生在税务机关发现、核实、确认欠税之后。不属于税收征收管理的必经环节，故选项 D 不符合题意。

2. 从事生产、经营的纳税人的基本存款账户或者其他存款账户发生变化的，应当在规定期限向主管税务机关书面报告。上述规定期限是（　　）。

A. 变化当日　　B. 自变化之日起 5 日内

C. 自变化之日起 10 日内　　D. 自变化之日起 15 日内

【答案】 D

【解析】 从事生产、经营的纳税人应当自开立基本存款账户或者其他存款账户之日起 15 日内，向主管税务机关书面报告其全部账号；发生变化的，应当自变化之日起 15 日内，向主管税务机关书面报告。

3. 为了全面改进办税缴费方式，《关于进一步深化税收征管改革的意见》中提到 2023 年基本实现的目标是（　　）。

A. 构建完成智慧税务

B. 基本实现企业税费事项能网上办理，个人税费事项能掌上办理

C. 建成全国统一规范的电子税务局，不断拓展“非接触式”“不见面”办税缴费服务

D. 信息系统自动提取数据、自动计算税额、自动预填申报，纳税人缴费人确认或补正后即可线上提交

【答案】D

【解析】根据《关于进一步深化税收征管改革的意见》规定，2023 年基本实现信息系统自动提取数据、自动计算税额、自动预填申报，纳税人缴费人确认或补正后即可线上提交。

4. 为了进一步压减纳税缴费次数和时间，落实《优化营商环境条例》，《关于进一步深化税收征管改革的意见》中提到 2022 年税务部门办理正常出口退税的平均时间压缩至（　　）。

A. 6 个工作日以内　　B. 10 个工作日以内

C. 5 个工作日以内　　D. 3 个工作日以内

【答案】A

【解析】根据《关于进一步深化税收征管改革的意见》规定，2022 年税务部门办理正常出口退税的平均时间压缩至 6 个工作日以内，对高信用级别企业进一步缩短办理时间。

5. 税务机关在对一定时期内风险管理的工作目标、阶段重点、方针策略、主要措施、实施步骤等做出系统性、全局性的谋划，是指风险管理流程中的（　　）。

A. 目标规划　　B. 信息采集

C. 风险识别　　D. 风险应对

【答案】A

【解析】根据风险管理的目标规划的定义，选项 A 正确。

6. 将风险管理的理念和方法，贯穿于税收征管运行全过程的一组活动，称为（　　）。

A. 税收管理基本流程　　B. 税收风险管理流程

C. 税收数据情报管理流程　　D. 税收管理流程融合

【答案】B

【解析】根据风险管理的流程的定义，选项 B 正确。

7. 税务机关在风险分析识别和等级排序的基础上，通过合理配置资源，采取风险提醒、纳税评估、税务稽查、反避税调查等各种应对策略，对风险对象实施风险应对，消除税收风险，提高纳税遵从度的过程属于（　　）。

A. 风险识别　　B. 风险应对

C. 等级排序　　D. 信息采集

【答案】B

【解析】根据风险应对的概念，选项 B 正确。

8. 税收分析的内容不包括（　　）。

A. 税负分析　　B. 税收弹性分析

C. 税收增减幅度分析　　D. 税收关联分析

【答案】C

【解析】根据税收分析的内容，选项 C 符合题意。

9. 税收票证是指税务机关组织税款、基金、费用及滞纳金、罚款等各项收入时使用的法定收款和退款凭证，是纳税人实际缴纳税款或收取退还税款的完税或收款法定证明，在税收会计和统计核算中的作用是（　　）。

A. 原始凭证　　B. 记账凭证

C. 转账凭证　　D. 其他凭证

【答案】A

【解析】根据《税收票证管理办法》第二条，选项 A 正确。

10. 检查人员调取纳税人、扣缴义务人以前会计年度的账簿、记账凭证、报表和其他有关资料的，应当经县以上税务局局长批准，并在规定期限内完整退还，该期限是（　　）。

A. 30 日内　　B. 3 个月内

C. 6 个月内　　D. 1 个月内

【答案】B

【解析】检查人员调取纳税人、扣缴义务人以前会计年度的账簿、记账凭证、报表和其他有关资料的，应当经县以上税务局局长批准，并在 3 个月内完整退还。

11. 纳税信用评价是税务机关采取年度评价指标得分和直接判级的方式对企业纳税人纳税信用状况进行的评价，由高到低分为（　　）。

A. A、B、E、C 四级　　B. A、B、C、D 四级

C. A、B、C、D、E 五级　　D. A、B、M、C、D 五级

【答案】D

【解析】纳税信用评价是税务机关采取年度评价指标得分和直接判级的方式对企业纳税人纳税信用状况进行的评价，由高到低分为 A、B、M、C、D 五级。

12. 风险等级排序分为三个环节，具体的是（　　）。

A. 风险识别、风险分析、风险应对

B. 风险结果整合、风险结果排序、确定风险等级

C. 风险结果核实、风险结果分析、风险结果排序

D. 风险结果整合、风险结果分析、确定风险排序

【答案】B

【解析】等级排序分为风险结果整合、风险结果排序、确定风险等级三个环节。

13. 稽查局应当自立案之日起规定时间内作出行政处理、处罚决定或者无税收违法行为结论。案情复杂需要延期的，经税务局局长批准，可以延长时间。上述规定时间和延长时间的上限分别是（　　）。

A. 90 日，90 日　　B. 90 日，60 日

C. 60 日，90 日　　D. 90 日，30 日

【答案】A

【解析】稽查局应当自立案之日起 90 日内作出行政处理、处罚决定或者无税收违法行为结论。案情复杂需要延期的，经税务局局长批准，可以延长不超过 90 日。

14. 下列选项中不属于税务稽查的处理结果的是（　　）。

A. 税务稽查结论　　B. 不予税务行政处罚决定

C. 税务行政处罚决定　　D. 税务处理结论

【答案】D

【解析】经审理后，处理结果分为税务处理决定、税务行政处罚决定、不予税务行政处罚决定和税务稽查结论。

15. 下列选项中有关税收分析方法和指标体系表述错误的是（　　）。

A. 因素分析法中经济因素包括经济规模、产业结构、企业效益以及产品价格等变化情况

B. 通过各项税收指标之间或者税收与经济指标之间的对比来描述税收形势、揭示收入中存在的问题的方法是因素分析法

C. 数理统计分析法主要是利用历史数据，建立税收分析预测模型，对税收与相关影响因素的相关关系进行量化分析

D. 税收分析指标体系包括基础指标、经济指标和分析指标

【答案】B

【解析】通过各项税收指标之间或者税收与经济指标之间的对比来描述税收形势、

揭示收入中存在的问题的方法是对比分析法。

二、多项选择题

1. 欠缴税款的纳税人或其法定代表人在出境前，税务机关可以对其采取的措施有（ ）。

A. 要求结清税款和滞纳金

B. 在不能结清税款和滞纳金的情况下，要求其提供纳税担保

C. 在不能结清税款、滞纳金或提供纳税担保的情况下，采取税收保全措施

D. 在不能结清税款、滞纳金或提供纳税担保的情况下，通知出境管理机关阻止其出境

E. 只要求结清税款

【答案】 ABD

【解析】 欠缴税款的纳税人或其法定代表人在离开国境前，税务机关可以对其采取的措施有：要求结清税款和滞纳金；在不能结清税款和滞纳金的情况下，要求其提供纳税担保；在不能结清税款、滞纳金或提供纳税担保的情况下，通知出境管理机关阻止其出境。

2. 根据《税收征管法》及《税务登记管理办法》的规定，下列单位中应承担税务登记义务的有（ ）。

A. 企业在境内其他城市设立的分支机构

B. 企业在本地设立的非独立核算的分支机构

C. 依法负有代扣代缴税款义务的单位

D. 不从事生产、经营，但依法负有纳税义务的单位

E. 个体工商户

【答案】 ACDE

【解析】 选项 B 为设在当地的非独立核算的分支机构，不需要进行税务登记。

3. 下列关于纳税人申请延期缴纳税款政策，正确的有（ ）。

A. 纳税人申请延期缴纳税款的条件是因有特殊困难，不能按期缴纳税款

B. 纳税人申请延期缴纳税款的条件是因资金困难，不能按期缴纳税款

C. 经省、自治区、直辖市税务局批准，可以延期缴纳税款

D. 延期缴纳税款的期限最长不得超过 6 个月

E. 延期缴纳税款的期限最长不得超过 3 个月

【答案】 ACE

【解析】根据《税收征管法》第三十一条规定，纳税人因有特殊困难，不能按期缴纳税款的，经省、自治区、直辖市税务局批准，可以延期缴纳税款，但是最长不得超过3个月。

4. 下列情形中，税务机关有权核定纳税人应纳税额的有（　　）。

A. 擅自销毁账簿或者拒不提供纳税资料的

B. 依照法律、行政法规应当设置但未设置账簿的

C. 依照法律、行政法规的规定可以不设置账簿的

D. 依照法律、行政法规的规定可以不办理税务登记的

E. 纳税人申报的计税依据明显偏低，又无正当理由的

【答案】ABCE

【解析】根据《税收征管法》第三十五条规定，纳税人有下列情形之一的，税务机关有权核定其应纳税额：①依照法律、行政法规的规定可以不设置账簿的；②依照法律、行政法规的规定应当设置但未设置账簿的；③擅自销毁账簿或者拒不提供纳税资料的；④虽设置账簿，但账目混乱或者成本资料、收入凭证、费用凭证残缺不全，难以查账的；⑤发生纳税义务，未按照规定的期限办理纳税申报，经税务机关责令限期申报，逾期仍不申报的；⑥纳税人申报的计税依据明显偏低，又无正当理由的。

5. 当前减免税享受形式分为（　　）。

A. 核准类减免税　　　　B. 备案类减免税

C. 政策类减免　　　　　D. 自行减免类

E. 申报享受税收减免

【答案】ABE

【解析】减免税享受形式分为申报享受税收减免、税收减免备案和税收减免核准3种。

6. 纳税人自结算缴纳税款之日起3年内发现多缴税款的，可以向税务机关提出的要求有（　　）。

A. 请求行政赔偿　　　　B. 退还多缴的税款

C. 加算银行同期贷款利息　　D. 加算银行同期存款利息

E. 加算银行补缴期存款利息

【答案】BD

【解析】《税收征管法》规定纳税人自结算缴纳税款之日起3年内发现多缴税款的，可以向税务机关要求退还多缴的税款并加算银行同期存款利息。

7. 针对纳税人不同类型、不同等级的税收风险，可采取的风险应对手段包括（　　）。

A. 风险提醒　　B. 反避税调查
C. 纳税评估　　D. 税务约谈
E. 税务稽查

【答案】 ABCE

【解析】 税务约谈是纳税评估流程中一个程序，选项 D 不符合题意。

8. 经审理后，税务稽查的处理结果的类型有（　　）。

A. 税务行政处罚告知　　B. 税务处理决定
C. 不予税务行政处罚决定　　D. 税务稽查结论
E. 税务行政处罚决定

【答案】 BCDE

【解析】 经审理后，处理结果分为税务处理决定、税务行政处罚决定、不予税务行政处罚决定和税务稽查结论。

9. 根据《关于纳税人权利与义务的公告》规定，下列选项中，属于纳税人享受权利的行为有（　　）。

A. 纳税人向税务部门申请延期申报权
B. 纳税人对未出示税务检查证和税务检查通知书的税务稽查人员，拒绝配合检查
C. 纳税人向税务部门索取有关税收完税凭证
D. 纳税人拨打 12366 咨询如何向主管税务机关申请纳税信用修复
E. 纳税人按照规定安装、使用税控装置

【答案】 ABCD

【解析】 按照规定安装、使用税控装置属于纳税人义务之一，选项 E 不符合题意。

10. 税收预测指标体系包括（　　）。

A. 经济指标　　B. 税收收入指标
C. 重点税源企业指标　　D. 移动平均预测法
E. 季度收入预测

【答案】 ABC

【解析】 税收预测指标体系包括经济指标、税收收入指标、重点税源企业指标三类。

11. 税收分析作为实现税收职能的工具和方法，其内容包括（　　）。

A. 对比分析　　B. 因素分析

C. 税收形势分析　　D. 政策效应分析

E. 经济运行分析

【答案】CDE

【解析】税收分析作为实现税收职能的工具和方法，其内容包括税收形势分析、政策效应分析和经济运行分析。

12. 从 2021 年 8 月 1 日开始实行的主税附加税费合并申报的税费包括（　　）。

A. 增值税　　B. 消费税

C. 城市维护建设税　　D. 教育费附加与地方教育附加

E. 房产税

【答案】ABCD

【解析】自 2021 年 8 月 1 日起，增值税、消费税分别与城市维护建设税、教育费附加、地方教育附加申报表整合，启用新申报表。

13. 税务稽查中应当依照法定权限和程序收集证据材料，收集的证据必须经查证属实，并与证明事项相关联。下列选项中属于检查人员不得收集、获取证据材料的方式有（　　）。

A. 严重违反法定程序收集

B. 以违反法律强制性规定的手段获取且侵害他人合法权益

C. 以利诱、欺诈、胁迫、暴力等手段获取

D. 采用适当的技术手段对该电子信息系统进行直接检查

E. 提取、复制电子数据进行检查

【答案】ABC

【解析】在税务稽查中，检查人员不得以下列方式收集、获取证据材料：①严重违反法定程序收集；②以违反法律强制性规定的手段获取且侵害他人合法权益；③以利诱、欺诈、胁迫、暴力等手段获取。

三、判断题

1. 在统筹推送高、中风险应对任务时，原则上要遵循互斥规则，除涉及税收违法案件检查和特殊调查事项外，对同一纳税人三年内不得重复进户开展风险应对。（　　）

【答案】×

【解析】在统筹推送高、中风险应对任务时，原则上要遵循互斥规则，即在同一年

度内，除涉及税收违法案件检查和特殊调查事项外，对同一纳税人不得重复进户开展风险应对。

2. 除法律、行政法规另有规定外，企业的账簿、记账凭证、报表、完税凭证、发票应当保存10年。(　　)

【答案】√

【解析】根据《税收征管法实施细则》第二十九条规定，账簿、记账凭证、报表、完税凭证、发票、出口凭证以及其他有关涉税资料应当保存10年；但是，法律、行政法规另有规定的除外。

3. 税务机关应当在收到申请延期缴纳税款报告之日起15日内作出批准或者不予批准的决定。(　　)

【答案】×

【解析】根据《税收征管法实施细则》第四十二条规定，税务机关应当自收到申请延期缴纳税款报告之日起20日内作出批准或者不予批准的决定；不予批准的，从缴纳税款期限届满之日起加收滞纳金。

4. 税务稽查的回避制度中，稽查局局长的回避，由税务局局长依法审查决定。(　　)

【答案】√

【解析】税务稽查人员具有《税收征管法实施细则》规定回避情形的，应当回避。被查对象申请税务稽查人员回避或者税务稽查人员自行申请回避的，由稽查局局长依法决定是否回避。稽查局局长发现税务稽查人员具有规定回避情形的，应当要求其回避。稽查局局长的回避，由税务局局长依法审查决定。

5. 税务机关应当广泛宣传税收法律、行政法规，普及纳税知识，有偿地为纳税人提供纳税咨询服务。(　　)

【答案】×

【解析】根据《税收征管法》第七条规定，税务机关应当广泛宣传税收法律、行政法规，普及纳税知识，无偿地为纳税人提供纳税咨询服务。

6. 税收预测就是纳税能力估算。(　　)

【答案】×

【解析】税收预测是以国民经济发展目标和政府宏观调控政策为指导，以充分掌握影响税收收入变化的因素和税收历史资料为基础，运用数理统计和逻辑思维方法等手段，经过推理判断，对未来税收收入的前景作出趋势分析的一项工作方法。

7. 税务稽查应当遵守保密规定，纳税人、扣缴义务人和其他涉税当事人的税收违法行为不属于保密范围。(　　)

【答案】√

【解析】税务稽查人员对实施税务稽查过程中知悉的国家秘密、商业秘密或者个人隐私、个人信息，应当依法予以保密。但是纳税人、扣缴义务人和其他涉税当事人的税收违法行为不属于保密范围。

8. 税收分析的方法中的因素分析法，是指通过各项税收指标之间或者税收与经济指标之间的对比来描述税收形势、揭示收入中存在的问题。(　　)

【答案】×

【解析】对比分析法，通过各项税收指标之间或者税收与经济指标之间的对比来描述税收形势、揭示收入中存在的问题。

9. 稽查局应当自立案之日起 90 日内作出行政处理、处罚决定或者无税收违法行为结论，若案情复杂需要延期的，经税务局局长批准，可以延长不超过 60 日。(　　)

【答案】×

【解析】稽查局应当自立案之日起 90 日内作出行政处理、处罚决定或者无税收违法行为结论。案情复杂需要延期的，经税务局局长批准，可以延长不超过 90 日。

10. 税务稽查过程中，当事人依照破产清算程序确实无法清缴税款、滞纳金、罚款，经税务局局长批准后，中止执行。(　　)

【答案】×

【解析】当事人确无财产可供抵缴税款、滞纳金、罚款或者依照破产清算程序确实无法清缴税款、滞纳金、罚款，或者有其他法定终结执行情形的，经税务局局长批准后，终结执行。

11. 从事涉税专业服务的代理记账机构属于提供涉税专业服务的机构。(　　)

【答案】√

【解析】提供涉税专业服务的机构包括：税务师事务所和从事涉税专业服务的会计师事务所、律师事务所、代理记账机构、税务代理公司、财税类咨询公司等机构。

12. 税务稽查对象确定后，经稽查局局长批准实施立案检查，稽查局不可以在立案前进行检查。(　　)

【答案】×

【解析】稽查局通过稽查案源管理方式，全面收集整理案源信息，合理、准确地选择待查对象。待查对象确定后，经稽查局局长批准实施立案检查。但是遇到特定情形，必要时依照法律法规的规定，稽查局可以在立案前进行检查。

13. 主管税务机关根据本年监控标准和上年实际纳税情况对纳入重点税源监控的纳税人一般每年进行一次认定。(　　)

【答案】√

【解析】纳入重点税源监控的纳税人一般每年认定一次。由主管税务机关根据本年监控标准和上年实际纳税情况进行认定。

14. 2009 年 11 月 6 日，国家税务总局发布了《关于纳税人权利与义务的公告》，明确了纳税人的 13 项权利和 11 项义务。(　　)

【答案】×

【解析】2009 年 11 月 6 日，国家税务总局发布了《关于纳税人权利与义务的公告》，明确了纳税人的 14 项权利和 10 项义务。

15. 在统筹推送高、中风险应对任务时，在同一年度内，除涉及税收违法案件检查和特殊调查事项外，对同一纳税人不得重复进户开展风险应对。(　　)

【答案】√

【解析】在统筹推送高、中风险应对任务时，原则上要遵循互斥规则，即在同一年度内，除涉及税收违法案件检查和特殊调查事项外，对同一纳税人不得重复进户开展风险应对。

第十一章　税收信息化建设

一、单项选择题

1. 金税三期建设目标中的一个平台是指（　　）。

A. 统一的网络平台　　B. 统一的业务平台

C. 统一的登录平台　　D. 统一的技术基础平台

【答案】 D

【解析】 一个平台是指包含网络硬件和基础软件的统一的技术基础平台。

2. 信息化建设中对于系统保障“7×24 小时”可以使用是指（　　）。

A. 先进性　　B. 安全性

C. 高可用性　　D. 易用性

【答案】 C

【解析】 高可用性指的是系统应保证“7×24 小时”可以使用，一年内系统平稳运行的可用性大于99.99%。

3. 在金税三期中进行申报的子系统是（　　）。

A. 核心征管系统　　B. 决策一包

C. 决策二包　　D. 外部交换

【答案】 A

【解析】 核心征管系统包含登记、发票、优惠、认定、证明、申报、征收、票证、评估审计、稽查、法制以及综合等业务域，是金税三期中的核心业务系统。

4. 运用税收大数据，将企业虚开行为特征数据化的决策二包子系统是（　　）。

A. 风险管理子系统　　B. 纳税信用管理子系统

C. 增值税发票全链条快反子系统　D. 出口退税风险管理子系统

【答案】 C

【解析】 增值税发票全链条快反子系统运用大数据思维，集成金三核心征管系统、增值税发票管理系统、电子底账系统、异地协作平台等系统数据资源，将企业虚开行为特征数据化，涵盖发票事项监控管理、风险企业关联、防虚开重点监控纳税人名单等所需的底层数据。

5. 财税库银横向联网系统（税库银系统）是全国范围的跨部门信息系统，以下不是税库银系统功能的是（　　）。

A. 入库　　B. 退库

C. 对账　　D. 取现

【答案】 D

【解析】 在财税库银横向联网系统中，可以对税收收入的征缴、入库、退库、更正、对账等提供全流程网络化、无纸化、安全、准确、快捷、简便的处理。

6. 下列不属于应用安全支撑平台功能的是（　　）。

A. 用户管理　　B. 数据交换

C. 权限管理　　D. 单点登录

【答案】 B

【解析】 应用安全支撑平台实现用户和权限管理、系统级访问控制管理，提供用户统一管理和统一身份认证及单点登录等功能。主要包括：单点登录、用户管理、统一身份存储和签名验签及认证服务。批量数据交换属于核心征管集成平台功能。

7.《关于进一步深化税收征管改革的意见》明确了一个建设目标，这个目标的基本特征是高集成功能、高安全性能和高应用效能，这个目标是（　　）。

A. 便民税务　　B. 智慧税务

C. 效能税务　　D. 法治税务

【答案】 B

【解析】《关于进一步深化税收征管改革的意见》明确建设以服务纳税人缴费人为中心、以发票电子化改革为突破口、以税收大数据为驱动力的具有高集成功能、高安全性能、高应用效能的智慧税务。

8. 电子发票服务平台应遵循的建设要求是（　　）。

A. 一体化　　B. 一站式

C. 一揽子　　D. 一条龙

【答案】 A

【解析】 电子发票服务平台应遵循一体化的建设要求，实现发票从申请、开具、交付、确认、查验、抵扣、风险控制、决策指挥、服务保障等全流程、全生命周期的管理。

9.《关于进一步深化税收征管改革的意见》明确，要深化税收大数据共享应用，在社会保险费征收、房地产交易和不动产登记等方面探索运用的技术是（　　）。

A. 云计算　　B. 区块链

C. 人工智能　　D. 数据挖掘

【答案】B

【解析】按照《关于进一步深化税收征管改革的意见》，要探索区块链技术在社会保险费征收、房地产交易和不动产登记等方面的应用。

二、多项选择题

1. 金税三期立项时业务覆盖面的目标包括（　　）。

A. 覆盖所有非税收入　　B. 覆盖所有社保费

C. 覆盖所有税种　　D. 覆盖所有工作环节

E. 覆盖全部税务局

【答案】CDE

【解析】2005 年，金税三期工程项目建议书中描述的“三个覆盖”是指应用内容逐步覆盖所有税种，覆盖所有工作环节，覆盖原国税局、地税局，并与有关部门联网。

2. 税收信息化建设的总体原则包括（　　）。

A. 统筹规划、统一标准　　B. 突出重点、分步实施

C. 整合资源、讲求实效　　D. 加强管理、保证安全

E. 绿色环保、节约投资

【答案】ABCD

【解析】税务系统信息化建设的总体原则是统筹规划、统一标准，突出重点、分步实施，整合资源、讲求实效，加强管理、保证安全。

3. 标准规范建设是税收信息化建设的基础，以下不属于主要规范的有（　　）。

A. 业务标准规范　　B. 采购招标规范

C. 项目监理规范　　D. 应用服务标准

E. 网络安全规范

【答案】BC

【解析】税收信息化建设的标准规范主要有总体标准、基础设施标准、业务标准、数据标准、应用服务标准、网络标准、安全标准、运维运营支撑标准、测试评估标准等。

4. 下列属于金税三期主要系统的有（　　）。

A. 自然人电子税务局　　B. 核心征管

C. 决策一包　　D. 外部交换

E. 电子底账

【答案】BCD

【解析】金税三期系统主要包括核心征管、决策一包、决策二包、外部交换、应用安全支撑平台、税库银等。

5. 下列属于社保费征管信息系统（标准版）主要系统的有（　　）。

A. 社保费管理子系统　　B. 社保费支付子系统

C. 社保费报表子系统　　D. 社保费征收子系统

E. 社保费税银子系统

【答案】ADE

【解析】社保费征管信息系统（标准版）主要由社保费管理子系统、单位社保费管理客户端系统、社保费征收子系统、信息共享平台（税务端）、社保费税银子系统等组成。

6. 下列属于自然人电子税务局整体框架构成的有（　　）。

A. 税务端办税门户　　B. 自然人办税门户

C. 扣缴客户端　　D. 数据查验中心

E. 通用服务中心

【答案】ABCE

【解析】自然人电子税务局整体框架包括税务端办税门户、自然人办税门户、扣缴客户端、数据服务中心、通用服务中心等功能。

7. 税控系统 V2.0 实现了在同一个系统中管理所有的税控设备和所有的票种。其中税控设备包括（　　）。

A. 金税卡　　B. 税控盘

C. 电子盘　　D. 金税盘

E. 税务 Ukey

【答案】BDE

【解析】税控系统 V2.0 实现了在同一个系统中管理所有的税控设备和所有的票种。税控设备包括税控盘、金税盘、税务 Ukey。

8. 下列选项中，（　　）属于智慧税务逐渐实现的目标。

A. 法人税费信息“一户式”智能归集

B. 自然人税费信息“一人式”智能归集

C. 税务机关信息“一局式”智能归集

D. 税务人员信息“一员式”智能归集

E. 纳税服务“一站式”智能服务

【答案】ABCD

【解析】智慧税务将着力推进内外部涉税数据汇聚联通、线上线下有机贯通，逐步实现法人税费信息“一户式”、自然人税费信息“一人式”、税务机关信息“一局式”、税务人员信息“一员式”智能归集。

9. 电子发票服务平台建设新应用系统主要包括（　　）。

A. 纳税人服务系统　　B. 查询查验系统

C. 支付交易系统　　D. 税务管理系统

E. 决策指挥系统

【答案】ADE

【解析】电子发票服务平台建设新应用系统主要包括：纳税人服务系统、税务管理系统、决策指挥系统。

10. 大数据已逐渐成为经济社会发展新的驱动力，税收大数据的建设特点是（　　）。

A. 规模大、类型多　　B. 来源广、速度快

C. 价值高　　D. 使用方便

E. 颗粒度细

【答案】ACE

【解析】通过不断完善税收大数据云平台，加强数据资源开发利用，打造规模大、类型多、价值高、颗粒度细的税收大数据。

三、判断题

1. 充分利用先进成熟的云计算、大数据、移动互联等技术，为系统提供稳健支撑，适应国家信息化发展趋势和税收现代化要求。体现的是信息化建设的开放性原则。（　　）

【答案】×

【解析】这句话体现的是信息化建设的先进性原则。

2. 金税三期实现了数据信息在省局集中处理。(　　)

【答案】 ×

【解析】 金税三期实现了总局和省局高度集中处理信息。

3. 决策一包建立了统一、通用的数据仓库，实现了多个生产系统的数据汇集。(　　)

【答案】 √

【解析】 决策一包数据仓库集成了核心征管、出口退税、发票管理系统、外部交换、税库银等多个核心生产系统的数据表，为决策支持系统、核心征管、内部控制监督平台等应用系统提供数据服务。

4. 稽查双随机工作平台实现了随机抽查对象和检查人员的随机匹配。(　　)

【答案】 √

【解析】 税务稽查双随机工作平台建设了两个档案库、三个名录库，实现了稽查对象随机抽查和检查人员的随机匹配。

5. 应用安全支撑平台只服务于金税三期系统。(　　)

【答案】 ×

【答案】 应用安全支撑平台为金税三期各业务系统、社保费征管信息系统提供用户统一管理和统一身份认证及单点登录等功能。

6. 为保证数据的真实性、及时性和完整性，实现信息共享和业务协同，社保费信息共享平台在人社部门和税务部门之间采用的是实时数据交换的共享方式。(　　)

【答案】 ×

【解析】 社保费信息共享平台实现人社部门和税务部门之间实时和异步批量数据交换任务，保证数据的真实性、及时性和完整性，实现信息共享和业务协同。

7. 增值税发票查验平台部署在省局，每个省登录地址不同，需要单独设置。(　　)

【答案】 ×

【解析】 纳税人可以登录 https：//inv - veri. chinatax. gov. cn 网站查验全国增值税发票。

8. 自然人电子税务局扣缴客户端是扣缴义务人使用的软件。(　　)

【答案】√

【解析】扣缴客户端是用于扣缴义务人对个人所得税相关业务进行集中登录后办理的统一应用服务。

9. 2021 年，各省要建成电子发票服务平台，免费为纳税人提供电子发票申领、开具、交付、查验等服务。(　　)

【答案】×

【解析】2021 年建成全国统一的电子发票服务平台，24 小时在线免费为纳税人提供电子发票申领、开具、交付、查验等服务。

第十二章　国际税收

一、单项选择题

1. 甲国对居民纳税人 A 从甲国境外取得的所得征税，行使的管辖权是（　　）。

A. 居民管辖权　　B. 地域管辖权

C. 公民管辖权　　D. 境外管辖权

【答案】 A

【解析】 居民管辖权是指一国对本国税法中规定的居民取得的所得行使征税权。

2. 一国只对非居民企业通过常设机构实际取得的经营所得征税，对其通过本国常设机构以外的途径或方式取得的经营所得不征税，体现的原则是（　　）。

A. 配比原则　　B. 引力原则

C. 归属原则　　D. 公平原则

【答案】 C

【解析】 归属原则是指一国只对非居民企业通过常设机构实际取得的经营所得征税，对其通过本国常设机构以外的途径或方式取得的经营所得不征税。

3. 甲国居民企业从乙国居民企业取得利息，乙国对支付给非居民的利息征收预提所得税，甲国对本国居民企业取得的全部所得征收企业所得税，下列说法正确的是（　　）。

A. 未导致国际重复征税

B. 导致法律性重复征税

C. 导致经济性重复征税

D. 同时导致法律性重复征税和经济性重复征税

【答案】 B

【解析】 经济性重复征税，是指对一个以上的纳税人的同一课税对象征税。例如，一家公司的利润被征收企业所得税，而公司股东收到从税后利润中发放的股息后又被征收了一道个人所得税，这就属于典型的经济性重复征税。法律性重复征税指不同征税权主体对同一纳税人的同一征税对象所进行的重复征税，也就是强调不同税权主体。甲国和乙国均对同一笔利息所得征收所得税，且纳税人均为甲国居民企业，属于法律性重复征税。

4. 甲国的税法规定，居民企业从境外取得的所得应纳入本国税基征税，但是其在境外已经实际缴纳的税额可以从应纳税额中抵减，这种消除重复征税的方法是（　　）。

A. 扣除法　　B. 减免法

C. 免税法　　D. 抵免法

【答案】D

【解析】抵免法是指行使居民税收管辖权的国家，对纳税人国内、国外的全部所得征税时，允许纳税人将其在国外已缴纳的所得税税额从应向本国缴纳的税额中抵扣。

5. 甲国实施抵免法消除重复征税，甲国企业从境外取得的下列所得中，适用间接抵免的是（　　）。

A. 利息　　B. 股息

C. 财产转让所得　　D. 境外常设机构的营业利润

【答案】B

【解析】间接抵免适用于股息所得，而其他抵免项目，由于享受抵免待遇的纳税人是在来源国缴纳税款的纳税人，因而均为直接抵免。

6. 甲国和乙国签订的税收协定中包含税收饶让条款，甲国居民企业通过设立在乙国的常设机构取得的所得为 100 万元，在乙国应缴纳 30 万元税款，但在乙国享受税收优惠待遇免予在乙国纳税，甲国实施抵免法消除重复征税，该所得的抵免限额为 20 万元，则当期甲国居民企业可抵免的乙国税额为（　　）。

A. 0 万元　　B. 10 万元

C. 20 万元　　D. 30 万元

【答案】C

【解析】根据税收饶让条款，甲国居民企业在乙国得到减免的所得税，视同已经缴纳，允许这部分被减免的外国税款在本国应纳税额中抵免，但是抵免金额不得超过抵免限额。

7. 缔约国一方企业支付给缔约国另一方居民的利息应与在同样情况下支付给本国居民的税收待遇相同，在费用扣除方面不应有差别，这种无差别待遇是（　　）。

A. 国籍无差别待遇　　B. 常设机构无差别待遇

C. 支付无差别待遇　　D. 资本无差别待遇

【答案】C

【解析】支付无差别待遇要求缔约国一方企业支付给缔约国另一方居民的利息、特许权使用费和其他款项，应与在同样情况下支付给本国居民的税收待遇相同，在费用扣除方面不应有差别。

8. 为了防止本国居民企业利用设在外国的控股公司累积利润，推迟缴纳境外来源所得的国内税收，采取的反避税措施是（　　）。

A. 转让定价规则　　B. 受控外国公司规则

C. 资本弱化规则　　D. 一般反避税规则

【答案】B

【解析】为了防止本国居民企业利用设在外国的控股公司累积利润，推迟缴纳境外来源所得的国内税收，不少国家制定了详尽的受控外国公司规则。

9. 2019 年，为了加强"一带一路"国家（地区）税收合作，我国和哈萨克斯坦共同发起成立的机制化税收合作平台是（　　）。

A. "一带一路"税收征管促进联盟

B. "一带一路"税收征管合作机制

C. "一带一路"税收管理组织

D. "一带一路"税收征管合作论坛

【答案】B

【解析】我国与哈萨克斯坦共同发起成立的是"一带一路"税收征管合作机制。

10. BEPS 行动计划贯彻的总原则是（　　）。

A. 利润应在经济活动的发生地征税

B. 利润应在价值创造地征税

C. 利润应在经济活动的发生地和价值创造地征税

D. 利润应在母公司所在地征税

【答案】C

【解析】BEPS 行动计划的总原则是利润应在经济活动的发生地和价值创造地征税。

二、多项选择题

1. 下列关于国际重复征税的影响，正确的有（　　）。

A. 阻碍国际经济发展　　B. 违背税收公平原则
C. 加剧国家间税收摩擦　　D. 导致国际避税增加
E. 侵害国家的税收权益

【答案】ABCD

【解析】国际重复征税对投资者的利益、税负公平原则、国际经济交往、国家间税收权益以及跨国公司行为都会产生消极影响。

2. 下列关于税收抵免的说法，正确的有（　　）。

A. 抵免法下居民国完全放弃了征税权，因此能够有效消除重复征税
B. 抵免法分为直接抵免和间接抵免
C. 抵免限额是允许纳税人抵免本国税额的最高税额
D. 在来源国已缴税额超过抵免限额的部分，不能向以后年度结转
E. 只有在来源国实际缴纳的税额才能够抵免

【答案】BC

【解析】抵免法承认所得来源国的优先征税地位，又不要求居民国完全放弃对本国居民国外所得的征税权，有利于协调和维护各国的税收权益。在来源国已缴税额超过抵免限额的部分，一些国家允许将超过抵免限额的税额向以后年度结转。存在税收饶让条款的情况下，未实际缴纳的税额也可抵免。

3. 导致国际避税的原因有（　　）。

A. 国家间的税制差异　　B. 国际税收规则存在缺陷
C. 征管信息严重不对称　　D. 纳税人存在避税的主观愿望
E. 信息技术的迅速发展

【答案】ABCD

【解析】选项 A、B、C 是客观原因；选项 D 是主观原因；选项 E 是国际避税的背景。

4. 下列情形中，可以适用一般反避税规则的有（　　）。

A. 滥用税收协定避税　　B. 滥用公司组织形式避税
C. 利用资本弱化避税　　D. 利用转让定价避税
E. 利用受控外国企业避税

【答案】AB

【解析】作为兜底规则，在特殊反避税规则（如转让定价规则、资本弱化规则、受控外国公司规则等）能够适用的情况下，是不能适用一般反避税规则的。

5. “一带一路”税收征管合作机制成员开展税收合作的领域包括（　　）。

A. 提高税收确定性　　B. 提升纳税服务

C. 加快税收争议解决　　D. 加强税收征管能力建设

E. 建立新的国际税收规则

【答案】ABCD

【解析】机制成员在尊重各自国内法律法规、巩固和支持国际税收义务及标准的基础上，共同推动“一带一路”建设参与国（地区）在以下税收领域开展务实合作：提高税收确定性、加快税收争议解决、提升纳税服务、加强税收征管能力建设。

6. 下列各项中，属于 BEPS 行动计划最低标准的有（　　）。

A. 受控外国公司规则　　B. 有效打击有害税收实践

C. 防止税收协定滥用　　D. 转让定价文档和国别报告

E. 税收争议解决

【答案】BCDE

【解析】被列为“最低标准”的行动计划有四项，包括有效打击有害税收实践、防止税收协定滥用、税收争议解决、转让定价文档和国别报告。

7. 若干国际组织合作，创建了向发展中国家提供税收援助的合作平台，这些国际组织包括（　　）。

A. 联合国　　B. 经济合作与发展组织

C. 国际货币基金组织　　D. 亚洲开发银行

E. 世界银行

【答案】ABCE

【解析】2016 年 4 月，国际货币基金组织、经济合作与发展组织、联合国和世界银行创建了税收合作平台，也称为四方平台，作为这 4 个组织合作向发展中国家提供援助，以加强其税收体系的制度机制。

8. 下列关于“一带一路”税收征管合作机制的说法，正确的有（　　）。

A. 机制秉持共商共建共享原则

B. 机制面向参与“一带一路”建设的国家（地区）开放

C. 机制是规范化、制度化的官方多边长效税收合作平台

D. 机制目标是促进投资贸易便利化，消除税收壁垒、优化生产要素跨境配置，推动经济包容性增长，实现联合国 2030 可持续发展目标

E. 截至 2021 年 9 月机制共有 34 个成员

【答案】ACD

【解析】机制面向所有支持“一带一路”建设的国家开放；截至 2021 年 9 月，机制已吸纳 36 个成员。

9. 下列对国际税收与国家税收的关系，正确的有（　　）。

A. 国际税收凌驾于国家税收之上

B. 国际税收是国家税收的国际方面

C. 国家税收是国际税收的基础

D. 国家税收不会受到国际税收的影响

E. 国际税收是指对非居民来源于境内的所得征税

【答案】BC

【解析】国际税收是国家税收的国际方面，国家税收是国际税收的基础，国际税收不能脱离国家税收而独立存在；同时，国家税收又受到国际税收方面一些因素的影响，国家在制定本国的税收制度时要考虑国际税收关系；国际税收一是对居民个人和法律实体从境外取得的所得征税，二是对非居民来源于境内的所得征税。

10. 下列关于国际税收协定目标的说法，正确的有（　　）。

A. 防止对所得及财产双重征税　B. 防止偷逃税

C. 提高税收透明度　D. 加强税收征管能力

E. 加快税收争议解决

【答案】AB

【解析】国际税收协定，又称国际税收条约，是指两个或两个以上国家依照对等原则，通过政府间谈判达成一致后缔结的确定其国际税收分配关系的具有法律效力的书面税收协议，旨在避免对所得及财产双重征税和防止国际偷逃税。

三、判断题

1. 对于自然人居民身份的判定主要看是否具有本国国籍。（　　）

【答案】×

【解析】对自然人居民身份的判定主要有三种标准：住所标准、居所标准、停留时间标准。

2. 甲国和乙国均为仅实施地域管辖权的国家，甲国居民企业从乙国居民企业取得利息所得，乙国征收预提所得税，甲国不征收所得税，但是征收增值税，导致国际重复征税。（　　）

【答案】×

【解析】国际重复征税强调对同一征税对象征收相同或类似的税收，由于乙国征收的是所得税，甲国征收的是增值税，不构成国际重复征税。

3. 甲国居民企业 A 在乙国设立子公司 B，B 公司取得利润，乙国对 B 公司的利润征收企业所得税，B 公司以税后利润向 A 公司分配股息，甲国就 A 公司的股息收入征税，由于甲国和乙国对不同的征税对象征税，不会导致国际重复征税。（　　）

【答案】×

【解析】甲国和乙国的征税对象，均来源于 B 公司的营业利润，属于同一征税对象，构成经济性重复征税。

4. 两个国家如果均实施同种类型的单一税收管辖权，不会导致国际重复征税。（　　）

【答案】×

【解析】即使是实施同种类型的单一管辖权，也会由于对居民或来源地判定的标准不同而导致国际重复征税。

5. 国际重复征税的根本原因是各国行使的税收管辖权相互重叠。（　　）

【答案】√

【解析】各国行使的税收管辖权相互重叠是国际重复征税的根本原因。

6. 如果甲、乙两国签订的税收协定包含税收饶让条款，则即使甲国居民企业从乙国取得的所得由于享受税收优惠未实际缴纳税款，仍可视同已经缴纳，从甲国的应纳税额中抵减。（　　）

【答案】√

【解析】税收饶让是指居民国政府对本国居民在国外得到减免的所得税，视同已经缴纳，允许这部分被减免的外国税款在本国应纳税额中抵免。

7. 国与国之间签订的税收协定，要么和经合组织范本相同，要么和联合国范本相同。（　　）

【答案】×

【解析】经合组织范本和联合国范本为各国谈签协定提供模板和参考，国与国实际签订的税收协定，取决于双方谈判的结果。从各国所签订的一系列双边税收协定来看，其结构及内容基本上与经合组织范本或联合国范本一致。

8. 根据税收协定中的相互协商条款，缔约国双方必须通过磋商达成协议。(　　)

【答案】×

【解析】尽管缔约国双方需就纳税人提出的争议进行磋商，但协定范本并不要求两国一定达成某种协议。

9. 我国积极推进 BEPS 行动计划成果的落地转化，四项最低标准已基本落实到位。(　　)

【答案】√

【解析】我国积极参与国际税改，落实 BEPS 行动最低标准，四项最低标准已落实到位。

10. 金融账户涉税信息交换，由一国金融机构与账户持有人的居民国税务主管当局开展信息交换。(　　)

【答案】×

【解析】首先需由一国金融机构通过尽职调查程序，识别另一国税收居民在该机构开立的账户的有关信息，再由该国税务主管当局与账户持有人的居民国税务主管当局开展信息交换，最终为各国加强跨境税源监管提供信息支持。

税收相关法律基础知识练习题

第一章　法理基础

一、单项选择题

1.《税收征管法》第七十四条规定："本法规定的行政处罚，罚款额在二千元以下的，可以由税务所决定。"该规范属于（　　）。

A. 授权性规范　　B. 命令性规范

C. 任意性规范　　D. 禁止性规范

【答案】 A

【解析】 本题考查的是法律规范的分类。授权性规范是法律关系主体可以作出或要求别人作出一定行为的规范，授权性规范赋予人们一定权利，但不是要求人们必须做什么，或禁止做什么，人们有选择的自由。任意性规范则允许人们在一定范围内做自由的选择。禁止性规范是规定法律关系主体不应当从事一定行为的规定，禁止性规范通常比较严厉，违反禁止性规范可能产生较重的法律后果。而命令性规范是要求法律关系主体应当从事一定行为的规范。故答案是A。

2. 纳税人、扣缴义务人必须依照法律、行政法规的规定缴纳税款，代扣代缴、代收代缴税款。该法律规范属于（　　）。

A. 授权性规范　　B. 禁止性规范

C. 任意性规范　　D. 义务性规范

【答案】 D

【解析】 本题考查的是法律规范的分类。规范的划分可以看六个词。用"可以""有权"的一般属于授权性规范。用"应当""必须"的一般属于命令性规范或义务性规范。用"不得""禁止"的一般属于禁止性规范。这个条款规定了纳税人、扣缴义务人的缴纳税款义务，属于义务性规范。

3. 法的特殊之处就在于这种规范是由国家创制的，具有（　　）。

A. 强制性　　B. 规范性

C. 制裁性　　D. 国家意志性

【答案】D

【解析】本题考查的是法的概念。法的特殊之处就在于这种规范是由国家创制的，具有国家意志性。故答案是D。

4. 法的核心内容是（　　）。

A. 权力　　B. 义务

C. 权利和义务　　D. 强制

【答案】C

【解析】本题考查的是法律关系的内容。法律关系都是以权利和义务为主要内容，而法律规范也是根据其内容分为权利规范和义务规范。故答案是C。

5. 能引起法律关系产生、变更和消灭的人们的某种活动，属于（　　）。

A. 法律行为　　B. 法律事件

C. 客观现象　　D. 不可抗力

【答案】A

【解析】本题考查的是法律事实的分类。法律事实分为法律事件和法律行为。法律事件是指能直接引起法律关系产生、变更和消灭的，不以当事人的意志为转移的客观现象。法律行为是指能引起法律关系产生、变更和消灭的人们的某种活动。故答案是A。

6. 法律关系主体的权利义务所指向的对象是（　　）。

A. 主体　　B. 客体

C. 主观方面　　D. 客观方面

【答案】B

【解析】本题考查的是法律关系的客体。所谓法律关系的客体，是指法律关系主体的权利义务所指向的对象。故答案是B。

7. 税务规范性文件不得溯及既往，但也有特别规定除外的事项，这种特别规定的目的在于更好地（　　）。

A. 维护税收管理秩序　　B. 保护税务行政相对人的权利和利益

C. 保证税款入库　　D. 体现区别对待

【答案】B

【解析】本题考查的是新法与旧法的适用规则。法律一般不溯及既往，只对生效以后的事件和行为有效。但是对于相对人利益有利而作的特别规定除外，这是一个国际惯例。在行政法律关系中，这也体现了保护弱者利益的精神。故答案是B。

8. 法律之间对同一事项的新的一般规定与旧的特别规定不一致，不能确定如何适用时，裁决机关是（　　）。

A. 全国人民代表大会常务委员会

B. 全国人民代表大会

C. 最高人民法院

D. 国务院

【答案】 A

【解析】 本题考查的是法的适用规则。由于法律的制定主体是全国人民代表大会及其常务委员会，因此《立法法》规定裁决机制时，法律之间对同一事项的新的一般规定与旧的特别规定不一致，不能确定如何适用时，由全国人民代表大会常务委员会裁决。

9. 《税收征管法》规定，扣缴义务人应代扣代收而未代扣代收税款的，由税务机关对扣缴义务人实施处罚，向纳税人追缴税款；而有的地方的税务机关制定了文件，规定这种情况下仍应向扣缴义务人直接追缴税款。这两者之间相互矛盾。解决此类冲突适用的原则是（　　）。

A. 新法优于旧法　　B. 特别法优于一般法

C. 上位法优于下位法　　D. 需要共同的上级税务机关裁决

【答案】 C

【解析】 本题考查的是上位法与下位法的适用规则。《税收征管法》的规定是一般规范，而地方税务机关的规定是特别规范，但这时不能适用“特别法优于一般法”的规则，因为《税收征管法》并未授权或允许地方税务机关制定不同规定，该不同的规定是违背《税收征管法》的，不能适用。所以应该是上位法优先。

10. 张某是甲县税务局干部，他向检察院举报了县税务局领导李某在干部竞争上岗过程中收受钱物的行为。张某的这一行为属于（　　）。

A. 法的适用　　B. 法的遵守

C. 法的执行　　D. 法律解释

【答案】 B

【解析】 本题考查的是法的实施。法的实施一般包括法的适用、法的遵守和法的执行。法的执行和适用的主体一般是指国家机关，法的遵守也称守法，是指组织和个人依法行使法定权利、履行法定义务。其主体包括一切国家机关、政党和个人。至于法律解释，在我国，有权解释包括：全国人民代表大会常务委员会作出的立法解释、国务院所作的行政解释和最高法、最高检作出的司法解释。故本题答案为B。

11. 2015 年《立法法》修订后，享有立法权的较大的市的范围扩大到（　　）。

A. 较大的市　　B. 经济特区市

C. 设区的市　　D. 县级市

【答案】C

【解析】本题考查的是《立法法》修订后立法权的范围扩大。2015 年《立法法》修订后，享有立法权的较大的市的范围扩大到设区的市。

12. 新法实施后，税务机关查处的案件属于新法实施前发生的违法行为，原则上执行的规则是（　　）。

A. 特别法优于一般法　　B. 上位法优于下位法

C. 新法优于旧法　　D. 法不溯及既往

【答案】D

【解析】本题考查的是法的溯及力。法的溯及力，是指法生效后，对其生效前所发生的事项是否适用的问题。从法理上说，法具有预测性，所以一般只对其生效以后发生的事件和行为负责，也就是说法律一般不具有溯及既往的效力。税务机关查处的案件属于新法生效前发生的违法行为，原则上按照旧法的规定执行。

13. 法不具有溯及力，但也有例外。在刑法领域，定罪量刑适用行为实施时的法律规范，但如果新的法律规范不认为是犯罪或处罚较轻的，适用新的法律规范。这一规定体现的法律适用原则是（　　）。

A. 从旧　　B. 从轻

C. 从新　　D. 从旧兼从轻

【答案】D

【解析】本题考查的是法的溯及力。法一般不应当被赋予溯及力，因为当人们实施某种行为时，不能要求其遵守还没有制定生效的法律规范，人们只能按照当时有效的法律规范开展活动。《刑法》第十二条规定："中华人民共和国成立以后本法施行以前的行为，如果当时的法律不认为是犯罪的，适用当时的法律；如果当时的法律认为是犯罪的，依照本法总则第四章第八节的规定应当追诉的，按照当时的法律追究刑事责任，但是如果本法不认为是犯罪或者处刑较轻的，适用本法。"这就是从旧兼从轻原则。

14. 法的本质是（　　）。

A. 多数人意志的体现　　B. 少数人意志的体现

C. 统治阶级意志的体现　　D. 中产阶级意志的体现

【答案】C

【解析】本题考查的是法的本质。法是国家意志的体现，但并不是全体国民意志的体现，法在本质上是掌握国家的统治阶级意志的体现。

15. 下列属于全国人民代表大会制定的法律是（　　）。

A.《税收征管法》　　B.《行政复议法》

C.《国家赔偿法》　　D.《企业所得税法》

【答案】D

【解析】本题考查的是立法权限。全国人民代表大会制定和修改刑事、民事、国家机构的和其他的基本法律。全国人民代表大会常务委员会制定和修改除应当由全国人民代表大会制定的法律以外的其他法律；在全国人民代表大会闭会期间，对全国人民代表大会制定的法律进行部分补充和修改，但是不得同该法律的基本原则相抵触。选项D是全国人民代表大会制定的，选项A、B、C是由全国人民代表大会常务委员会制定的。

16. 根据《税务规范性文件制定管理办法》的规定，税务规范性文件的制定主体是（　　）。

A. 县级以上各级税务机关　　B. 税务所

C. 稽查局　　D. 税务局办公室

【答案】A

【解析】本题考查的是规范性文件的制定主体。县以下（不含本级）税务机关及各级税务机关的内设机构、派出机构、直属机构和临时性机构，不得以自己的名义制定税务规范性文件。

17. 税务规范性文件应明确生效的时间，原则上生效的时间应在文件发布之日起（　　）。

A. 7日后　　B. 10日后

C. 15日后　　D. 30日后

【答案】D

【解析】本题考查的是税务规范性文件生效的时间。税务规范性文件应当自发布之日起30日后施行。对发布后不立即施行有碍执行的税务规范性文件，可以自发布之日起施行。与法律、法规、规章或者上级机关决定配套实施的税务规范性文件，其施行日期需要与前述文件保持一致的，不受《税务规范性文件制定管理办法》时限规定的限制。

18. “特别法优于一般法”规则是有条件的，只有符合一定条件，以及上位法授权或允许下位法作出特别规定的时候，才执行这一规则。上述一定条件是指特别法与一般法属于（　　）。

A. 特别法是新法　　B. 一般法是新法

C. 同一效力等级　　D. 不同效力等级

【答案】 C

【解析】 本题考查的是法的适用规则中的“特别法优于一般法”。“特别法优于一般法”规则是有条件的，只有当特别法与一般法属于同一效力等级的时候，以及上位法授权或允许下位法作出特别规定的时候，才执行这一规则。故答案是C。

19. 法律事实中的事件和行为的划分标准是（　　）。

A. 是否以当事人的意志为转移　　B. 是否合法

C. 法律是否予以调整　　D. 是否具有社会性

【答案】 A

【解析】 本题考查的是法律事实的分类。事件，指的是与当事人意志无关的，能够引起法律关系形成、变更或消灭的事实。行为则是当事人的有意识的活动，可以根据当事人的意志形成、变更，或者消灭法律关系。

20. 划分部门法的主要标准是（　　）。

A. 调整对象　　B. 调整的方法

C. 制定主体　　D. 法律效力

【答案】 A

【解析】 本题考查的是法的部门体系。法的部门体系是根据法的调整对象和调整手段的不同，而对法所作的一种划分。

21. 根据我国宪法规定，国务院有权制定（　　）。

A. 行政法规　　B. 地方性法规

C. 单行条例　　D. 行政规章

【答案】 A

【解析】 本题考查的是立法权限。行政法规由国家最高行政机关国务院制定颁布。行政法规通常采用条例作为名称，也可以采用实施细则、规定、办法等作为名称。行政法规的法律效力在宪法和法律之下，但高于地方立法机关制定的地方性法规、民族区域自治地方制定的自治条例和单行条例、国务院部委和直属机构制定的部门规章、地方政府制定的政府规章。

22. 国家税务总局制定的部门规章，使用的文种是（　　）。

A. 总局公告　　B. 总局通知
C. 总局令　　D. 总局公报

【答案】 C

【解析】 本题考查的是部门规章的文种。《立法法》施行后，在国家税务总局颁布的众多文件中，只有使用国家税务总局令文种的规范性文件，才是国家税务总局制定的部门规章。

23. 下列主体中有权对法律进行立法解释的是（　　）。
A. 最高人民法院　　B. 最高人民检察院
C. 全国人民代表大会常务委员会　　D. 各级国家权力机关

【答案】 C

【解析】 本题考查的是法律的解释权。法律解释权属于全国人民代表大会常务委员会。法律有以下情况之一的，由全国人民代表大会常务委员会解释：法律的规定需要进一步明确具体含义的；法律制定后出现新的情况，需要明确适用法律依据的。

24. 下列各项中，不得制定地方性法规的主体是（　　）。
A. 大连市人民代表大会　　B. 北京市顺义区人民代表大会
C. 深圳市人民代表大会　　D. 辽宁省人民代表大会

【答案】 B

【解析】 本题考查的是地方性法规的制定主体。地方性法规的制定主体有两类：一是省、自治区、直辖市人民代表大会及其常务委员会；二是各设区的市的人民代表大会及其常务委员会。

25. 我国现行法的效力体系不包括（　　）。
A. 宪法　　B. 部门规章
C. 有关国际条约　　D. 规范性文件

【答案】 D

【解析】 本题考查的是我国法的效力体系。我国法的效力体系包括宪法、法律、行政法规、地方性法规、部门规章、地方政府规章、有关国际条约。故答案为D。

二、多项选择题

1. 在我国，创制法的方式有（　　）。
A. 制定　　B. 判例
C. 裁决　　D. 认可

【答案】AD

【解析】本题考查的是我国创制法的两种方式。制定是指有相应权限的国家机关在其权限范围内，依一定程序制定规范性文件的活动；认可是指有相应权限的国家机关，通过一定的程序，赋予社会上某些已经存在的习惯以法的效力的活动。

2. 法律关系的基本要素有（　　）。

A. 法律关系的主体　　B. 法律关系的主观方面

C. 法律关系的客体　　D. 法律关系的内容

【答案】ACD

【解析】本题考查的是法律关系的三个基本要素。任何一个法律关系必须由三个要素组成，分别是主体、客体和内容。

3. 法律保留是指依法只能由全国人民代表大会及其常务委员会制定法律的事项，下列选项中属于法律保留事项的有（　　）。

A. 行政处罚　　B. 诉讼制度

C. 税收基本制度　　D. 刑罚

【答案】BCD

【解析】本题考查的是法律保留事项。所谓法律保留是指依法只能由全国人民代表大会及其常务委员会制定法律的事项，是其专属立法权事项，共有 11 个方面：①国家主权的事项；②各级人民代表大会、人民政府、人民法院和人民检察院的产生、组织和职权；③民族区域自治制度、特别行政区制度、基层群众自治制度；④犯罪和刑罚；⑤对公民的政治权利的剥夺、限制人身自由的强制措施和处罚；⑥税种的设立、税率的确定和税收征收管理等税收基本制度；⑦对非国有财产的征收、征用；⑧民事基本制度；⑨基本经济制度以及财政、海关、金融和外贸的基本制度；⑩诉讼和仲裁制度；⑪必须由全国人民代表大会及其常务委员会制定法律的其他事项。故答案是 B、C、D。

4. 下列各项中，不属于法律关系主体的有（　　）。

A. 自然人　　B. 行为

C. 非法人组织　　D. 房产

【答案】BD

【解析】本题考查的是法律关系的主体。法律关系的主体，是指法律关系的参加者，即在法律关系中享有权利和承担义务的人。法律关系的主体可以是自然人，包括中国公民、外国人和无国籍人；也可以是法人和其他组织，包括国家机关、企事业单位和社会团体等。行为、房产属于客体的范畴。

5. 下列各项中，属于法律关系客体的有（　　）。

A. 思想　　B. 税款

C. 执法行为　　D. 扣押货物

【答案】 BCD

【解析】 本题考查的是法律关系的客体。法律关系的客体可以分为四个大类：一是物，即能够成为人们所控制和支配的物质财富，这是最常见的法律关系客体；二是行为，包括作为和不作为，作为指积极地去从事某项活动，不作为指消极地不去从事某项活动；三是精神财富，精神财富是从事智力活动所取得的成果，是一种无形财产权，包括知识产权，商誉也属于无形财产；四是人身权，包括生命权、健康权、人格权、人身自由权等。

6. 下列各项税收法律中，属于基本法律的有（　　）。

A.《个人所得税法》　　B.《企业所得税法》

C.《税收征管法》　　D.《税收征管法实施细则》

【答案】 AB

【解析】 本题考查的是立法权限。狭义上的法律由全国人民代表大会及其常务委员会制定，可划分为基本法律和一般法律。全国人民代表大会制定的法律是国家的基本法律，而《税收征管法》是全国人民代表大会常务委员会制定的，属于一般法律。基本法律和一般法律不存在级别问题，《立法法》也没有规定两者之间的效力等级，所以从法理上分析效力等级是同等的。《税收征管法实施细则》是国务院制定的，属于行政法规。

7. 大陆法系和英美法系的区别包括（　　）。

A. 大陆法系以成文法为其主要渊源，英美法系以判例为其主要渊源

B. 大陆法系倾向于观念理性，而英美法系倾向于经验理性

C. 大陆法系重视判例法，英美法系重视成文法

D. 在逻辑方面，大陆法系采用演绎推理，而英美法系采用类比推理

【答案】 ABD

【解析】 本题考查的是法的历史体系。大陆法系以成文法为其主要渊源，一般不承认判例；而英美法系则主要以判例为其渊源，承认上级法院的判例对下级法院的法律约束力，法官有创制法的权力。

8. 下列各项中，属于法律绝对保留事项的有（　　）。

A. 对公民的政治权利的剥夺、限制人身自由的强制措施和处罚

B. 司法制度

C. 犯罪和刑罚

D. 税种的设立、税率的确定以及税收征收管理等税收基本制度

【答案】ABC

【解析】本题考查的是法律保留原则中的绝对保留。法律保留分为绝对保留和相对保留。绝对保留事项是指在任何时候都只能制定法律，而不能由其他国家机关代为行使立法权，除宪法外，还包括有关犯罪和刑罚的事项、对公民政治权利的剥夺和限制人身自由的强制措施及处罚事项、有关司法制度的事项。相对保留事项经全国人民代表大会及其常务委员会授权，可以由国务院制定行政法规。

9. 根据《税务规范性文件制定管理办法》的规定，税务规范性文件不得（　　）。

A. 设定行政许可　　B. 经授权制定实施办法

C. 设定行政处罚　　D. 设定行政收费

【答案】ACD

【解析】本题考查的是税务规范性文件的制定要求。根据《税务规范性文件制定管理办法》规定，税务规范性文件不得设定税收开征、停征、减税、免税、退税、补税事项，行政许可，行政处罚，行政强制，行政事业性收费以及其他不得由税务规范性文件设定的事项。另外，上级税务机关需要下级税务机关对规章和税务规范性文件细化具体操作规定的，可以授权下级税务机关制定具体的实施办法。

10. 县以下税务机关及各级税务机关的内设机构、派出机构、直属机构和临时性机构，不得以自己的名义制定税务规范性文件。这一规定属于（　　）。

A. 授权性规范　　B. 强制性规范

C. 禁止性规范　　D. 任意性规范

【答案】BC

【解析】本题考查的是法律规范的分类。强制性规范所规定的内容，不允许法律关系主体一方或双方随意更改，对人们行为的要求明确、无可选择、无可替代；禁止性规范是规定法律关系主体不应当从事一定行为的规定。

11. 国家最高行政机关的立法权有（　　）。

A. 为贯彻法律而制定行政法规的事项

B. 国务院行政管理职权的事项

C. 授权立法事项

D. 剥夺公民政治权利的事项

【答案】ABC

【解析】本题考查的是国务院的立法权限。国务院根据宪法和法律，制定行政法规。行政法规可以就下列事项作出规定：为执行法律的规定需要制定行政法规的事项；《宪法》第八十九条规定的国务院行政管理职权的事项；授权立法事项。

12. 税务规范性文件的管理活动包括（　　）。

A. 税务规范性文件备案审查　　B. 税务规范性文件清理

C. 税务规范性文件后续评估　　D. 税务规范性文件解读

【答案】ABC

【解析】本题考查的是税务规范性文件的管理内容。税务规范性文件管理活动不仅仅是制定，还有制定后的备案、清理、评估和异议处理。

13. 法律规范的逻辑结构，包括（　　）。

A. 假定　　B. 处理

C. 制定　　D. 制裁

【答案】ABD

【解析】本题考查的是法律规范的结构。法律规范的结构，一种比较通常的观点是“三要素说”，认为法律规范是由假定、处理、制裁三个要素构成。假定指该规范适用的条件和情形；处理指该规范要求人们如何去行为；制裁指如果不按该规范行为时所应承担的法律后果。

14. 根据我国《立法法》的规定，全国人民代表大会及其常务委员会可以授权国务院根据实际需要，对本来属于其制定法律的事项制定行政法规，但有些事项不能授权。这些事项包括（　　）。

A. 犯罪和刑罚　　B. 限制人身自由的强制措施

C. 司法制度　　D. 减免税

【答案】ABC

【解析】本题考查的是法律绝对保留的事项。《立法法》第九条规定：“本法第八条规定的事项尚未制定法律的，全国人民代表大会及其常务委员会有权作出决定，授权国务院可以根据实际需要，对其中的部分事项先制定行政法规，但是有关犯罪和刑罚、对公民政治权利的剥夺和限制人身自由的强制措施和处罚、司法制度等事项除外。”

15. 下列选项中，属于公法的有（　　）。

A. 《税收征管法》　　B. 《刑法》

C.《行政诉讼法》　　D.《民法典》

【答案】ABC

【解析】本题考查的是公法和私法的概念。凡调整运用国家权力管理国家和公共事务，从而形成管理者与被管理者之间不平等关系的法律制度称为公法，所有诉讼法也都是公法，如《宪法》《刑法》《行政诉讼法》等；凡调整当事人之间各自以其独立的地位，自主、自愿所发生的平等社会关系的法律制度为私法，如《民法典》等。

16. 法的生效时间需要在法律规范性文件中予以明确，通常的方式有（　　）。

A. 自发布之日起生效　　B. 明文规定生效时间

C. 生效条件成就后生效　　D. 自动生效

【答案】ABC

【解析】本题考查的是法的生效时间。法应当有明确的生效时间，法生效后发生的事项适用该法。法的生效时间需要在法律规范性文件中予以明确，通常有三种方式：①自发布之日起生效；②明文规定生效时间；③生效条件成就后生效。

三、判断题

1. 税收法定原则是指，所有税收方面的规定都应当由全国人民代表大会及其常务委员会制定法律。（　　）

【答案】×

【解析】《立法法》规定，税收方面的基本制度依法只能由全国人民代表大会及其常务委员会制定法律，而并非所有税收方面的规定。

2.《行政诉讼法》属于程序性法律文件。（　　）

【答案】√

【解析】程序法规定保证法律关系主体权利义务得以实现或职权和职责得以履行所需程序或手续，比如诉讼法、复议法、处罚法等。

3. 法的终止必须为明示终止。（　　）

【答案】×

【解析】法的效力可能发生终止，法的效力终止后发生的事项不能适用该法。法的终止分为明示终止和默示终止。

4. 虽然《税收征管法》对偷税未规定不予处罚的情形，但是符合相关规定的也可以依据《行政处罚法》不予处罚。（　　）

【答案】√

【解析】《税收征管法》规定的是处罚标准，这个标准并不解决如何执行的问题；而《行政处罚法》规定的是处罚规则，解决的恰恰是当其他法律规范规定了处罚标准时，如何执行标准的问题。这是两个不同的问题，两者并不矛盾，都是应当执行的法律规范，即处罚标准依据《税收征管法》规定，而如何执行《税收征管法》的标准，则按《行政处罚法》的规定办，当属于《行政处罚法》规定的减轻处罚或不予行政处罚情形时，可以在标准的基础上减轻处罚或不予行政处罚。

5. 税务规范性文件一般应当自公布之日起30日后施行。(　　)

【答案】√

【解析】对公布后不立即施行有碍执行的税务规范性文件，可以自公布之日起施行。经授权对规章或上级税务规范性文件做出补充规定的税务规范性文件，施行时间可与规章或上级税务规范性文件的施行时间相同。

6. 税务规范性文件一律不得溯及既往。(　　)

【答案】×

【解析】税务规范性文件不得溯及既往，但为了更好地保护税务行政相对人权利和利益而作的特别规定除外。

7. 在各种法条中出现的“法律”，都应当作狭义的理解。(　　)

【答案】√

【解析】在平时，人们使用“法律”一词时，有狭义和广义之分，但出现在法条中的“法律”一词，一般作狭义理解，就是指全国人民代表大会及其常务委员会制定的法律。

8. 全国人民代表大会及其常务委员会制定法律的事项，是其专属立法权事项。分为相对保留和绝对保留。税收基本制度属于法律保留事项，是一种相对保留。(　　)

【答案】√

【解析】《立法法》对此有明确规定，税收立法存在授权立法现象。

9. 国际条约不能成为当代中国法的渊源。(　　)

【答案】×

【解析】国际条约是两个或两个以上国家之间通过谈判所缔结、加入或承认的关于相互之间在政治、经济、贸易、文化、军事、法律等方面的关系中权利和义务的协议。

国际条约不属于国内法，但国家作为签约主体，国家自身和国内的个人和单位都有遵守的义务，所以也是我国法的渊源。

10. 行政法主要是对公民权利的控制和规范。(　　)

【答案】 ×

【解析】 行政法从本质上讲是对行政权力的控制和规范。

11. 税种的设立、税率的确定和税收征收管理等税收基本制度都可以授权国务院制定行政法规。(　　)

【答案】 ×

【解析】 2015 年修订后的《立法法》明确规定税种的设立、税率的确定和税收征收管理等税收基本制度，属于法律保留事项，只能制定法律。尚未制定法律的，全国人民代表大会及其常务委员会有权作出决定，授权国务院可以根据实际需要，对其中的部分事项先制定行政法规。

12. 习近平法治思想是全面依法治国的根本遵循和行动指南。(　　)

【答案】 √

【解析】 习近平法治思想对当前和今后一个时期推进全面依法治国提出了“十一个坚持”，是全面依法治国的根本遵循和行动指南。

第二章　行政法基础

一、单项选择题

1. 税务行政主体的职权是税务机关实施国家税务行政管理活动的资格及其权能，下列不属于税务行政职权特点的是（　　）。

A. 不能放弃的权力

B. 可以随意转移、协商、选择和改变的权力

C. 不以税务行政主体意志为转移的权力

D. 相互制约的权力

【答案】 B

【解析】 本题考查的是税务行政职权的特点。税务行政职权的特点包括：①不能放弃的权力；②以法律为基础的权力；③不以税务行政主体意志为转移的权力；④相互制约的权力。税务行政职权的行使必须依法行使，不能随意协商、选择和改变。选项 B 不具有税务行政职权的特点。故正确答案是 B。

2. 下列职权中，不属于税务机关职权的是（　　）。

A. 税收检查权　　B. 税收行政强制权

C. 税收代位权和税收撤销权　　D. 税收法律立法权

【答案】 D

【解析】 本题考查的是税务机关的职权。宪法规定全国人民代表大会和全国人民代表大会常务委员会行使国家立法权，因此税收法律立法权由全国人民代表大会和全国人民代表大会常务委员会行使，它不属于税务机关职权。故正确答案是 D。

3. 下列关于行政法基本原则的内容，正确的是（　　）。

A. 行政合法性原则只要求遵循宪法、法律

B. 行政合理性原则要求行政权力的存在有法律依据

C. 行政合理性原则要求行政行为应建立在考虑相关因素的基础上

D. 行政应急权力在任何时候都可以行使

【答案】C

【解析】本题考查的是行政法的基本原则。合法性原则要求行政机关实施行政管理不仅应遵循宪法、法律，还要遵循行政法规、地方性法规、行政规章、自治条例和单行条例等规范性文件，选项 A 错误。要求行政权力的存在有法律依据是行政合法性原则的要求，不是合理性原则的要求，选项 B 错误。行政应急权力必须在满足特定条件的前提下才能行使，选项 D 错误。故正确答案是 C。

4. 税务机关依法要求纳税人缴纳税款的行为属于（　　）。

A. 权利性行政处理决定　　B. 义务性行为行政处理决定

C. 剥夺、限制权利　　D. 确认和恢复权利与义务

【答案】B

【解析】本题考查的是税务行政行为的内容。根据税务行政行为对行政相对人的权利、义务引起的后果不同，税务行政行为的内容可以分为：①设定权利和义务；②实现权利和义务；③剥夺、限制权利和减、免义务；④确认、恢复权利和义务。按照法律规定，依法纳税是每个纳税人应尽的义务，所以纳税属于义务性行为行政处理决定。故正确答案是 B。

5. 下列各项中，能够使具体行政行为发生效力的做法是（　　）。

A. 税务机关电话通知个体工商户甲到税务局来接受询问

B. 税务机关将《税务处理决定书》送达乙公司，在乙公司无人在场时将文书留置于乙公司

C. 税务机关对个体工商户丙作出了《税务行政处罚决定书》，但无法送达其本人，由其妻子签收

D. 税务机关在给个体工商户丁送达《税务行政处罚决定书》时，将文书放在丁家里并交代丁 10 周岁的孩子收好文书

【答案】C

【解析】本题考查的是税务行政行为的生效要件。选项 A 是一种要式行政行为，必须以书面形式通过送达《询问通知书》才被认为是合法有效的行政行为。按照《税收征管法实施细则》的规定，选项 B、D 中执法文书的签收对象错误。故正确答案是 C。

6. 下列各项中，不属于行政行为特征的是（　　）。

A. 一定的自由裁量性　　B. 强制性

C. 效力恒定性　　D. 法律的执行性

【答案】C

【解析】本题考查的是行政行为的特征。行政行为的特征包括，法律的执行性、一定的行政裁量性、单方意志性、效力先定性、强制性。效力恒定性不属于行政行为的特征。故正确答案是C。

7. 税务机关作出的行政行为，无论合法还是违法，只要没有被依法撤销，都推定为合法有效，相关当事人都应当遵守和服从，这体现了行政行为具有（　　）。

A. 拘束力　　B. 公定力

C. 确定力　　D. 执行力

【答案】B

【解析】本题考查的是对行政行为公定力的理解。税务机关作出的行政行为，在没有被依法撤销或认定为无效前，都推定为合法有效，相关当事人都应当先遵守和服从，这体现了行政行为效力中的公定力。故正确答案是B。

8. 税务机关针对某公司的骗税行为，决定停止为其办理出口退税的行为属于（　　）。

A. 内部行政行为　　B. 抽象行政行为

C. 具体行政行为　　D. 依申请行政行为

【答案】C

【解析】本题考查的是行政行为的种类。税务机关停止办理出口退税是税务行政处罚种类之一，是具体行政行为，是税务机关进行税收征管活动作出的外部行政行为，是依职权作出的行政行为。因此，说它是内部的、抽象的、依申请的行政行为是不正确的。故正确答案是C。

9. 下列有关行政行为效力的说法中，正确的是（　　）。

A. 行政机关可以自主改变已生效的具体行政行为

B. 行政行为的拘束力表现为对行政相对方的拘束力

C. 行政行为成立即生效

D. 行政行为一旦作出并生效，相对人必须履行，相对人不履行该行为的，行政机关有权自行强制执行或申请人民法院强制执行

【答案】D

【解析】本题考查的是行政行为效力。没有法定事由，非经法定程序，行政机关或行政相对人都不能要求变更具体行政行为，这是行政行为的确定力，选项A错误。选项B涉及行政行为的拘束力，行政行为对行政主体和行政相对人都会产生约束和限制，选

项 B 错误。行政行为成立之后并非立即生效，只有在行政相对人知晓该行为后，才能正式产生法律效力，选项 C 错误。故正确答案是 D。

10. 下列选项中，属于行政行为的是（　　）。

A. 税务机关征税的行为　　B. 全国人民代表大会制定法律的行为

C. 选举人民代表大会代表的行为　D. 法院审理行政案件

【答案】 A

【解析】 本题考查的是行政行为。行政行为是指行政主体实施行政管理和服务活动、行使行政职权或履行行政服务职能过程中所作出的具有法律意义的、旨在产生某种行政法律效果的行为。税务机关征税行为是税务行政主体实施税收征收管理、行使税款征税权过程中作出的，属于行政行为。全国人民代表大会制定法律是立法行为，选举人民代表大会代表是我国人民代表大会代表选举制度，法院审理行政案件是司法审判行为，都不是行政行为。故正确答案是 A。

11. 下列关于行政行为合法要件的说法，不正确的是（　　）。

A. 行政行为的内容必须合法

B. 行政行为的主体必须合法

C. 只要行政行为的主体、内容合法即可

D. 行政行为必须在行政主体的权限范围内实施

【答案】 C

【解析】 本题考查的是行政行为的合法要件。行政行为的合法要件有：①行政行为的主体必须合法；②行政行为必须在行政主体的权限范围内实施；③行政行为的内容必须合法；④行政行为必须符合法定程序；⑤行政行为必须符合法定形式。选项 C 忽略了其他合法要件，因此该选项是不正确的。故选项 C 符合题意。

12. 下列行政行为中，不属于依职权的行政行为是（　　）。

A. 税务行政处罚　　B. 征税行为

C. 税务行政许可　　D. 税务行政强制

【答案】 C

【解析】 本题考查的是行政行为的种类。依职权的行政行为是指行政主体依照法律授予的职权，无须行政相对人申请就可以主动作出的行政行为。税务行政处罚、征税行为、税务行政强制属于税务机关依职权作出的行政行为。这里只有税务行政许可是依申请的行政行为。故正确答案是 C。

13. 有效成立的行政行为非依法不得随意变更或撤销，具有不可争辩力，这在行政法上称为（　　）。

A. 行政行为的公定力　　B. 行政行为的执行力

C. 行政行为的确定力　　D. 行政行为的拘束力

【答案】 C

【解析】 本题考查的是行政行为的效力。有效成立的行政行为非依法不得随意变更或撤销，具有不可争辩力，称为行政行为的确定力。故正确答案是C。

14. 行政主体实施行政行为，只要是法律、法规的授权范围内即可自行决定和直接实施，而无须与行政相对人协商或征得其同意，这体现了行政行为具有（　　）。

A. 从属法律性　　B. 效力先定性

C. 单方意志性　　D. 强制性

【答案】 C

【解析】 本题考查的是行政行为的特征。行政主体实施行政行为，只要是法律、法规的授权范围内即可自行决定和直接实施，而无须与行政相对人协商或征得其同意，这体现了行政行为的单方意志性。故正确答案是C。

15. 下列检查中，超越《税收征管法》所赋予税务机关权限的是（　　）。

A. 到车站检查纳税人托运应纳税货物的有关单据

B. 到机场检查纳税人托运应纳税商品的有关单据

C. 到邮政企业检查纳税人邮寄应纳税货物的有关凭证

D. 到路上检查纳税人所运输的应纳税商品、货物

【答案】 D

【解析】 本题考查的是税务机关的权限。根据《税收征管法》第五十四条关于检查权的规定，税务机关不具有上路检查纳税人所运输的应纳税商品、货物的权限。故选项D符合题意。

16. 某市税务局稽查局拟将某纳税人以前会计年度的账簿等资料调回检查，有权作出该项批准的是（　　）。

A. 市税务局稽查局局长　　B. 市税务局主管检查的副局长

C. 市税务局局长　　D. 市税务局主管稽查工作的副局长

【答案】 C

【解析】 本题考查的是调回账簿资料的批准权。根据《税收征管法实施细则》第八十六条的规定，经县以上税务局（分局）局长批准，税务机关可将纳税人、扣缴义务

人以前会计年度的账簿等资料调回税务机关检查。故正确答案是C。

17. 税务机关调回纳税人当年账簿、记账凭证、报表和其他有关资料检查的，必须经批准，依据《税收征管法实施细则》的规定，批准权归属于（　　）。

A. 税务所所长

B. 县以上税务局（分局）局长

C. 设区的市、自治州以上税务局局长

D. 设区的市、自治州以上税务局的稽查局局长

【答案】C

【解析】本题考查的是调回账簿资料的批准权。根据《税收征管法实施细则》第八十六条规定，有特殊情况的，经设区的市、自治州以上税务局局长批准，税务机关可以将纳税人、扣缴义务人当年的账簿、记账凭证、报表和其他有关资料调回检查，但是税务机关必须在30日内退还。故正确答案是C。

18. 下列可以作为税务行政执法主体的是（　　）。

A. 县税务局法制股

B. 市税务局稽查局

C. 受县税务局委托代征税款的乡政府

D. 省税务局征科处

【答案】B

【解析】本题考查的是行政主体。县税务局法制股、省税务局征科处是税务机关的内设机构，不具有税务行政执法主体资格。受县税务局委托代征税款的乡政府是受委托单位，是以税务机关的名义代征税款的，不具有税务行政执法主体资格。市税务局稽查局是市税务局的直属机构，根据《税收征管法》第十四条、《税收征管法实施细则》第九条的规定，具有行政主体资格。故正确答案是B。

19. “不做自己案件的法官”体现的原则是（　　）。

A. 合法行政　　　　B. 合理行政

C. 程序正当　　　　D. 诚实守信

【答案】C

【解析】本题考查的是依法行政的程序正当要求。《国务院关于印发全面推进依法行政实施纲要的通知》（国发〔2004〕10号）中指出了依法行政的六项基本要求，即合法行政、合理行政、程序正当、高效便民、诚实守信、权责统一。其中根据程序正当这一原则，行政机关实施任何行政行为时，参与行为的行政机关工作人员如果与该行为或

者行政相对人有利害关系，即应回避；否则，该行为无效。在这里，回避即是指“不做自己案件的法官”。故正确答案是C。

20. 行政机关在行政执法过程中，应当平等地适用法律规范，不得因人因地而异，对相同事实与情况应相同对待。这体现的是（　　）。

A. 行政合法性原则　　B. 行政合理性原则

C. 行政应急性原则　　D. 信赖保护原则

【答案】B

【解析】本题考查的是行政法的基本原则。平等地适用法律规范，符合公正法则是合理性原则的内容之一。故正确答案是B。

21. 下列有关行政裁量权的说法中，正确的是（　　）。

A. 行政裁量权与过罚相当原则相抵触

B. 行政裁量权的行使受过罚相当原则的约束

C. 行政裁量权是一种不受法定程序规范，由行政机关自由裁量处理行政事务的权力

D. 行政裁量权是一种不受法律规定约束的权力

【答案】B

【解析】本题考查的是行政合理性原则。行政裁量权是指行政主体在法律规定的幅度和范围内，依据法定职权和法定条件，在各种可能采取的措施中进行选择的权力。它与过罚相当原则并不抵触，受过罚相当原则的约束。故正确答案是B。

22. 税务机关向某计算机公司采购计算机，税务机关与该计算机公司建立的是（　　）。

A. 刑事法律关系　　B. 行政法律关系

C. 民事法律关系　　D. 管理法律关系

【答案】C

【解析】本题考查的是民事法律关系与行政法律关系的区别。税务机关向计算机公司采购计算机，不是税务机关进行税务行政管理发生的行政法律关系，而是两个平等主体之间的民事法律关系。故正确答案是C。

23. 下列选项中，不属于税务行政法律关系客体的是（　　）。

A. 销售收入　　B. 房产

C. 税务行政处罚权　　D. 文艺创作成果

【答案】C

【解析】本题考查的是税务行政法律关系要素中的客体。税务行政法律关系的客体是指税务行政法律关系主体的权利和义务所指向的标的、目标或对象，主要是行为和财物。选项 A、B、D 都属于税务行政法律关系客体的范围，而税务行政处罚权属于税务行政主体的职权，不属于税务行政法律关系客体的范围，故正确答案是 C。

24. 税务机关进行的行政复议活动是（　　）。

A. 内部行政行为　　B. 抽象行政行为

C. 自由裁量行为　　D. 依申请的行政行为

【答案】D

【解析】本题考查的是行政行为的种类。税务行政复议是指当事人（纳税人、扣缴义务人、纳税担保人及其他税务行政相对人）不服税务机关及其工作人员作出的税务具体行政行为，依法向税务复议机关提出申请，复议机关经审理对原税务机关具体行政行为依法作出维持、变更、撤销等决定的活动。属于外部行政行为、具体行政行为、依申请的行政行为、要式行政行为。故正确答案是 D。

25. 税务机关对违法行为人进行罚款的行为，就内容上看属于（　　）。

A. 设定义务的行为　　B. 剥夺权益的行为

C. 变更法律地位的行为　　D. 确认某种法律事实的行为

【答案】B

【解析】本题考查的是行政行为的内容。税务机关对违法行为人进行罚款，是对违反税收法律规范、不履行法定义务的当事人的一种经济上的处罚，是行政机关依法强制违法者承担一定的金钱给付义务的处罚方式，是财产罚的一种。故正确答案是 B。

26.《税务处理决定书》生效的时间是（　　）。

A. 决定书中写明的时间　　B. 税务机关作出决定的时间

C. 税务机关负责人签发之日　　D. 决定书依法送达的时间

【答案】D

【解析】本题考查的是行政行为的生效时间。税务机关作出的行政行为并不一定立即生效，只有在行政相对人知晓该行政行为后，才能正式产生法律效力。因此，税务行政行为的生效要件就是为行政相对人所知。《税务处理决定书》只有依法送达给行政相对人时才表明行政相对人知道，才会生效。故正确答案是 D。

27. 对于企业所得税定率征收的纳税人，税务机关在税务检查中原则上应当继续执行原定率。这体现了依法行政的基本要求，这一要求是指（　　）。

A. 合法行政　　B. 合理行政

C. 程序正当　　D. 诚实守信

【答案】D

【解析】本题考查的是依法行政的基本要求。《全面推进依法行政实施纲要》中指出了依法行政的六项基本要求，即合法行政、合理行政、程序正当、高效便民、诚实守信、权责统一。按照诚实守信这一要求，税收法规政策应保持相对稳定，不能朝令夕改，要遵循信赖保护原则。故正确答案是D。

28. 下列行为中，不属于具体行政行为的是（　　）。

A. 税务机关对某纳税人作出《税务处理决定书》

B. 税务机关公告《20××年国庆期间纳税申报延期通知》

C. 税务机关调取某纳税人的账簿资料

D. 税务机关确认某纳税人提供的担保

【答案】B

【解析】本题考查的是具体行政行为与抽象行政行为的区分。具体行政行为是指凡是针对特定对象实施的行为，一般为具体行政行为。选项A、C、D都是针对某具体行政相对人实施的行为，都属于具体行政行为，只有选项B税务机关公告属于抽象行政行为，不属于具体行政行为。故正确答案是B。

29. 行政行为的内容必须合法、适当。下列各项中，对该要求理解错误的是（　　）。

A. 要求行政行为的内容应当符合法律、法规的规定和行政法的基本原则

B. 行政行为内容必须符合实际、切实可行

C. 人民法院有权直接变更行政机关作出的各种行政行为

D. 行政行为不仅必须合法，而且必须公正合理

【答案】C

【解析】本题考查的是行政行为的合法要件。行政行为的内容合法，是指行政行为所涉及的权利、义务，以及对这些权利、义务的影响或处理，均应符合法律、法规的规定和行政法的基本原则。行政行为的内容适当，是指行政行为的内容要明确，而且应当公正、合理，符合法律的目的和公共利益。人民法院并不能对全部的行政行为进行变更。故选项C符合题意。

30. 依法行政与政务公开的关系，正确的说法是（　　）。

A. 依法行政与政务公开没有关系

B. 依法行政要求政务活动以不公开为原则，公开为例外

C. 依法行政要求政务活动以公开为常态，不公开为例外

D. 依法行政要求一切政务活动均应公开

【答案】C

【解析】本题考查的是依法行政的基本要求。政务公开是依法行政程序正当的要求，政务活动坚持以公开为常态，不公开为例外的原则。故正确答案是 C。

31. 税务机关对某纳税人要求变更纳税定额的申请进行审核，作出不予变更纳税定额的决定书，并向纳税人说明理由，告知其享有申请行政复议、提起行政诉讼的权利，保障了纳税人的权利，这一权利是指（　　）。

A. 参与权　　B. 知情权

C. 陈述权　　D. 救济权

【答案】B

【解析】本题考查的是行政相对人的权利。知情权是指作为行政相对人的纳税人有权要求税务机关对行政行为作出的理由、标准等予以说明解释，特别是对行政相对人作出不利的行政决定的，应当说明理由，让行政相对人了解。故正确答案是 B。

32. 税务机关在作出影响行政相对人权利义务的决定时，要遵循行政程序中的相关制度。如，说明作出决定的事实原因和法律依据，这体现的是（　　）。

A. 辩论制度　　B. 通知制度

C. 说明理由制度　　D. 信息公开制度

【答案】C

【解析】本题考查的是行政程序的基本制度。行政程序的说明理由制度是行政机关作出行政决定时必须阐明理由和依据的行政决策程序制度，特别适用于行使裁量权和不利于行政相对人的行政决定。目的是防止行政专横和权力滥用，便于司法审查和法制监督。故正确答案是 C。

33. 以下不属于税务部门权责清单内容的是（　　）。

A. 设定依据　　B. 追责情形

C. 权责事项　　D. 公务员权利

【答案】D

【解析】本题考查的是税务部门的权责清单内容。税务部门的权责清单的主要内容包括：①管理流程或业务领域；②权责事项；③设定依据；④履责方式；⑤追责情形。公务员权利属于个人权利，不属于税务机关职权内容。故答案是 D。

34. 将“国家建立健全同经济发展水平相适应的社会保障制度”载入现行《宪法》的是（　　）。

A. 1988 年《宪法修正案》　　B. 1993 年《宪法修正案》

C. 1999 年《宪法修正案》　　D. 2004 年《宪法修正案》

【答案】D

【解析】2004 年《宪法修正案》第二十三条规定，《宪法》第十四条增加一款，作为第四款：“国家建立健全同经济发展水平相适应的社会保障制度”。故正确答案为 D。

35. 用人单位未按时足额缴纳社保费的，由社保费征收机构责令限期缴纳或补足，并自欠缴之日起，向用人单位按日加收（　　）的滞纳金，逾期仍不缴纳的，由社保行政部门处以罚款。

A. 万分之三　　B. 万分之五

C. 千分之一点五　　D. 千分之一

【答案】B

【解析】根据《社会保险法》第八十六条规定，用人单位未按时足额缴纳社会保险费的，由社会保险费征收机构责令限期缴纳或者补足，并自欠缴之日起，按日加收万分之五的滞纳金；逾期仍不缴纳的，由有关行政部门处欠缴数额一倍以上三倍以下的罚款。故正确答案为 B。

36. 杨某因走失两年后，被其父母向人民法院申请宣告为失踪人。其财产由父母担任财产代管人进行管理。因杨某在失踪前取得一笔劳务报酬所得而未申报缴纳个人所得税，在系统中形成了欠税和滞纳金，下列处理方式正确的是（　　）。

A. 因纳税人已经失踪，主管税务机关不再过问

B. 虽然纳税人已经失踪，但应当由杨某的父母从自己的存款中支付欠税及滞纳金

C. 虽然纳税人已经失踪，但应当由杨某的父母从杨某的存款中支付欠税及滞纳金

D. 虽然纳税人已经失踪，但可以向杨某的兄弟姐妹追缴欠税及滞纳金

【答案】C

【解析】根据《民法典》第四十三条规定，财产代管人应当妥善管理失踪人的财产，维护其财产权益。失踪人所欠税款、债务和应付的其他费用，由财产代管人从失踪人的财产中支付。财产代管人因故意或者重大过失造成失踪人财产损失的，应当承担赔偿责任。故正确答案为 C。

37. 依据《政府非税收入管理办法》的规定，下列项目不属于非税收入的是（　　）。

A. 国家重大水利工程建设基金　B. 国有资本收益

C. 残疾人就业保障金　　　　　　D. 社会保险费

【答案】D

【解析】根据《政府非税收入管理办法》第三条规定，非税收入，是指除税收以外，由各级国家机关、事业单位、代行政府职能的社会团体及其他组织依法利用国家权力、政府信誉、国有资源（资产）所有者权益等取得的各项收入。具体包括：①行政事业性收费收入；②政府性基金收入；③罚没收入；④国有资源（资产）有偿使用收入；⑤国有资本收益；⑥彩票公益金收入；⑦特许经营收入；⑧中央银行收入；⑨以政府名义接受的捐赠收入；⑩主管部门集中收入；⑪政府收入的利息收入；⑫其他非税收入。

二、多项选择题

1. 以下属于行政合理性原则要求的是（　　）。

A. 行政行为的作出符合法律的目的

B. 行政行为要符合比例原则

C. 行政行为应当公平、适度、合乎情理

D. 行政主体依法设立，行使职权依法授予

【答案】ABC

【解析】本题考查的是行政合理性原则。行政合理性原则要求包括以下方面：①行政行为的作出应符合法律的目的，即具有正当性；②行政行为要符合比例原则，即具有平衡性；③行政行为要符合信赖保护原则；④行政主体在作出行政行为时，必须符合客观实际，合乎情理，即具有情理性。选项A、B、C三项是行政合理性原则的要求。选项D是行政合法性原则的要求，不是行政合理性原则的要求。故正确答案是A、B、C。

2. 下列各项中，属于行政合理性原则具体内容的是（　　）。

A. 行政处罚必须有法律依据

B. 行政行为应建立在考虑相关因素的基础上

C. 行政职权的行使必须按照法定程序

D. 行政行为应符合立法目的

【答案】BD

【解析】本题考查的是行政合理性原则。合理性原则作为一个普遍适用的行政法原则，内容包括：①行政行为的作出应符合法律的目的，即具有正当性，其中包括行政行为的作出应考虑法律规定的相关因素，不考虑与行政目的无关的其他因素；②行政行为要符合比例原则，即具有平衡性；③行政行为要符合信赖保护原则，讲究诚信；④行政主体在作出行政行为时，必须符合客观实际，合乎情理，即具有情理性。选项A、C体

现的是行政合法性原则。故正确答案是 B、D。

3. 下列行政行为中，属于税务机关行使行政裁量权的有（ ）。

A. 税务机关对纳税人的偷税行为在 50% 与 5 倍之间选择具体处罚比例

B. 税务机关按照规定对纳税人核定税额、确定应税所得率

C. 税务机关对纳税人实施税收保全采取具体措施的选择

D. 税务机关对纳税人减免税额的确定

【答案】 ABC

【解析】 本题考查的是税务机关的行政裁量权。选项 A、B、C，属于行政裁量的行政行为，是指法律规范仅对行为目的、行为范围等作原则性规定，而将行为的具体内容、条件、标准、幅度、方式等留给行政机关自行选择、决定实施的行政行为。选项 D，属于羁束行政行为，是指法律明确规定了行政行为的范围、条件、程度、方法等，行政机关没有自由选择的余地，只能严格依照法律作出的行政行为。故正确答案是 A、B、C。

4. 依法行政是法治国家对政府行政活动提出的基本要求，而合法行政是依法行政的核心内容。下列行为符合合法行政要求的是（ ）。

A. 某纳税人向税务机关申请延期缴纳税款，税务机关审查后认为不符合条件而作出不予核准的决定

B. 税务人员为查办税收违法案件设路卡检查车辆

C. 税务机关决定对 A 企业 2021 年度的纳税情况进行检查，检查人员小李因 A 企业的法定代表人是他姐夫，主动申请了回避

D. 某纳税人未按照规定期限申报缴纳税款，税务机关对其违法行为处以罚款

【答案】 ACD

【解析】 本题考查的是依法行政中的合法行政的要求。按照合法行政的要求，税务机关实施税务行政管理，应当依照法律、法规、规章进行，要坚持法定职责必须为、法无授权不可为。选项 B 法律、法规并没有授权，选项 A 的行政行为是依据《税收征管法》《行政许可法》的规定作出，选项 C 依据《税收征管法》第十二条、《税收征管法实施细则》第八条，选项 D 依据《税收征管法》第六十二条，也即选项 A、C、D 的行政行为都有法律依据。故正确答案是 A、C、D。

5. 合理行政是依法行政的基本要求之一，下列行为体现合理行政要求的是（ ）。

A. 税务机关在作出重要决定时，充分听取行政相对人的意见

B. 税务机关要平等地对待每一纳税人

C. 税务机关行使裁量权所采取的措施符合法律的目的

D. 税务机关在作出行政处罚决定之前，应当告知当事人作出行政处罚决定的事实、理由及依据，并告知当事人依法享有的权利

【答案】BC

【解析】本题考查的是依法行政中的合理行政的要求。选项 A、D 属于依法行政中的程序正当要求，选项 B、C 是符合依法行政中的合理行政的要求。故正确答案是 B、C。

6.《全面推进依法行政实施纲要》提出了依法行政的基本要求，包括（　　）。

A. 权利义务对等　　B. 诚实守信

C. 合理行政　　D. 高效便民

【答案】BCD

【解析】本题考查的是依法行政的基本要求。其包括合法行政、合理行政、程序正当、高效便民、诚实守信、权责统一。权利义务对等不属于依法行政的基本要求。故正确答案是 B、C、D。

7. 下列各项中，属于税务行政主体的是（　　）。

A. 市税务局　　B. 市稽查局

C. 税务所　　D. 受托代征单位

【答案】ABC

【解析】本题考查的是税务行政主体。税务行政主体主要是各级税务机关，是指依法享有国家征税权，能够以自己的名义进行税收行政管理活动，并独立承担由此产生的法律责任的税务行政组织。包括各级税务机关和法律、法规授权的税务机构。具体包括各级税务局、税务分局、税务所和省以下税务局的稽查局。选项 A、B、C 都属于税务行政主体。而受托代征单位只能按照税务机关核发的代征证书的要求，以税务机关的名义依法征收税款，是税务机关的代理人，它在征收税款的过程中导致损害纳税人权益时，由税务机关对纳税人承担赔偿责任。因此，税收代征人不能成为税务行政主体。故正确答案是 A、B、C。

8. 下列活动形成的法律关系中，属于税务行政法律关系的有（　　）。

A. 某县税务局依 A 公司申请向其发放发票

B. 某县税务局责令 B 公司提供纳税担保

C. 某县税务局与 C 公司签订购买计算机合同

D. 某市税务局稽查局对 D 公司作出处罚决定

【答案】ABD

【解析】本题考查的是税务行政法律关系。税务行政法律关系具有以下特征：①税务行政法律关系中，有一方当事人必须是税务机关。②税务行政法律关系中，税务行政机关与其行政相对人之间的权利义务具有不对等性。③税务行政法律关系中，税务行政机关与其行政相对人之间的权利义务是法定的。符合以上特征的只有选项 A、B、D，选项 C 属于民事法律关系，不属于行政法律关系。故正确答案是 A、B、D。

9. 省级人民政府可以制定具有普遍约束力的规章。这一行为在行政法理论上属于（　　）。

A. 行政立法行为　　B. 不可诉行政行为

C. 行政执法行为　　D. 抽象行政行为

【答案】ABD

【解析】本题考查的是行政行为。省级人民政府制定具有普遍约束力的规章的行为是行政立法行为，是抽象行政行为。抽象行政行为一般不具有可诉性。对于国务院部门和地方人民政府及其部门制定的规范性文件，行政复议申请人或诉讼原告可提起附带审查请求，但不能单独针对规范性文件申请行政复议或提起行政诉讼。既然是行政立法行为，就不是行政执法行为。故正确答案是 A、B、D。

10. 税务机关作出的行政行为具有的特征包括（　　）。

A. 可协商性　　B. 强制性

C. 单方意志性　　D. 效力恒定性

【答案】BC

【解析】本题考查的是行政行为的特征。行政行为具有法律的执行性、单方意志性、效力先定性、一定的自由裁量性、强制性的特征。故正确答案是 B、C。

11. 下列行为中，不属于税务行政行为的是（　　）。

A. 税务机关购买一批办公设备

B. 税务机关举办职工运动会

C. 人民法院审理税务行政诉讼案件

D. 税务机关受理行政复议

【答案】ABC

【解析】本题考查的是行政行为。选项 A 的行为不是税务机关履行税务行政管理活动发生的，不属于行政行为。选项 B 的行为是税务机关的职工活动，也不体现税务行政管理活动，不属于行政行为。选项 C 的行为属于司法活动，不是行政行为。选项 D 属于税务具体行政行为。故正确答案是 A、B、C。

12. 税务机关依法实施税务检查的行为，属于（　　）。

A. 具体行政行为　　B. 外部行政行为

C. 有利行政行为　　D. 依职权的行政行为

【答案】ABD

【解析】本题考查的是行政行为的分类。一种行政行为可以有不同的行为种类特征。税务机关依法实施税务检查的行为，是税务机关以国家的法律、法规政策和税收征收管理制度为依据，对纳税人履行纳税义务情况及其偷逃税行为的审核和查处。以行政行为的内容是否对行政相对人有利为标准，可以将其分为有利行政行为和不利行政行为，选项 C 显然是错误的。故正确答案是 A、B、D。

13. 税务机关停止为某骗取国家出口退税款的纳税人办理出口退税的行为，属于（　　）。

A. 外部行政行为　　B. 具体行政行为

C. 行政司法行为　　D. 依职权的行政行为

【答案】ABD

【解析】本题考查的是行政行为的分类。税务机关停止为某骗取国家出口退税款的纳税人办理出口退税的行为，是税务机关依法对公共事务的管理活动而作出的行为；是针对特定对象实施的行为；是依照法律授予的职权，无须行政相对人申请就可以主动作出的行政行为。而行政司法行为则是指行政机关作为第三者，按照准司法程序审理特定的行政争议或民事争议案件所作出的裁决行为，本题的行为不具有这样的特征。因此该行为属于外部行政行为、具体行政行为、依职权的行政行为。故正确答案是 A、B、D。

14. 税务机关实施的下列行为，属于具体行政行为的是（　　）。

A. 税务局与丁公司签署维护网络的合同

B. 税务局向某企业作出《税务处理决定书》

C. 税务局对某申请人作出不予行政许可的决定

D. 国家税务总局针对某个执法问题制定规范性文件

【答案】BC

【解析】本题考查的是税务具体行政行为。具体行政行为是针对某一具体行政相对人的。选项 A 是平等主体之间的民事法律行为。选项 D 是抽象行政行为。选项 B、C 中的行为是针对具体行政相对人实施的行为，属于税务具体行政行为。故正确答案是 B、C。

15. 具体行政行为通常是指行政机关对特定的人员和事项作出的行政行为。税务机关的下列行为中，属于具体行政行为的是（　　）。

A. 从某家具公司购买一批办公桌

B. 依法批准某纳税人延期纳税申报

C. 根据国务院的减免税决定制定具体的实施办法

D. 依法对某企业实施查封

【答案】 BD

【解析】 本题考查的是税务具体行政行为。具体行政行为是针对特定的行政相对人实施的行为，选项 A 是税务机关和家具公司两个平等主体之间的民事法律行为。选项 C 根据国务院的减免税决定制定具体的实施办法，并非针对某一特定的行政相对人制定，是抽象行政行为。选项 B、D 是针对特定的行政相对人实施的行为，属于税务具体行政行为。故正确答案是 B、D。

16. 税务机关的下列行政行为，属于具体行政行为的有（　　）。

A. 国家税务总局制定并发布 2019 年第 11 号公告

B. 税务机关对某纳税人作出《税务行政处罚决定书》

C. 税务机关公告《2016 年春节期间纳税申报延期通知》

D. 稽查局对某举报人兑现奖励 1000 元

【答案】 BD

【解析】 本题考查的是具体行政行为。具体行政行为是针对特定对象实施的行为，选项 A 属于规范性文件的制定，并不针对某一特定对象作出，属于抽象行政行为。选项 C 也并不针对某一特定对象作出，属于抽象行政行为。选项 B、D 是针对具体特定的对象作出的行为，是具体行政行为。故正确答案是 B、D。

17. 下列各项中，属于抽象税务行政行为的是（　　）。

A. 税务机关制定《税务行政复议规则》

B. 税务机关作出准予甲企业延期申报的决定

C. 税务机关制定《发票管理办法实施细则》

D. 税务机关提请市场监督管理机关吊销乙纳税人的营业执照

【答案】 AC

【解析】 本题考查的是抽象行政行为。凡是针对不特定的对象实施的行为属于抽象行政行为，可以反复地适用于不特定的对象。选项 A、C 是税务机关的立法行为，属于抽象行政行为。选项 B、D 是针对特定对象实施的行为，是具体行政行为。故正确答案是 A、C。

18. 下列税务行政行为，属于抽象行政行为的是（　　）。

A. 某省税务局制定规范税务行政处罚裁量权的实施办法

B. 某市税务局对干部王某的违纪违法行为作出行政处分决定

C. 某县税务局对拒不接受税务机关处理的甲企业作出停供发票的决定

D. 国家税务总局制定税收规章

【答案】 AD

【解析】 本题考查的是抽象行政行为。选项B属于内部行政行为。选项C是针对特定的对象甲企业实施的行为，属于具体行政行为。选项A、D是不针对特定对象实施的行为，且可以反复地适用于不特定的对象属于抽象行政行为。故正确答案是A、D。

19. 税务行政行为的合法要件有（　　）。

A. 主体合法　　B. 权利义务对等

C. 程序合法　　D. 在权限范围内作出

【答案】 ACD

【解析】 本题考查的是行政行为的合法要件。行政行为的合法要件包括：①主体合法；②权限合法；③内容合法；④程序合法；⑤形式合法。故正确答案是A、C、D。

20. 下列各项中，属于行政行为内容的是（　　）。

A. 剥夺权益　　B. 赋予权益

C. 确认法律事实　　D. 判决撤销行政行为

【答案】 ABC

【解析】 本题考查的是行政行为的内容。行政行为包括设定权利和义务，实现权利和义务，剥夺、限制权利和减、免义务，确认、恢复权利与义务。撤销判决是指人民法院经过对案件的审查，认定被诉具体行政行为部分或者全部违法，从而部分或全部撤销被诉具体行政行为，并可以责令被告重新做出具体行政行为的判决。撤销判决属于司法行为。故正确答案是A、B、C。

21. 甲市税务局稽查局计划对该县物流企业实施行业检查，具体实施检查时应当遵循的法定要求有（　　）。

A. 出示税务检查证　　B. 出示税务检查通知书

C. 必要时可以实施搜查　　D. 为纳税人保守秘密

【答案】 ABD

【解析】 本题考查的是税务局稽查局的权限与职责。根据《税收征管法》第五十九条的规定，税务机关派出的人员进行税务检查时，应当出示税务检查证和税务检查通知书，并有责任为被检查人保守秘密；未出示税务检查证和税务检查通知书的，被检查人有权拒绝检查。故正确答案是 A、B、D。

22. 根据《税收征管法》的规定，下列有关税务机关职权与职责的表述中，正确的有（　　）。

A. 税务机关有权指定任何企业作为扣缴义务人

B. 税务机关对于纳税人提交的不属于本机关审批权限或范围的减免税申请，有责任告知纳税人

C. 在特殊情况下税务机关有权不按照法定程序对纳税人征税

D. 税务机关实施强制执行措施，如因税务机关的原因致使纳税人合法权益遭受损害的，税务机关应当依法承担赔偿责任

【答案】BD

【解析】本题考查的是税务机关的职权与职责。选项 A 中的扣缴义务人是法律、行政法规规定的负有代扣代缴、代收代缴义务的单位和个人，并非由税务机关指定，不属于税务机关的职权，因此选项 A 的说法错误。选项 B 有关纳税人的知情权，知情权是税务行政相对人的权利。税务机关按照法定程序对纳税人征税，既是税务机关的职权，也是职责，因此选项 C 的说法是错误的。选项 D，税务机关实施强制执行措施，如因税务机关的原因致使纳税人合法权益遭受损失的，税务机关应当依法承担赔偿责任，这是法定的职责。故正确答案是 B、D。

23. 以下关于税务执法资格管理的说法正确的有（　　）。

A. 取得税务执法资格必须通过国家税务总局统一组织的税务执法资格考试

B. 在税务执法活动中有违反廉政纪律和徇私舞弊、玩忽职守等较严重渎职行为的，应当取消税务执法资格

C. 税务人员从事税务行政许可，必须取得税务执法资格

D. 取消税务执法资格未满一年的，不得参加国家税务总局统一组织的税务执法资格考试

【答案】BC

【解析】本题考查的是税务执法资格管理。A 选项，税务人员取得执法资格，应当参加国家税务总局统一组织的税务执法资格考试并且成绩合格，符合免试条件的税务人员除外。B 选项，在税务执法活动中有违反廉政纪律和徇私舞弊、玩忽职守等较严重渎职行为，属于应当取消税务执法资格的情形。C 选项，税务行政许可属于税务执法活动，故税务人员必须取得税务执法资格才能从事。D 选项，取消税务执法资格未满两年的，不得参加国家税务总局统一组织的税务执法资格考试。故正确答案是 B、C。

24. 以下关于公职律师培养和使用的说法正确的有（　　）。

A. 公职律师培养工作应当坚持教育培训与实践锻炼相统筹

B. 公职律师综合法律服务能力，主要指公职律师办理行政复议案件、行政应诉案件、重大税务案件等法律工作的综合素质和能力

C. 税务机关应当充分发挥公职律师的作用，将公职律师优先安排在法制部门

D. 公职律师可以受所在单位委托参与法律法规规章草案的合法性、合规性审查

【答案】ACD

【解析】本题考查的是公职律师培养和使用。A 选项，公职律师培养工作应当坚持教育培训与实践锻炼相统筹、平时培养与专门培训相结合，注重知识更新、实务操作和能力提升。B 选项，综合法律服务能力，主要指公职律师从事制度文件起草与合法性审查、重大决策合法性审查、重大事项法律论证、协议合同等法律文书审查以及其他法律工作的综合素质和能力。C 选项，各级税务机关应当充分发挥公职律师的作用，将公职律师优先安排在法制部门。D 选项，公职律师可以受所在单位委托参与法律法规规章草案、规范性文件送审稿和其他制度草案的起草、论证及合法性、合规性审查。故正确答案是 A、C、D。

25.《中华人民共和国契税法》第六条规定，婚姻关系存续期间夫妻之间更名、法定继承人通过继承取得土地、房屋权属更名的，免征契税。那么，下列房屋权属变更行为中，免征契税的有（　　）。

A. 甲、乙两人系合法夫妻，甲拟在《不动产权登记证》上添加乙的名字

B. 丙的丈夫尚健在，丙在去世前指定她的亲近朋友小丙继承其拥有的一套小公寓，办理权属变更

C. 祖父母因孙子丁的父亲很早就过世了，再无其他亲人，便决定将房产过继给丁，办理权属变更

D. 戊、己两人办理了离婚手续，戊因心中有愧，除分割财产外，另赠送己一套房产作为补偿，办理权属变更

【答案】AC

【解析】根据《民法典》第一千零四十五条规定，亲属包括配偶、血亲和姻亲。根据《民法典》第一千一百二十七条规定，继承第一顺序为配偶、子女、父母，第二顺序是兄弟姐妹、祖父母、外祖父母。法定继承人继承房产免税有顺序限制，如果有第一顺序继承人，则不启动第二顺序继承人的继承，只有第一顺序继承人都不在世，才可以启动第二顺序继承人继承。A 选项为《契税法》明确规定的免税行为；B 选项中被继承人的第一顺序继承人，即丙的丈夫尚健在，将房产指定小丙继承就不是法定继承，而是赠与，赠与征收契税；C 选项中，因孙子的父亲（即祖父母的第一顺位继承人）早已离

世，也没有其他的第一顺位继承人，适用《民法典》第一千一百二十八条代位继承的规定，由被继承的直系晚辈血亲代位继承人，免征契税；选项D中，戊向己赠与房产的行为不属于明文规定的免税范围，应当征收契税。

26. 我国社会保险制度的基本原则包括（　　）。

A. 广覆盖、保基本、多层次、可持续的原则

B. 社会保险水平与经济社会发展水平相适应的原则

C. 普遍性与强制性结合的原则

D. 互济性与保险性结合的原则

【答案】 AB

【解析】 根据《社会保险法》第三条规定，社会保险制度坚持广覆盖、保基本、多层次、可持续的方针，社会保险水平应当与经济社会发展水平相适应。

27. 目前，由税务部门负责征收的非税收入主要包括（　　）。

A. 行政事业性收费收入

B. 政府性基金收入

C. 国有资源（资产）有偿使用收入

D. 社会保险费收入

【答案】 ABC

【解析】 目前，由税务部门负责征收的非税收入主要包括行政事业性收费收入、政府性基金收入、国有资源（资产）有偿使用收入和其他非税收入等项目。

三、判断题

1. 税务机关工作人员具有税务行政主体资格。(　　)

【答案】 ×

【解析】 税务行政主体主要是各级税务机关，它是指依法享有国家征税权，能够以自己的名义进行税务行政管理活动，并独立承担由此产生的法律责任的税务行政组织。包括各级税务机关和法律、法规授权的税务机构，它不能是个人，因此税务机关工作人员不具有行政主体资格。

2. 《税收征管法》规定，纳税人、扣缴义务人有权要求税务机关为纳税人、扣缴义务人的情况保密。这体现了税务行政相对人的请求权。(　　)

【答案】 √

【解析】 纳税人、扣缴义务人有权要求税务机关为纳税人、扣缴义务人的情况保

密，体现了税务行政相对人的请求权。

3. 税务机关委托有关单位和人员代征，这种受托单位也可以成为税务行政主体。(　　)

【答案】×

【解析】根据《税收征管法实施细则》第四十四条规定，对零星分散和异地缴纳的税收，税务机关可以按照国家有关规定委托有关单位和人员代征，但受托单位和人员只能按照代征证书的要求，以税务机关的名义依法征收税款。受托单位和人员在征收税款的过程中导致损害纳税人权益的情形，由税务机关对纳税人承担赔偿责任。因此，这种受托单位和人员也就不能成为税务行政主体。

4. 税务机关的活动均属于行政范畴。(　　)

【答案】×

【解析】税务机关实施行政管理活动才属于行政范畴。

5. 税务行政主体必须是一个组织。(　　)

【答案】√

【解析】法律只赋予某一组织行政主体资格，代表国家行使行政职权，税务行政主体也是如此。税务机关工作人员不能成为征收主体，只能受某税务行政主体委派，代表某一税务行政主体从事税收征管工作。

6. 税务行政职权的行使必须要有法律依据，“法无明文规定即禁止”。(　　)

【答案】√

【解析】这是强调税务机关要依法行政，法律没有明文规定或授权的，税务机关不能超越法律规定的权限作出行政行为。

7. 税务行政主体为税务机关和税务行政相对人。(　　)

【答案】×

【解析】税务行政主体和税务行政法律关系的主体两者不能混为一谈。税务行政主体是税务行政法律关系主体的内容之一，主要包括税务机关和法律法规授权的组织，税务行政法律关系的主体除了税务行政主体外还包括税务行政相对人。

8. 税务行政相对人仅指根据法律、行政法规规定承担纳税义务的单位和个人。(　　)

【答案】×

【解析】税务行政相对人是指在税务行政法律关系中被税务行政主体管理的一方当事人。只要受到税务行政权的影响和约束，都可成为税务行政相对人。除法律、行政法规规定承担纳税义务的单位和个人外，扣缴义务人、金融机构等都可成为税务行政相对人。

9. 税收行政强制权是法律赋予税务机关的权力，但税务机关及其工作人员一旦违法行使损害了行政相对人的合法权益时，应当承担赔偿责任，这体现了依法行政中的诚实守信的基本要求。（　　）

【答案】×

【解析】税务机关违法或者行使职权不当，应当依法承担法律责任，实现权力和责任的统一。这体现的是依法行政中权责统一的基本要求，并非诚实守信的基本要求。

10. 行政裁量权就是行政机关行使行政权无须受法律约束的权力。（　　）

【答案】×

【解析】行政裁量权是行政主体依据法律、法规赋予的职责权限，基于法律、法规及行政的目的和精神，针对具体的行政法律关系，自由选择而作出的公正、合理的行政决定的权力。因此，其行使应受法律的约束。

11. 税务行政法律关系主体简称为税务行政主体。（　　）

【答案】×

【解析】税务行政法律关系的主体，不仅包括税务行政主体，还包括税务行政相对人。

12. 行政行为一经作出即具有法律效力，非经法定程序不得变更。（　　）

【答案】√

【解析】行政行为一经作出即具有法律效力，非经法定程序不得变更，体现了行政行为的确定力。

13. 诚实守信是一种道德要求，而非依法行政的基本要求。（　　）

【答案】×

【解析】诚实守信是一种道德要求，同时也是依法行政六项基本要求之一。

14. 税务行政强制执行既是税务机关的一项职责，又是其一项职权，所以税务机关

既可行使又可随意放弃。(　　)

【答案】×

【解析】税务行政强制执行是国家法律授权的进行税务行政管理活动的资格和权能，不可放弃，它同时也是一种职责、一种义务。如果没有法律依据并经法定程序，税务机关不能增加、减少、放弃或转让行政职权。

15. 行政裁量权并不是任意裁量，行政裁量权受合法性以及合理性原则的约束。(　　)

【答案】√

【解析】行政裁量权是指行政机关及其工作人员在法律事实要件确定的情况下，在法律授权范围内，依据立法目的和公正、合理原则，自行判断行为条件、自行选择行为方式和自由作出行政决定的权力。由此可见，行政裁量权并不是任意裁量，行政裁量权受合法性以及合理性原则的约束。

16. 2020 年 5 月 28 日，第十三届全国人民代表大会第三次会议通过《中华人民共和国民法典》，自 2021 年 1 月 1 日起施行。(　　)

【答案】√

【解析】2020 年 5 月 28 日，第十三届全国人民代表大会第三次会议通过《中华人民共和国民法典》，自 2021 年 1 月 1 日起施行。

17. 民法调整平等主体的公民、法人和非法人组织之间的人身关系和财产关系。(　　)

【答案】×

【解析】根据《民法典》第二条规定，民法调整平等主体的自然人、法人和非法人组织之间的人身关系和财产关系。

18. 社会保障，是指由国家依法运用财政资源和其他社会资金，对公民因个人原因导致的生活困难给予物质帮助或服务帮助的保障手段。(　　)

【答案】×

【解析】社会保障，是指由国家依法运用财政资源和其他社会资金，对公民因自然或社会等原因导致的生活困难给予物质帮助或服务帮助的保障手段。社会保障是总概念，通常包括社会保险、社会救济、社会福利、社会优抚和社会互助等内容。

19. 按照现行法律规定，仅有个人依法负有缴纳社会保险费的义务，有权查询缴费

记录、个人权益记录，要求社会保险经办机构提供社会保险咨询等相关服务。(　　)

【答案】×

【解析】根据《社会保险法》第四条规定，中华人民共和国境内的用人单位和个人依法缴纳社会保险费，有权查询缴费记录、个人权益记录，要求社会保险经办机构提供社会保险咨询等相关服务。个人依法享受社会保险待遇，有权监督本单位为其缴费情况。因此，用人单位和个人均有依法缴纳社会保险费的义务。

20. 用人单位在终止或者解除劳动合同时拒不出具终止或者解除劳动关系证明的，由劳动行政部门责令改正；因上述原因对劳动者造成无法享受社会保险待遇等损害的，应当依法承担赔偿责任。(　　)

【答案】√

【解析】根据《社会保险法》第八十五条规定，用人单位拒不出具终止或者解除劳动关系证明的，依照《劳动合同法》的规定处理。根据《劳动合同法》第八十九条规定，用人单位违反规定未向劳动者出具解除或者终止劳动合同的书面证明，由劳动行政部门责令改正；给劳动者造成损害的，应当承担赔偿责任。

第三章　行政许可

一、单项选择题

1. 下列关于行政许可听证的规定，说法正确的是（　　）。

A. 行政许可听证是行政许可的必经程序

B. 行政许可听证只能依申请人或利害关系人的申请举行

C. 行政机关认为需要听证的其他涉及公共利益的行政许可事项，行政机关应当向社会公告，并举行听证

D. 申请人、利害关系人提出听证申请的，由申请人、利害关系人承担适当的听证费用

【答案】 C

【解析】 本题考查的是行政许可听证。听证不是行政许可的必经程序，行政许可听证也不是依申请的行政行为，申请人、利害关系人申请组织听证不承担听证费用。故正确答案是 C。

2. 下列各项中对行政机关实施行政许可权的条件表述正确的是（　　）。

A. 该行政机关具有管理公共事务的职能

B. 该行政机关具有行政许可权

C. 该行政机关具有行政管理权

D. 各级人民政府都可以行使

【答案】 B

【解析】 本题考查的是行政许可的实施机关。行政许可由具有行政许可权的行政机关在法定权限内实施，各级行政机关下属的事业单位、内部办事机构一律不得以自己的名义实施行政许可。故正确答案是 B。

3. 下列举措不能体现行政许可便民原则的是（　　）。

A. 行政许可申请只能由当事人自行提出

B. 行政许可申请既可当面提交，亦可采用信函、传真、电子数据交换等方式提交

C. 需要补正材料的行政机关应“一次性告知”

D. 许可事项涉及多个部门的，联合办理或集中办理

【答案】 A

【解析】 根据《行政许可法》规定，行政许可申请既可以由当事人自行提出，也可以委托代理人提出。该规定为程序性要求，不能体现便民原则。故正确答案是A。

4. 下列选项中不属于行政许可特征的是（　　）。

A. 行政许可是要式行政行为　　B. 行政许可是具体行政行为

C. 行政许可是依职权的行政行为　D. 行政许可是依申请的行政行为

【答案】 C

【解析】 本题考查的是行政许可的特征。行政许可的特征包括：①依申请的行政行为；②要式行政行为；③授益行政行为；④有特定的审查审批程序。故正确答案是C。

5. 下列关于行政许可申请的说法正确的是（　　）。

A. 行政机关应当将法律、法规和规范性文件设定的行政许可项目以及需要提交的全部材料的目录和申请书示范文本等在办公场所公示

B. 行政机关可以根据申请人的要求对公示内容予以说明、解释，提供准确、可靠的信息

C. 行政机关应当对申请材料实质内容的真实性负责

D. 行政机关不得要求申请人提交与其申请的行政许可事项无关的技术资料和其他材料

【答案】 D

【解析】 本题考查的是行政许可的申请。按照《行政许可法》的规定，行政许可的实施机关应当将有关行政许可的事项、依据、条件、数量、程序、期限以及需要提交的全部材料的目录和申请书示范文本等在办理行政许可的场所予以公示。但可以设定行政许可的只有法律、行政法规、国务院决定、地方性法规、省级政府规章，其他规范性文件不得设定行政许可，选项A错误。申请人要求行政机关对公示内容予以说明、解释的，行政机关“应当”说明、解释，提供准确、可靠的信息，而不是“可以”，选项B错误。申请人申请行政许可，应当如实向行政机关提交有关材料和反映真实情况，并对其申请材料实质内容的真实性负责，选项C错误。故正确答案是D。

6. 下列关于行政许可申请和审查的说法错误的是（　　）。

A. 申请人提交的申请材料齐全、符合法定形式，能够当场决定的，行政机关应当当场作出书面的行政许可决定

B. 行政机关发现行政许可事项直接关系他人重大利益的，不必告知该利害关系人

C. 依法应当先经下级行政机关审查后报上级行政机关决定的行政许可，下级行政机关应当在法定期限内将初步审查意见和全部申请材料直接报送上级行政机关

D. 根据法定条件和程序，需要对申请材料的实质内容进行核实的，行政机关应当指派两名以上工作人员进行核查

【答案】B

【解析】本题考查的是行政许可的申请和审查。根据《行政许可法》第三十六条规定，行政机关对行政许可申请进行审查时，发现行政许可事项直接关系他人重大利益的，应当告知该利害关系人。故选项 B 符合题意。

7. 下列各项关于行政许可的说法错误的是（　　）。

A. 行政机关可以依法变更已经生效的行政许可

B. 行政机关可以依法撤回已经生效的行政许可

C. 依法取得的行政许可一律不得转让

D. 不是所有依法可以或者应当撤销的行政许可都应予以撤销

【答案】C

【解析】本题考查的是行政许可的变更、撤回、转让和撤销。根据《行政许可法》规定，行政机关不得擅自改变已经生效的行政许可，但是行政许可所依据的法律、法规、规章修改或者废止，或者准予行政许可所依据的客观情况发生重大变化的，为了公共利益的需要，行政机关可以依法变更或者撤回已经生效的行政许可，因此选项 A、B 说法正确。依法取得的行政许可，除法律、法规规定依照法定条件和程序可以转让的外，不得转让，因此选项 C 说法错误。依法可以或者应当撤销的行政许可如果可能对公共利益造成重大损害，不予撤销，因此选项 D 说法正确。故选项 C 符合题意。

8. 申请人隐瞒有关情况或者提供虚假材料申请行政许可的，行政机关不予受理或不予行政许可，并给予的处罚是（　　）。

A. 罚款　　　　B. 行政拘留

C. 警告　　　　D. 罚金

【答案】C

【解析】本题考查的是行政许可的处罚。行政许可申请人隐瞒有关情况或者提供虚假材料申请行政许可的，行政机关不予受理或者不予行政许可，并给予警告。故正确答案是 C。

9. 下列关于行政许可实施的说法，错误的是（　　）。

A. 违反法定程序，作出行政许可决定的，一律予以撤销

B. 国务院实施行政许可的程序，适用有关法律、行政法规的规定

C. 公民、法人或者其他组织从事特定活动，依法需要取得行政许可的，应当向行政机关提出申请

D. 行政机关受理或者不予受理行政许可申请，应当出具加盖本行政机关专用印章和注明日期的书面凭证

【答案】 A

【解析】 本题考查的是行政许可的实施。依法可以或者应当撤销的行政许可如果可能对公共利益造成重大损害，不予撤销。故选项A符合题意。

10. 关于行政许可变更和延续，下列说法错误的是（　　）。

A. 行政机关未经被许可人要求可以主动变更行政许可事项

B. 变更行政许可事项，应当符合法定条件、标准

C. 行政机关应当在行政许可有效期届满前作出是否准予延续的决定

D. 行政机关逾期未作延续行政许可决定的，视为准予延续

【答案】 A

【解析】 本题考查的是行政许可的变更和延续。根据《行政许可法》第八条规定，公民、法人或者其他组织依法取得的行政许可受法律保护，行政机关不得擅自改变已经生效的行政许可。故选项A符合题意。

11. 下列行政许可中，属于不予撤销的情形是（　　）。

A. 依法可以撤销的行政许可，撤销后可能对公共利益造成重大损害的

B. 违反法定程序作出的准予许可决定

C. 行政机关工作人员滥用职权、玩忽职守作出准予行政许可决定的

D. 对不具备申请资格或者不符合法定条件的申请人准予行政许可的

【答案】 A

【解析】 本题考查的是行政许可的撤销。根据《行政许可法》的规定，依法可以或者应当撤销的行政许可如果可能对公共利益造成重大损害，不予撤销。故正确答案是A。

12. 《行政许可法》第十二条所列可以设定行政许可的事项，尚未制定法律、行政法规和地方性法规的，因行政管理的需要，确需立即实施行政许可的，下列选项中可以设定临时性行政许可的是（　　）。

A. 最高人民法院司法解释

B. 国务院部门规章

C. 省、自治区、直辖市人民政府规章

D. 县级以上人民政府决定

【答案】C

【解析】本题考查的是临时性行政许可的设定机关。根据《行政许可法》第十五条规定，《行政许可法》第十二条所列事项，尚未制定法律、行政法规和地方性法规的，因行政管理的需要，确需立即实施行政许可的，省、自治区、直辖市人民政府规章可以设定临时性的行政许可。故正确答案是C。

13. 行政许可所依据的法律、法规、规章修改或者废止，或者准予行政许可所依据的客观情况发生重大变化，为了公共利益的需要，行政机关可以依法对已经生效的行政许可作出的处理决定是（　　）。

A. 撤回　　B. 撤销

C. 注销　　D. 吊销

【答案】A

【解析】本题考查的是行政许可的撤回和信赖保护原则。根据《行政许可法》规定，行政许可所依据的法律、法规、规章修改或者废止，或者准予行政许可所依据的客观情况发生重大变化的，为了公共利益的需要，行政机关可以依法变更或者撤回已经生效的行政许可，由此给公民、法人或者其他组织造成财产损失的，行政机关应当依法给予补偿。故正确答案是A。

14. 根据《行政许可法》规定，下列许可的情形中，行政机关可依法撤回许可的是（　　）。

A. 行政机关实施行政许可违反法定程序

B. 行政机关工作人员滥用职权实施行政许可

C. 行政许可所依据的法律废止

D. 行政许可证件依法被吊销

【答案】C

【解析】本题考查的是行政许可的撤回、撤销和注销。选项A、B属于可以撤销行政许可的情形，选项D属于应当办理行政许可注销手续的情形。故正确答案是C。

15. 依照《行政许可法》的规定，可以不设定行政许可事项的是（　　）。

A. 市场竞争机制可以有效调节的　　B. 直接涉及公共安全的

C. 企业的设立　　D. 有限自然资源的开发利用

【答案】A

【解析】本题考查的是可以不设定行政许可的事项。根据《行政许可法》规定，可以不设定行政许可的事项包括：公民、法人和其他组织能够自主决定的；市场竞争机制能够有效调节的；行业组织或者中介机构能够自律管理的；行政机关采用事后监督等其他行政管理方式能够解决的。故正确答案是A。

16. “公民、法人或者其他组织合法权益因行政机关违法实施行政许可受到损害的，有权依法要求赔偿”，这体现了《行政许可法》的一项基本原则，这个原则是指（　　）。

A. 公开、公正、公平、非歧视原则

B. 法定原则

C. 便民和效率原则

D. 救济原则

【答案】D

【解析】本题考核《行政许可法》的基本原则。“公民、法人或者其他组织合法权益因行政机关违法实施行政许可受到损害的，有权依法要求赔偿”，是《行政许可法》救济原则的体现。故正确答案是D。

17. 下列选项中，属于行政许可区别于其他大多数行政行为的一个显著特征是（　　）。

A. 强制性　　B. 授益性

C. 效力公定性　　D. 一定的自由裁量性

【答案】B

【解析】本题考查的是行政许可的特征。授益性是行政许可区别于其他大多数行政行为的一个显著特征。所谓授益性，是指行政许可的实施是一项对行政相对人有益的行为，是通过行政许可而使行政相对人取得某种资格的行为。故正确答案是B。

18. 根据《行政许可法》的规定，行政机关可以委托实施行政许可，下列关于受委托主体的说法，正确的是（　　）。

A. 只能是其他行政机关

B. 只能是其他行政机关或者符合条件的事业单位

C. 只能是其他行政机关或者符合条件的社会团体

D. 可以是其他行政机关、企事业单位、社会团体或者公民

【答案】A

【解析】本题考查的是行政许可的实施机关。行政机关在其法定职权范围内，依照法律、法规、规章的规定，可以委托“其他行政机关”（只能是行政机关，不包括企事业单位、社会团体或者公民）实施行政许可。故正确答案是 A。

19. 行政许可的实施程序中，（　　）是行政许可公开原则的具体体现。

A. 行政许可事项的公示　　B. 行政许可的申请

C. 对行政许可申请的审查　　D. 行政许可的决定

【答案】A

【解析】行政许可事项的公示是行政许可公开原则的具体体现。行政机关应当将法律、法规、规章规定的有关行政许可的事项、依据、条件、数量、程序、期限以及需要提交的全部材料的目录和申请书示范文本等在办公场所公示。公示的目的在于增加行政的透明度，实现公民的知情权，满足公民对信息的需要，加强公众对行政的监督，防止行政腐败，保护公民的合法权益。

20. 行政许可实施过程中，应当自觉贯彻监督原则，否则将会降低行政许可应有的功效，起不到监管的作用。《行政许可法》第十条规定，（　　）应当建立健全对行政机关实施行政许可的监督制度，加强对行政机关实施行政许可的监督检查。

A. 县级以上监察机关　　B. 县级以上人民政府

C. 县级以上人民代表大会　　D. 县级以上人民代表大会常务委员会

【答案】B

【解析】根据《行政许可法》第十条规定，县级以上人民政府应当建立健全对行政机关实施行政许可的监督制度，加强对行政机关实施行政许可的监督检查。行政机关应当对公民、法人或者其他组织从事行政许可事项的活动实施有效监督。

二、多项选择题

1. 下列关于行政机关受理行政许可申请的说法中错误的有（　　）。

A. 许可事项需要行政机关几个部门办理的，申请人应分别找这几个部门

B. 申请人通过书面和电子邮件两种方式分别递交了申请，申请时间以书面申请递交的时间为准

C. 需要申请人补正资料，应当一次性告知补正要求

D. 需要上级机关审核的事项，由受理机关报请上级机关审核，无须申请人另行申请

【答案】AB

【解析】本题考查的是行政许可的受理。行政许可需要行政机关内设的多个机构办

理的，该行政机关应当确定一个机构统一受理行政许可申请，统一送达行政许可决定。根据《最高人民法院关于审理行政许可案件若干问题的规定》的有关规定，以数据电文方式受理的，自数据电文进入行政机关指定的特定系统之日起计算；数据电文需要确认收讫的，自申请人收到行政机关的收讫确认之日起计算。故选项 A、B 符合题意。

2. 下列各项中，可以不设定行政许可的情形有（　　）。

A. 公民、法人或者其他组织能够自主决定的

B. 市场竞争机制能够有效调节的

C. 行业组织或者中介组织能够自律管理的

D. 企业或者其他组织的设定等需要确定主体资格的事项

【答案】 ABC

【解析】 本题考查的是行政许可的设定。根据《行政许可法》第十三条规定，《行政许可法》第十二条所列事项，通过下列方式能够予以规范的，可以不设行政许可：①公民、法人或者其他组织能够自主决定的；②市场竞争机制能够有效调节的；③行业组织或者中介机构能够自律管理的；④行政机关采用事后监督等其他行政管理方式能够解决的。故正确答案是 A、B、C。

3. 行政许可的监督检查方式包括（　　）。

A. 定期审查　　B. 抽样检查、检验、检测

C. 督促被许可人自检　　D. 实地检查

【答案】 BCD

【解析】 本题考查的是行政许可监督检查的方式。根据《行政许可法》第六十二条规定，行政机关可以对被许可人生产经营的产品依法进行抽样检查、检验、检测，对其生产经营场所依法进行实地检查。行政机关根据法律、行政法规的规定，对直接关系公共安全、人身健康、生命财产安全的重要设备、设施进行定期检验。根据《行政许可法》第六十八条规定，对直接关系公共安全、人身健康、生命财产安全的重要设备、设施，行政机关应当督促设计、建造、安装和使用单位建立相应的自检制度。故正确答案是 B、C、D。

4. 《行政许可法》确立了行政许可的基本原则，包括（　　）。

A. 救济原则　　B. 便民和效率原则

C. 及时性原则　　D. 公开、公正、公平原则

【答案】 ABD

【解析】 本题考查的是行政许可的原则。行政许可的基本原则包括：法定原则，公

开、公正、公平原则，便民和效率原则，救济原则，信赖保护原则，行政许可不得转让原则和监督原则。故正确答案是 A、B、D。

5. 下列关于行政许可实施程序的说法中，正确的有（　　）。

A. 申请人要求行政机关对公示内容予以说明、解释的，行政机关可以根据具体情况决定是否作出说明解释

B. 申请人申请行政许可，应当对其申请材料实质内容的真实性负责，行政机关无须对此进行核查或者履行义务

C. 申请材料不齐全或者不符合法定形式的，应当当场或者 5 日内一次性告知申请人需要补全的全部内容

D. 行政机关提供行政许可申请书格式文本，不得收费，申请人对此无须缴纳费用

【答案】 CD

【解析】 本题考查的是行政许可实施程序。申请人要求行政机关对公示内容予以说明、解释的，行政机关应当说明、解释，提供准确可靠的信息，选项 A 错误。行政机关应当对申请人提交的申请材料进行审查，审查包括形式审查和实质审查，选项 B 错误。故正确答案是 C、D。

6. 下列关于行政许可的说法中正确的是（　　）。

A. 行政许可是要式行政行为

B. 行政机关作出准予行政许可决定的结果是赋予行政相对人以权利

C. 行政许可是依申请的行政行为

D. 行政许可的直接表现形式是宣告某项法律事实或法律关系是否存在

【答案】 ABC

【解析】 本期考查的是行政许可的概念和特征。行政许可是依申请的行政行为、要式行政行为、授益行政行为、特定的审查批准程序的行为。选项 D 是行政确认的特征。故正确答案是 A、B、C。

7. 根据《行政许可法》规定，下列有关行政许可说法正确的有（　　）。

A. 公民、法人或其他组织认为行政机关作出的行政许可决定侵犯其合法权益的，有权向人民法院提起行政诉讼，这主要体现的是《行政许可法》的便民原则

B. 未经公布的规定，不得作为实施行政许可的依据

C. 行政相对人享有陈述权、申辩权，其合法权益因行政机关违法实施行政许可受到损害的，有权依法要求赔偿

D. 准予行政许所依据的客观情况发生重大变化，为了公共利益的需要，行政机

关依法撤回已生效的行政许可的，由此给相对人造成的损失应当予以赔偿

【答案】BC

【解析】本题考查的内容较多，包括许可原则、依据、撤回以及相对人权利等。根据《行政许可法》规定，公民、法人或其他组织认为行政机关作出的行政许可决定侵犯其合法权益的，有权向人民法院提起行政诉讼。这主要体现的是《行政许可法》的救济原则。行政机关因为特定理由撤回已生效的行政行为，由此给相对人造成的损失应当予以补偿，而非赔偿。故正确答案是 B、C。

8. 根据《行政许可法》的规定，可以通过制定规章设定临时性行政许可的有（　　）。

A. 北京市人民政府　　B. 国务院办公厅

C. 国家税务总局　　D. 西藏自治区人民政府

【答案】AD

【解析】本题考查的是临时性行政许可的设定机关。根据《行政许可法》规定，省、自治区、直辖市人民政府制定的规章可以设定临时性行政许可；国务院办公厅属国务院组成机构，国家税务总局属国务院直属机构，均无行政许可设定权。故正确答案是 A、D。

9. 根据《行政许可法》的规定，下列关于行政许可设定权的说法中正确的有（　　）。

A. 国务院部门规章可以设定行政许可

B. 在必要时，国务院可以采用发布决定的方式设定临时性行政许可

C. 法律可以设定行政许可

D. 在特定情况下，自治区人民政府规章可以设定临时性行政许可

【答案】BCD

【解析】本题考查的是行政许可设定权的划分。根据《行政许可法》规定，法律可以设定行政许可，尚未制定法律的，行政法规可以设定行政许可。国务院部门规章无权设定行政许可，但是省、自治区、直辖市人民政府规章可以设定临时性行政许可。选项 A 错误。《行政许可法》取消了国务院各部委的行政许可的设定权，增加了国务院决定可以设定临时性行政许可的规定。故正确答案是 B、C、D。

10. 下列关于行政许可原则的说法正确的有（　　）。

A. 行政许可的设定必须有明确的法律依据，体现了行政许可法定原则

B. 所有行政许可的实施结果都要公开，这是行政许可公开原则的要求

C. 行政机关推行电子政务，方便申请人采取数据电文等方式提出行政许可申

请，体现了便民和效率原则

D. 行政相对人享有申请行政复议和提起诉讼的权利体现了行政许可的监督原则

【答案】AC

【解析】本题考查的是行政许可的原则。行政许可的实施和结果，除涉及国家秘密、商业秘密或个人隐私的外，应当公开，选项 B 说法过于绝对。公民、法人或者其他组织对行政机关实施行政许可，享有陈述权、申辩权；有权依法申请行政复议或者提起行政诉讼；其合法权益因行政机关违法实施行政许可受到损害的，有权依法要求赔偿，这是救济原则的体现，选项 D 错误。故正确答案是 A、C。

11. 行政机关依法作出不予行政许可的书面决定的，还应当作出的行为有（　　）。

A. 说明不予行政许可的理由

B. 告知申请人享有依法申请行政复议的权利

C. 告知申请人享有依法提起行政诉讼的权利

D. 告知申请人依法享有申诉和抗辩权

【答案】ABC

【解析】本题考查的是行政机关不予行政许可应说明和告知的事项。根据《行政许可法》规定，行政机关依法作出不予行政许可的书面决定的，应当说明理由，并告知申请人享有依法申请行政复议或者提起行政诉讼的权利，选项 D 错误。故正确答案是 A、B、C。

12. 行政许可申请人隐瞒有关情况或者提供虚假材料申请行政许可的，行政机关可作出的决定有（　　）。

A. 不予受理　　B. 不予行政许可

C. 给予警告　　D. 罚款

【答案】ABC

【解析】本题考查的是许可申请人隐瞒或提供虚假材料申请行政许可的处理。《行政许可法》规定，行政许可申请人隐瞒有关情况或者提供虚假材料申请行政许可的，行政机关不予受理或者不予行政许可，并给予警告。故正确答案是 A、B、C。

13. 行政许可作为一种授益行政行为，无论行政机关作出准予许可还是不予许可的决定，都可能对有关相对人的合法权益产生一定的不利影响。为了保障当事人在行政许可中的合法权益，《行政许可法》第七条规定，公民、法人或者其他组织对行政机关实施的行政许可（　　）。

A. 享有陈述权、申辩权

B. 有权依法申请行政复议或者提起行政诉讼

C. 其合法权益因行政机关违法实施行政许可受到损害的，有权依法要求赔偿

D. 进行随意的有偿转让

【答案】ABC

【解析】本题考查的是行政许可原则中的救济原则。根据《行政许可法》第七条规定，公民、法人或者其他组织对行政机关实施行政许可，享有陈述权、申辩权；有权依法申请行政复议或者提起行政诉讼；其合法权益因行政机关违法实施行政许可受到损害的，有权依法要求赔偿。

三、判断题

1. 国务院有关部委和直属机构制定的部门规章有权设定一定范围内的行政许可事项。(　　)

【答案】×

【解析】根据《行政许可法》的规定，可以设定行政许可事项的包括法律、行政法规、国务院发布的决定、地方性法规以及省、自治区、直辖市人民政府规章，其他规范性文件一律不得设定行政许可。

2. 行政许可申请可以通过信函、电报、电传、传真、电子数据交换和电子邮件等方式提出。(　　)

【答案】√

【解析】根据《行政许可法》第二十九条规定，行政许可申请可以通过信函、电报、电传、传真、电子数据交换和电子邮件等方式提出。

3. 法律、行政法规设定的行政许可，其适用范围没有地域限制的，申请人取得的行政许可在全国范围内有效。(　　)

【答案】√

【解析】法律由全国人民代表大会及其常务委员会制定，行政法规由国务院制定，其法律效力在全国范围内有效。

4. 国家税务总局有权制定部门规章设定税务行政许可项目。(　　)

【答案】×

【解析】根据《行政许可法》的规定，可以设定行政许可事项的包括法律、行政法规、国务院发布的决定、地方性法规以及省、自治区、直辖市人民政府规章，其他规范性文件一律不得设定行政许可。国家税务总局的规章属于部门规章，不得设定行政许可项目。

5. 有关行政机关对其他行政机关或者对其直接管理的事业单位的人事、财务、外事等事项的审批，亦适用《行政许可法》。(　　)

【答案】 ×

【解析】 根据《行政许可法》第三条规定，有关行政机关对其他机关或者对其直接管理的事业单位的人事、财务、外事等事项的审批，不适用《行政许可法》。

6. 行政机关在其法定职权范围内，依照法律、法规、规章的规定，可以委托其他行政机关实施行政许可。(　　)

【答案】 √

【解析】 根据《行政许可法》第二十四条规定，行政机关在其法定职权范围内，依照法律、法规、规章的规定，可以委托其他行政机关实施行政许可。委托机关应当将受委托行政机关和受委托实施行政许可的内容予以公告。

7. 行政许可一经授权，就不得撤回。(　　)

【答案】 ×

【解析】 根据《行政许可法》第八条第二款规定，行政许可所依据的法律、法规、规章修改或者废止，或者准予行政许可所依据的客观情况发生重大变化的，为了公共利益的需要，行政机关可以依法变更或者撤回已经生效的行政许可。

8. 行政机关在其法定职权范围内，依照法律、法规或者规章的规定，委托其他行政机关实施行政许可，委托行政机关对受委托行政机关实施的行政许可行为的后果承担法律责任。(　　)

【答案】 √

【解析】 符合《行政许可法》第二十四条规定。

9. 经国务院批准，较大的市的人民政府根据精简、统一、效能的原则，可以决定一个行政机关行使有关行政机关的行政许可权。(　　)

【答案】 ×

【解析】 根据《行政许可法》第二十五条规定，经国务院批准，省、自治区、直辖市人民政府根据精简、统一、效能的原则，可以决定一个行政机关行使有关行政机关的行政许可权。

10. 依据法定条件和程序，简单的行政许可决定，需要对申请材料的实质内容进行核实的，行政机关可以指派一名或数名工作人员进行核查。(　　)

【答案】×

【解析】根据《行政许可法》的规定，行政机关应当指派两名以上工作人员进行核查。

11. 在不违反上位法的前提下，规章可以在上位法设定的行政许可事项范围内，对实施该行政许可作出具体规定。（ ）

【答案】√

【解析】根据《行政许可法》第十六条的规定，行政法规可以在法律设定的行政许可事项范围内，对实施该行政许可作出具体规定。地方性法规可以在法律、行政法规设定的行政许可事项范围内，对实施该行政许可作出具体规定。规章可以在上位法设定的行政许可事项范围内，对实施该行政许可作出具体规定。法规、规章对实施上位法设定的行政许可作出的具体规定，不得增设行政许可；对行政许可条件作出的具体规定，不得增设违反上位法的其他条件。

12. 设定和实施行政许可应当公平，公平就意味着每一个申请人都应平分行政许可的利益。（ ）

【答案】×

【解析】只有符合法定的条件和标准，申请人才有依法获得行政许可的平等权利，不符合条件的不能颁发许可。同时，有数量限制的行政许可，两个或者两个以上申请人的申请均符合法定条件和标准的，除法律、行政法规对优先顺序另有规定的外，行政机关应当根据受理行政许可申请的先后顺序作出准予行政许可的决定。

13. 行政机关应当根据被许可人的申请，在该行政许可有效期届满前作出是否准予延续的决定；逾期未作决定的，视为准予延续。（ ）

【答案】√

【解析】根据《行政许可法》规定，行政机关应当根据被许可人的申请，在该行政许可有效期届满前作出是否准予延续的决定；逾期未作决定的，视为准予延续。

14. 申请人通过主观恶意以欺骗、隐瞒等方式获得的行政许可不受保护。（ ）

【答案】√

【解析】信赖保护原则只保护“值得保护的信赖”，获得许可的行政行为应当具有合法性和有效性，不存在主观恶意情况，则其利益应予保护。相反，因申请人通过主观恶意以欺骗、隐瞒等方式获得的许可则不受保护。

15. 申请人委托代理人提出行政许可申请时行政机关可以拒绝受理。(　　)

【答案】×

【解析】根据《行政许可法》第二十九条规定，申请人可以委托代理人提出行政许可申请。但是，依法应当由申请人到行政机关办公场所提出行政许可申请的除外。

16. 行政机关违法实施行政许可，给当事人的合法权益造成损害的，应当依照国家赔偿法的规定给予赔偿。(　　)

【答案】√

【解析】根据《行政许可法》第七十六条规定，行政机关违法实施行政许可，给当事人的合法权益造成损害的，应当依照国家赔偿法的规定给予赔偿。

17. 因法律、法规、规章的修订、废止或行政许可所依据的客观情况发生重大的变化，为了公共利益的需要，行政机关撤回、变更行政许可的，对相对人造成财产损失，不予补偿。(　　)

【答案】×

【解析】根据《行政许可法》第八条规定，公民、法人或者其他组织依法取得的行政许可受法律保护，行政机关不得擅自改变已经生效的行政许可。行政许可所依据的法律、法规、规章修改或者废止，或者准予行政许可所依据的客观情况发生重大变化的，为了公共利益的需要，行政机关可以依法变更或者撤回已经生效的行政许可。由此给公民、法人或者其他组织造成财产损失的，行政机关应当依法给予补偿。

18. 行政许可的申请人提交的材料齐全、符合法定形式的，行政机关必须当场作出决定，并作出书面或口头的行政许可决定。(　　)

【答案】×

【解析】根据《行政许可法》的规定，申请人提交的申请材料齐全、符合法定形式，行政机关能够当场作出决定的，应当当场作出书面的行政许可决定。

19. 行政许可与行政确认都是行政机关依职权的具体行政行为。(　　)

【答案】×

【解析】行政许可只能是依申请的行政行为；行政确认可以是依职权进行的，也可以是依申请进行的。

20. 行政机关举行行政许可听证活动的费用由参与听证的当事人分担。(　　)

【答案】×

【解析】根据《行政许可法》规定，申请人、利害关系人不承担行政机关组织听证的费用。

21. 行政许可申请人提交的申请材料齐全、符合法定形式，行政机关能够当场作出决定的，应当场作出书面的行政许可决定。(　　)

【答案】√

【解析】根据《行政许可法》规定，申请人提交的申请材料齐全、符合法定形式，行政机关能够当场作出决定的，应当当场作出书面的行政许可决定。

22. 依法应当先经下级行政机关审查后报上级行政机关决定的行政许可，下级行政机关应当在法定期限内将初步审查意见和全部申请材料直接报送上级行政机关。(　　)

【答案】√

【解析】根据《行政许可法》规定，依法应当先经下级行政机关审查后报上级行政机关决定的行政许可，下级行政机关应当在法定期限内将初步审查意见和全部申请材料直接报送上级行政机关。上级行政机关不得要求申请人重复提供申请材料。

23. 行政机关实施行政许可和对行政许可事项进行监督检查，不得收取任何费用。但是，行政机关提供行政许可申请书格式文本可以收取工本费。(　　)

【答案】×

【解析】根据《行政许可法》规定，行政机关实施行政许可和对行政许可事项进行监督检查，不得收取任何费用。但是，法律、行政法规另有规定的，依照其规定。行政机关提供行政许可申请书格式文本，不得收费。

24. 被许可人以欺骗、贿赂等不正当手段取得的行政许可，应当给予注销，但对公共利益可能造成重大损害的除外。(　　)

【答案】×

【解析】根据《行政许可法》规定，被许可人以欺骗、贿赂等不正当手段取得行政许可的，应当予以撤销，不是注销。可能对公共利益造成重大损害的，不予撤销。

25. 有关行政许可的规定未经公布，不能成为实施行政许可的依据。(　　)

【答案】√

【解析】根据《行政许可法》规定，有关行政许可的规定应当公布；未经公布的，不得作为实施行政许可的依据。

26. 根据《行政许可法》规定，公民、法人或者其他组织对行政机关实施行政许可，享有陈述权、申辩权。(　　)

【答案】 √

【解析】 根据《行政许可法》规定，公民、法人或者其他组织对行政机关实施行政许可，享有陈述权、申辩权；有权依法申请行政复议或者提起行政诉讼；其合法权益因行政机关违法实施行政许可受到损害的，有权依法要求赔偿。

27. 行政机关实施行政许可的期限包含法定节假日。(　　)

【答案】 ×

【解析】 根据《行政许可法》规定，行政机关实施行政许可的期限以工作日计算，不含法定节假日。

第四章　税务行政处罚

一、单项选择题

1. 行政处罚是拥有行政处罚权的行政主体对违法者实施的一种行政行为，该行为的性质属于（　　）。

A. 保护　　　　B. 纠正

C. 制裁　　　　D. 约束

【答案】 C

【解析】 本题考查行政处罚的性质。行政处罚是对违法者的一种惩罚，是指具有行政处罚法权的行政主体对违反行政法律规范的相对人，依法给予法律制裁的具体行政行为。行政处罚不是对违法行为的纠正，而是对违法行为的制裁。故正确答案是 C。

2. “法无明文规定不得处罚”，该表述体现的行政处罚原则是（　　）。

A. 处罚公正、公开原则　　　　B. 过罚相当原则

C. 处罚与教育相结合原则　　　　D. 处罚法定原则

【答案】 D

【解析】 本题考查税务行政处罚的法定原则。根据《行政处罚法》第四条的规定，公民、法人或者其他组织违反行政管理秩序的行为，应当给予行政处罚的，依照《行政处罚法》由法律、法规、规章规定，并由行政机关依照《行政处罚法》规定的程序实施。行政机关能否对一个行为实施处罚，首要的一点是看该行为是否由法律规定应受处罚。如果一个行为有一定的社会危害性，但当前法律并未规定其应受处罚，行政机关就不得对其实施处罚。即“法无明文规定不得处罚”，它体现了处罚法定原则。故正确答案是 D。

3. 下列有关税务行政处罚目的的说法中，正确的是（　　）。

A. 税务行政处罚的目的在于惩罚，教育只是手段

B. 税务行政处罚的目的在于惩罚，因此惩罚时不用进行教育

C. 税务行政处罚的目的在于教育，惩罚只是手段

D. 税务行政处罚的目的在于教育，因此经教育后改正的就没必要再进行处罚

【答案】C

【解析】本题考查处罚与教育相结合原则的内涵。根据《行政处罚法》第六条规定，实施行政处罚，纠正违法行为，应当坚持处罚与教育相结合，教育公民、法人或者其他组织自觉守法。这是关于处罚目的的表述。行政处罚只是一种手段，通过处罚达到教育相对方改正违法行为，提高守法遵从度才是根本目的。《行政处罚法》中也规定了不予处罚的情形，对违法行为不给予处罚必须同时符合法律规定的要件。例如，《行政处罚法》第三十三条第一款规定，违法行为轻微并及时纠正，没有造成危害后果的，不予行政处罚。选项D的错误在于处罚的目的虽在于教育相对方，除了符合规定的轻微的违法可以不予处罚外，其他违法行为经教育后改正的仍要处罚，否则是行政机关不履行法定职责。故正确答案是C。

4. 行政机关实施的下列行政处罚中，属于行为罚的是（　　）。

A. 通报批评　　B. 罚款

C. 责令停产停业　　D. 没收违法所得

【答案】C

【解析】本题考查行政处罚的分类。按属性归类，行政处罚的种类分为申诫罚、财产罚、行为罚和人身自由罚四类。其中，申诫罚的主要形式是警告、通报批评等；财产罚包括罚款、没收违法所得、没收非法财物等；行为罚的主要形式是暂扣许可证件、降低资质等级、吊销许可证件，限制开展生产经营活动、责令停产停业、责令关闭、限制从业等；人身自由罚主要形式是行政拘留。故正确答案是C。

5. 下列各项中，不属于行政处罚的是（　　）。

A. 降低资质等级　　B. 没收违法所得

C. 责令限期改正　　D. 责令停产停业

【答案】C

【解析】本题考查行政处罚的种类。根据《行政处罚法》第九条规定，处罚的种类有警告、通报批评，罚款、没收违法所得、没收非法财物，暂扣许可证件、降低资质等级、吊销许可证件，限制开展生产经营活动、责令停产停业、责令关闭、限制从业，行政拘留等。选项A、B、D都属于处罚的法定种类。在涉税领域，责令限期改正往往与税务行政处罚并列出现。根据《行政处罚法》第二十八条规定，行政机关实施行政处罚时，应当责令当事人改正或者限期改正违法行为，责令限期改正不属行政处罚行为。故正确答案是C。

6. 下列行为中，属于税务行政处罚的是（　　）。

A. 停止出口退税权

B. 书面通知银行或者其他金融机构冻结存款

C. 停止发售发票

D. 对纳税人申请延期缴纳税款不予核准

【答案】A

【解析】本题考查税务行政处罚的种类。依据《税务行政复议规则》（国家税务总局令第 21 号公布，国家税务总局令第 39 号、第 44 号修改）第十四条规定，行政复议机关受理申请人对税务机关作出的具体行政行为不服提出的行政复议申请，其中第五项列举了税务行政处罚行为，具体指罚款、没收财物和违法所得，以及停止出口退税权。通知银行冻结存款属于税务强制措施，停止发售发票和对纳税人申请延期缴纳税款不予核准均属于税务机关管理措施，它们与处罚的关系是并列的，而非种属关系。故正确答案是 A。

7. 尚未制定法律、行政法规的，国家税务总局可以制定部门规章对违反税收管理秩序的行为设定行政处罚，这种行政处罚可以是（　　）。

A. 一定数额罚款　　B. 没收非法财物

C. 停止出口退税权　　D. 吊销发票准印证

【答案】A

【解析】本题考查行政处罚的设定。根据《行政处罚法》规定，尚未制定法律、行政法规的，国务院部门规章对违反行政管理秩序的行为，可以设定警告、通报批评或者一定数量罚款的行政处罚。罚款的限额由国务院规定。故正确答案是 A。

8. 有权设定限制人身自由的行政处罚是（　　）。

A. 法律　　B. 行政法规

C. 地方法规　　D. 部门规章

【答案】A

【解析】本题考查限制人身自由的行政处罚的设定问题。根据《行政处罚法》第十条规定，法律可以设定各种行政处罚。限制人身自由的行政处罚，只能由法律设定。这是法律对行政处罚的专设权。故正确答案是 A。

9. 下列不可以作为税务行政处罚主体的是（　　）。

A. 各级税务局　　B. 税务所

C. 省以下税务局的稽查局　　D. 县税务局征管科

【答案】D

【解析】税务行政处罚的主体包括：各级税务局、税务分局、税务所和省以下税务局的稽查局。其中，税务所和省以下税务局的稽查局是由《税收征管法》和《税收征管法实施细则》特别授权的税务行政处罚主体。县税务局征管科属于内设机构，不能以自己的名义实施行政行为。故正确答案是D。

10. 根据《行政处罚法》和《税收征管法》的规定，税务所实施行政处罚的最高额度是（　　）。

A. 1000元　　B. 2000元

C. 5000元　　D. 1万元

【答案】B

【解析】本题考查税务所的处罚权限。根据《行政处罚法》第二十三条规定，行政处罚由县级以上地方人民政府具有行政处罚权的行政机关管辖。法律、行政法规另有规定的，从其规定。根据《税收征管法》第七十四条规定，该法规定的行政处罚，罚款额在2000元以下的，可以由税务所决定。税务所虽属于派出机构，但因其得到了《税收征管法》的授权，即可以实施2000元以下的罚款。故正确答案是B。

11. 违法行为轻微并及时纠正，没有造成危害后果的，税务机关依法应当作出的决定是（　　）。

A. 从重予以行政处罚　　B. 从轻予以行政处罚

C. 减轻行政处罚　　D. 不予行政处罚

【答案】D

【解析】本题考查不予处罚问题。依据《行政处罚法》第三十三条规定，违法行为轻微并及时纠正，没有造成危害后果的，不予行政处罚。故正确答案是D。

12. 按照我国法律规定，限制人身自由的行政处罚只能由特定主体实施，该特定主体是（　　）。

A. 税务机关和法律规定的其他机关

B. 公安机关和法律规定的其他机关

C. 人民法院和法律规定的其他机关

D. 人民检察院和法律规定的其他机关

【答案】B

【解析】本题考查限制人身自由行政处罚的实施主体。根据《行政处罚法》第十八条规定，国务院或者省、自治区、直辖市人民政府可以决定一个行政机关行使有关行政机关的行政处罚权，限制人身自由的行政处罚权只能由公安机关和法律规定的其他机关行使。故正确答案是B。

13. 下列关于行政处罚中“一事不再罚”原则的表述正确的是（ ）。

A. 一个违法行为不能进行多种行政处罚

B. 两个行政机关分别依据不同的法律规范给予当事人两个罚款的处罚

C. 对当事人的同一个违法行为，不得给予两次以上罚款的行政处罚

D. 一个违法行为，多个处罚主体不能根据不同的法律规范作出不同种类的处罚

【答案】C

【解析】本题考查“一事不再罚”原则的含义。根据《行政处罚法》第二十九条规定，对当事人的同一个违法行为，不得给予两次以上罚款的行政处罚。这是“一事不再罚”原则的立法表述，避免当事人因一个违法行为而承担过多的经济上的制裁，是对违法当事人经济制裁的总量控制。故正确答案是C。

14. 甲市税务局稽查局在检查中发现该县某服装公司有偷税行为，依法给予其17万元罚款的处罚，该公司已缴纳。后该公司因逃税罪被法院判决处罚金20万元。判决生效后，该公司应向法院缴纳的罚金数额是（ ）。

A. 3万元　　B. 20万元

C. 17万元　　D. 37万元

【答案】A

【解析】本题考查行政处罚折抵问题。依据《行政处罚法》第三十五条规定，违法行为构成犯罪，人民法院判处罚金时，行政机关已经给予当事人罚款的，应当折抵相应罚金。故正确答案是A。

15. 纳税人违反税收法律、行政法规应当给予行政处罚的行为，在一定期限内未被发现的，不再给予行政处罚，这一期限是（ ）。

A. 2年　　B. 5年

C. 10年　　D. 无限期

【答案】B

【解析】本题考查的是处罚时效问题。根据《行政处罚法》第三十六条规定，违法行为在2年内未被发现的，不再给予行政处罚；涉及公民生命健康安全、金融安全且有危害后果的，上述期限延长至5年。法律另有规定的除外。根据《税收征管法》第八十六条规定，违反税收法律、行政法规应当给予行政处罚的行为，在5年内未被发现的，不再给予行政处罚。根据特别法优于一般法的原则，当《行政处罚法》与《税收征管

法》对处罚时效规定不一致，不再适用《行政处罚法》规定的 2 年时效，而是适用《税收征管法》规定的 5 年时效。故正确答案是 B。

16. 税务机关对公民处以一定数额以下的罚款时适用简易程序，该数额是（　　）。

A. 50 元　　B. 100 元

C. 200 元　　D. 1000 元

【答案】C

【解析】本题考查的是简易处罚的适用条件。根据《行政处罚法》第五十一条规定，违法事实确凿并有法定依据，对公民处以 200 元以下、对法人或者其他组织处以 3000 元以下罚款或者警告的行政处罚的，可以当场作出行政处罚决定。故正确答案是 C。

17. 税务机关决定对纳税人偷税行为处以罚款 2 万元，下列关于程序的说法错误的是（　　）。

A. 税务机关作出处罚前对纳税人违法行为进行立案调查

B. 税务机关作出处罚决定前依法给纳税人送达了处罚事项告知书

C. 因事实清楚，驳回纳税人提出要求举行听证的申请

D. 听取纳税人的陈述，并进行复核

【答案】C

【解析】本题考查行政处罚一般程序的规定。根据《行政处罚法》规定，除适用简易程序的违法案件外，行政机关作出处罚决定适用一般程序。一般程序通常包括立案、调查、告知、陈述申辩、复核、审理、作出处罚决定、送达等环节。根据《税务行政处罚听证程序实施办法（试行）》规定，对公民作出 2000 元以上或者对法人或其他组织作出 1 万元以上罚款的，当事人可以提出听证申请，对于当事人提出听证申请的，行政机关应当组织听证。因此选项 C 符合题意。

18. 税务机关作出特定的行政处罚决定前，应当告知纳税人有要求举行听证的权利。该特定的行政处罚决定是（　　）。

A. 对某有限公司处以 8000 元罚款

B. 对某个体工商户处以罚款 1000 元

C. 对某有限公司处以 5000 元罚款

D. 对某个体工商户处以罚款 3000 元

【答案】D

【解析】本题考查税务行政处罚听证的标准。根据《行政处罚法》第六十三条规

定，行政机关作出下列行政处罚决定，应当告知当事人有要求听证的权利，当事人要求听证的，行政机关应当组织听证：①较大数额罚款；②没收较大数额违法所得、没收较大价值非法财物；③降低资质等级、吊销许可证件；④责令停产停业、责令关闭、限制从业；⑤其他较重的行政处罚；⑥法律、法规、规章规定的其他情形。《税务行政处罚听证程序实施办法（试行)》（国税发〔1996〕190 号）第三条规定，该规则所称听证，是指税务机关拟对公民处以 2000 元以上（含本数）罚款，或者对法人或其他组织处以 1 万元以上（含本数）罚款的税务行政处罚决定之前，应当向当事人送达《税务行政处罚事项告知书》，告知当事人已经查明的违法事实、证据、行政处罚的法律依据和拟将给予的行政处罚，并告知有要求举行听证的权利。结合这两项规定来看，税务机关对公民纳税人罚款 2000 元以上就要告知其听证权利。目前，税务行政处罚规定的达到听证程序标准依据于此。故正确答案是 D。

19. 根据规定，纳税人应当在收到《税务行政处罚事项告知书》后，在规定的时间内向税务机关书面提出听证要求。该规定的时间是（　　）。

A. 3 日　　B. 5 日

C. 7 日　　D. 15 日

【答案】B

【解析】本题考查税务行政相对人提出听证申请的时限。《行政处罚法》第六十四条第一项指出，当事人要求听证的，应当在行政机关告知后 5 日内提出。故正确答案是 B。

20. 依照《行政处罚法》的规定：“行政机关在调查或者进行检查时应当向当事人或有关人员出示证件。”这体现了在行政执法过程中必须遵循相关制度，这个制度是指（　　）。

A. 调查制度　　B. 告知制度

C. 表明身份制度　　D. 说明理由制度

【答案】C

【解析】本题考查行政处罚表明身份制度。根据《行政处罚法》第五十五条规定，执法人员在调查或者进行检查时，应当主动向当事人或者有关人员出示执法证件。当事人或者有关人员有权要求执法人员出示执法证件。执法人员不出示执法证件的，当事人或者有关人员有权拒绝接受调查或者检查。这是表明身份制度的体现，故正确答案是 C。

21. 听证主持人由税务机关负责人指定，下列关于听证主持人的说法正确的是（　　）。

A. 应由本案调查人员担任　　B. 应由上一级税务机关的人员担任

C. 应由税务机关聘请的律师担任　D. 应由非本案调查人员担任

【答案】D

【解析】本题考查听证主持人的资格问题。听证会本质上是税务机关给涉税当事人一个陈述、申辩的机会。根据“任何人不能做自己案件法官”的自然公正原则，法律规定听证会主持人不能是本案调查人员。根据《行政处罚法》第六十四条第四项规定，听证由行政机关指定的非本案调查人员主持；当事人认为主持人与本案有直接利害关系的，有权申请回避。《税务行政处罚听证程序实施办法（试行）》（国税发〔1996〕190号印发）第七条又进一步强调，听证由税务机关负责人指定的非本案调查机构的人员主持。故正确答案是D。

22. 纳税人违反纳税申报制度的行为，税务机关可以给予的行政处罚种类是（　　）。

A. 警告　　B. 罚款

C. 责令限期改正　　D. 责令停产停业

【答案】B

【解析】本题考查违反纳税申报制度的法律责任。根据《税收征管法》第六十二条规定，纳税人未按照规定的期限办理纳税申报和报送纳税资料的，或者扣缴义务人未按照规定的期限向税务机关报送代扣代缴、代收代缴税款报告表和有关资料的，由税务机关责令限期改正，可以处2000元以下的罚款；情节严重的，可以处2000元以上1万元以下的罚款。故正确答案是B。

23. 依据《行政处罚法》规定，税务机关对下列情形不予行政处罚的是（　　）。

A. 已满14周岁不满18周岁的未成年人有违法行为的

B. 间歇性精神病人精神正常期间实施的违法行为

C. 违法行为轻微并及时纠正，没有造成危害后果的

D. 主动消除或者减轻违法行为危害后果的

【答案】C

【解析】本题考查不予行政处罚的情形。根据《行政处罚法》第三十条规定，不满14周岁的未成年人有违法行为的，不予行政处罚，责令监护人加以管教；已满14周岁不满18周岁的未成年人有违法行为的，应当从轻或者减轻行政处罚。根据《行政处罚法》第三十一条规定，精神病人、智力残疾人在不能辨认或者不能控制自己行为时有违法行为的，不予行政处罚，但应当责令其监护人严加看管和治疗。间歇性精神病人在精神正常时有违法行为的，应当给予行政处罚。根据《行政处罚法》第三十二条规定，当事人有下列情形之一，应当从轻或者减轻行政处罚：①主动消除或者减轻违法行为危

害后果的；②受他人胁迫或者诱骗实施违法行为的；③主动供述行政机关尚未掌握的违法行为的；④配合行政机关查处违法行为有立功表现的；⑤法律、法规、规章规定其他应当从轻或者减轻行政处罚的。根据《行政处罚法》第三十三条规定，违法行为轻微并及时改正，没有造成危害后果的，不予行政处罚。综合上述规定，正确答案是C。

24. 下列不属于《重大税务案件审理办法》规定的重大税务案件的是（　　）。

A. 根据《重大税收违法案件督办管理暂行办法》督办的案件

B. 应监察、司法机关要求出具认定意见的案件

C. 重大税务行政处罚案件

D. 公安机关已就税收违法行为立案的案件

【答案】D

【解析】本题考查重大税务案件审理受理范围。根据《重大税务案件审理办法》（国家税务总局令第34号公布，国家税务总局令第51号修改）第十一条规定，重大税务案件包括：①重大税务行政处罚案件，具体标准由各省、自治区、直辖市和计划单列市税务局根据本地情况自行制定，报国家税务总局备案；②根据《重大税收违法案件督办管理暂行办法》督办的案件；③应监察、司法机关要求出具认定意见的案件；④拟移送公安机关处理的案件；⑤审理委员会成员单位认为案情重大、复杂，需要审理的案件；⑥其他需要审理委员会审理的案件。有下列情形之一的案件，不属于重大税务案件审理范围：①公安机关已就税收违法行为立案的；②公安机关尚未就税收违法行为立案，但被查对象为走逃（失联）企业，并且涉嫌犯罪的；③国家税务总局规定的其他情形。故正确答案是D。

25. 规范税收处罚裁量权的要求之一是合理裁量，下列不属于合理裁量范畴的是（　　）。

A. 要求税务机关行使处罚裁量权应当符合立法目的

B. 要求税务机关作出的处罚决定要符合比例原则

C. 要求税务机关要维护纳税人合法权益，实现法律效果和社会效果的统一

D. 要求税务机关作出处罚决定必须有法定依据

【答案】D

【解析】本题考查行政处罚合理裁量的范畴。合理裁量要求税务机关行使行政裁量权应当符合立法目的和法律原则。要全面考虑相关事实因素和法律因素，排除不相关因素的干扰，维护纳税人的合法权益，努力实现法律效果与社会效果的统一。在具体实施处罚时应当选择对纳税人权益损害最小的方式，即符合比例原则。选项D属于合法性原则范畴，故正确答案是D。

26. 行政执法人员当场收缴罚款的，必须向当事人出具国务院财政部门或者省、自治区、直辖市人民政府财政部门统一制发专用票据，并应当自收缴罚款之日起一定时间内将罚款交至行政机关。该一定时间为（　　）。

A. 15 日　　B. 10 日

C. 5 日　　D. 2 日

【答案】 D

【解析】 本题考查的知识点是行政机关工作人员上缴当场收缴罚款的期限。一般情形下，作出处罚决定的机关与收缴罚款的机构应当分离，当事人一般要到银行等金融机构缴纳罚款。但特殊情况下，为了工作效率且方便当事人，行政机关可以对当场作出处罚决定的罚款当场收缴。根据《行政处罚法》第七十一条规定，执法人员当场收缴的罚款，应当自收缴罚款之日起 2 日内，交至行政机关；在水上当场收缴的罚款，应当自抵岸之日起 2 日内交至行政机关；行政机关应当在 2 日内将罚款缴付指定的银行。故正确答案是 D。

27. 甲市税务局稽查局拟对某机床公司偷税行为作出罚款 45000 元的处罚，于 2021 年 8 月 13 日（星期五）制作并按规定送达了《税务行政处罚事项告知书》。该机床公司有权在（　　）向 A 市税务局稽查局提出听证申请。

A. 8 月 16 日前　　B. 8 月 18 日前

C. 8 月 19 日前　　D. 8 月 20 日前

【答案】 D

【解析】 本题考查的知识点是行政处罚期间计算问题。根据《行政处罚法》第六十四条第一项规定，当事人要求听证的，应当在行政机关告知后 5 日内提出。根据《行政处罚法》第八十五条规定，该法中“2 日”“3 日”“5 日”“7 日”的规定是指工作日，不含法定节假日。本题中税务机关送达日期是 8 月 13 日，星期五。随后的 8 月 14 日和 15 日是法定节假日，不计算在内。因此，应从 8 月 16 日开始计算，该机床公司有权在 8 月 20 日前提出听证申请。故正确答案是 D。

二、多项选择题

1. 下列原则中，属于税务行政处罚必须坚持的原则有（　　）。

A. 处罚法定原则　　B. 处罚公正、公开原则

C. 过罚相当原则　　D. 双方协商原则

【答案】 ABC

【解析】 本题考查行政处罚基本原则。根据《行政处罚法》第四条规定，公民、法人或者其他组织违反行政管理秩序的行为，应当给予行政处罚的，依照该法由法律、法

规、规章规定，并由行政机关依照该法规定的程序实施。这体现处罚法定原则。一种行为即使有一定的社会危害性，但没有法律、法规或者规章规定其应受到处罚，行政机关对该行为就不能处罚。应受处罚的行为还应由法定的主体依照法定程序实施处罚。这都是处罚法定原则的要求。根据《行政处罚法》第五条规定，行政处罚遵循公正、公开的原则。设定和实施行政处罚必须以事实为依据，与违法行为的事实、性质、情节以及社会危害程度相当，这体现过罚相当原则。故处罚法定原则、处罚公正、公开原则及过罚相当原则都是税务行政处罚必须坚持的原则。税务行政处罚是税务机关依法对违法的相对方作出的制裁行为，一般不允许双方协商。故正确答案是 A、B、C。

2. 处罚法定原则是行政处罚的首要原则，它包括（　　）。

A. 处罚的依据法定　　B. 处罚的对象法定

C. 处罚的权限法定　　D. 处罚的程序法定

【答案】 ACD

【解析】 本题考查处罚法定原则的内涵。根据《行政处罚法》第四条规定，公民、法人或者其他组织违反行政管理秩序的行为，应当给予行政处罚的，依照该法由法律、法规、规章规定，并由行政机关依照该法规定的程序实施。根据《行政处罚法》第三十八条规定，行政处罚没有依据或者实施主体不具有行政主体资格的，行政处罚无效。违反法定程序构成重大且明显违法的，行政处罚无效。这一规定确立了行政处罚的法定原则。这也是行政机关在实施处罚时首先要遵守的基本原则。处罚法定原则包含设定法定、依据法定、程序法定主体法定和权限法定。税务机关在处罚时，要注意同时满足上述要求，作出的处罚行为才是合法的。故正确答案是 A、C、D。

3. 行政处罚公正原则要求处罚的设定和实施必须以事实为依据，并要适当考虑的因素是（　　）。

A. 违法行为的事实　　B. 违法行为的性质

C. 违法行为与后果的因果关系　　D. 违法行为的社会危害程度

【答案】 ABD

【解析】 此题体现了行政处罚公正原则，是指行政处罚的设定与实施要公平公正、不能偏私，是行政处罚实体公正的体现。根据《行政处罚法》第五条第二款规定，设定和实施行政处罚必须以事实为依据，与违法行为的事实、性质、情节以及社会危害程度相当。故正确答案是 A、B、D。

4. 依据《行政处罚法》相关规定，下列属于行政处罚主体的有（　　）。

A. 所有行政机关　　B. 有法定处罚权的行政机关

C. 法律、法规、规章授权的组织　D. 法律、法规授权的组织

【答案】BD

【解析】本题考查行政主体的要件。根据《行政处罚法》第十七条规定，行政处罚由具有行政处罚权的行政机关在法定职权范围内实施。根据《行政处罚法》第十九条规定，法律、法规授权的具有管理公共事务职能的组织可以在法定授权范围内实施行政处罚。由此可见，并非所有行政机关均拥有处罚权，只有拥有法定处罚权的行政机关才可实施处罚。另外，具有管理公共事务职能的组织在法律、法规授权的情形下也可在授权范围内实施处罚，例如卫生防疫站得到食品卫生法的授权，可以行使一定的食品卫生监督职责，包括依法处罚职责。故正确答案是 B、D。

5. 下列关于税务行政处罚管辖权的说法，正确的是（　　）。

A. 应给予行政处罚的违法行为，通常由“违法行为发生地”的税务机关管辖，体现了地域管辖

B. 应给予行政处罚的违法行为，一律由县以上税务机关管辖，体现了级别管辖

C. 对同一违法行为，两个或者两个以上税务机关都有处罚管辖权的，体现了共同管辖

D. 税务机关受理了不属于自己管辖的案件，应及时将案件移送有管辖权的税务机关实施查处，体现了移送管辖

【答案】ACD

【解析】本题考查行政处罚的管辖。根据《行政处罚法》第二十二条规定，行政处罚由违法行为发生地的行政机关管辖。法律、行政法规、部门规章另有规定的，从其规定。选项 A 正确。根据《税收征管法》第七十四条规定，《税收征管法》规定的行政处罚，罚款额在 2000 元以下的，可以由税务所决定。可见税务行政处罚并不一律由县以上税务机关管辖，可能由税务所管辖，选项 B 错误。根据《行政处罚法》第二十五条规定，两个以上行政机关都有管辖权的，由最先立案的行政机关管辖。这是共同管辖的处理原则，选项 C 正确。行政机关受理了不属于自己管辖的案件，将案件移送有管辖权的机关，称为移送管辖。税务机关在实施税务行政处罚过程中，发现自己对查处的案件没有管辖权时，应当及时将案件移送有管辖权的税务机关实施查处，选项 D 正确。故正确答案是 A、C、D。

6. 下列关于受委托组织行使行政处罚权的表述，正确的有（　　）。

A. 受委托组织可以根据情况，经委托方行政机关批准将处罚权再转委托给其他组织或个人行使

B. 受委托组织应在委托范围内实施行政处罚

C. 受委托组织承担实施行政处罚而产生的法律责任

D. 受委托组织要以委托机关的名义实施行政处罚

【答案】BD

【解析】本题考查行政处罚权的委托行使。根据《行政处罚法》第二十条规定，对委托实施行政处罚关键要把握四点：一是委托方将处罚权限委托出去不是随意行为，而是必须有法律依据；二是受托方不能将处罚权再转委托；三是受托方实施处罚时必须以委托机关的名义；四是产生的法律责任由委托方承担。故正确答案是B、D。

7. 根据《行政处罚法》的规定，纳税人在面临税务机关处罚时享有的权利有（　　）。

A. 对执法者身份、违法事实、处罚依据等事项的知情权

B. 在税务机关处罚之前陈述、申辩的权利

C. 对行政处罚决定不服而提起行政复议、行政诉讼的权利

D. 提出撤回处罚的申请权

【答案】ABC

【解析】本题考查行政处罚相对人的权利。在行政处罚中，相对人的权利主要由三大部分构成：一是处罚之前的知情权，包括对执法人员身份的知情权，对自己违法行为的知情权，对处罚的依据和将面临何种处罚的知情权。二是在处罚实施过程中的参与权利，主要是陈述权、申辩权。三是对处罚决定不服的救济权利，包括申请复议权、提起行政诉讼权和申请国家赔偿权。故正确答案是A、B、C。

8. 下列关于税务行政处罚的陈述，正确的是（　　）。

A. 对公民和组织实施税务行政处罚必须有法定依据，法无明文规定不得处罚

B. 税务行政处罚必须由法定的国家机关在其职权范围内设定

C. 税务行政处罚必须以事实为依据

D. 国家税务总局可以针对纳税人的违法行为设定各种税务行政处罚

【答案】ABC

【解析】本题主要考查税务行政处罚的设定和实施。处罚要以事实为依据，以法律规定为准绳。处罚法定原则要求“法无明文规定不得处罚”。根据《行政处罚法》第十七条规定，行政处罚由具有行政处罚权的行政机关在法定职权范围内实施。国家税务总局可以制定部门规章，对纳税人的违法行为设定行政处罚，但是处罚的种类仅限于警告、通报批评和一定数额的罚款，而不是各种税务行政处罚。需要注意的是，国家税务总局制定的税务规范性文件一律不得设定税务行政处罚。故正确答案是A、B、C。

9. 税务机关实施的下列行为中，属于税务行政处罚的有（　　）。

A. 对未按期申报的纳税人下达责令限期改正通知书

B. 对欠缴税款的纳税人的法定代表人，通知出入境管理部门阻止其出境

C. 对未按规定开具发票的纳税人，处以 1 万元以下的罚款

D. 对某出口企业停止办理出口退税

【答案】 CD

【解析】 本题考查税务行政处罚的种类。根据《行政处罚法》《税收征管法》及其实施细则，目前明确的税务行政处罚的种类有罚款，没收违法所得、没收非法财物，以及停止办理出口退税。对未按期申报的纳税人下达责令限期改正通知书，是对违法行为的纠正措施，而不是制裁措施，所以该项不属于税务行政处罚。对欠缴税款的纳税人的法定代表人，税务机关通知出入境管理部门阻止其出境，这是减少税款流失的一种保障措施，并非行政处罚。而且在该项措施中，法律仅赋予税务机关通知权，而没有具体的阻止出境权，具体实施权在国家出入境管理部门。故正确答案是 C、D。

10. 税务机关在作出行政处罚决定前，应制作《税务行政处罚事项告知书》，告知纳税人的事项包括（　　）。

A. 当事人违法行为事实、其相应的证据及所触犯的法律规范

B. 拟作出的行政处罚种类、幅度范围和标准

C. 当事人依法享有的陈述、申辩、要求听证等权利

D. 申请行政复议和提起行政诉讼的途径和期限

【答案】 ABC

【解析】 本题考查行政处罚事项告知的内容。根据《行政处罚法》第四十四条规定，行政机关在作出行政处罚决定之前，应当告知当事人拟作出的行政处罚内容及事实、理由、依据，并告知当事人依法享有的陈述、申辩、要求听证等权利。根据《行政处罚法》第四十五条规定，当事人有权进行陈述和申辩。行政机关必须充分听取当事人的意见，对当事人提出的事实、理由和证据，应当进行复核；当事人提出的事实、理由或者证据成立的，行政机关应当采纳。根据《行政处罚法》第五十九条规定，行政机关依照该法规定给予行政处罚，应当制作行政处罚决定书。行政处罚决定书应当载明下列事项：①当事人的姓名或者名称、地址；②违反法律、法规、规章的事实和证据；③行政处罚的种类和依据；④行政处罚的履行方式和期限；⑤申请行政复议、提起行政诉讼的途径和期限；⑥作出行政处罚决定的行政机关名称和作出决定的日期。《税务行政处罚事项告知书》中不包含告知申请行政复议和提起行政诉讼的途径和期限，应在《税务行政处罚决定书》中告知此权利，选项 D 错误。故正确答案是 A、B、C。

11. 下列行政行为中，属于行政处罚的有（　　）。

A. 通报批评　　B. 降低资质等级

C. 限制从业　　D. 冻结存汇款

【答案】ABC

【解析】本题考查行政处罚的种类。本题考查行政处罚的种类。根据《行政处罚法》第九条规定，处罚的种类有警告、通报批评，罚款，没收违法所得、没收非法财物，暂扣许可证件、降低资质等级、吊销许可证件，限制开展生产经营活动、责令停产停业、责令关闭、限制从业，行政拘留等。选项 D 属于行政强制措施。故正确答案是 A、B、C。

12. 甲市税务局稽查局计划对该市房地产企业实施行业检查，检查时应当遵循的法定要求有（　　）。

A. 出示税务检查证　　B. 出示税务检查通知书

C. 为被检查人保守秘密　　D. 必要时可以实施搜查

【答案】ABC

【解析】本题考查税务检查的基本要求。根据《税收征管法》第五十九条规定，税务机关派出的人员进行税务检查时，应当出示税务检查证和税务检查通知书，并有责任为被检查人保守秘密；未出示税务检查证和税务检查通知书的，被检查人有权拒绝检查。搜查权是一种特殊的权力。根据《刑事诉讼法》第一百三十六条规定，为了收集犯罪证据、查获犯罪人，侦查人员可以对犯罪嫌疑人以及可能隐藏罪犯或者犯罪证据的人的身体、物品、住处和其他有关的地方进行搜查。前述所称“侦查人员”是指公安机关、检察机关以及国家安全机关等有权行使“侦查权”的国家机关工作人员。除此之外，其他任何单位和个人都无权进行搜查。税务机关依据《税收征管法》享有的是检查权，而不是搜查权。故正确答案是 A、B、C。

13. 税务行政处罚的执行是指通过一定方式，使依法作出的行政处罚决定得以履行或达到与履行相同状态的行政执法活动。下列属于税务行政处罚决定的执行方式的是（　　）。

A. 没收违法所得

B. 当事人通过银行和其他金融机构自动履行缴纳罚款

C. 当场收缴罚款

D. 强制执行

【答案】BCD

【解析】本题考查行政处罚决定的执行。根据《行政处罚法》第六十六条规定，行政处罚决定依法作出后，当事人应当在行政处罚决定书载明的期限内，予以履行。根据《行政处罚法》第六十七条规定，作出罚款决定的行政机关应当与收缴罚款的机构分离。除依照规定当场收缴的罚款外，作出行政处罚决定的行政机关及其执法人员不得自行收缴罚款。当事人应当自收到行政处罚决定书之日起 15 日内，到指定的银行或者通过电子支付系统缴纳罚款。银行应当收受罚款，并将罚款直接上缴国库。根据《行政处罚法》第七十二条规定，当事人逾期不履行行政处罚决定的，作出行政处罚决定的行政机关可以采取下列措施：①到期不缴纳罚款的，每日按罚款数额的 3% 加处罚款，加处罚款的数额不得超出罚款的数额；②根据法律规定，将查封、扣押的财物拍卖、依法处理或者将冻结的存款、汇款划拨抵缴罚款；③根据法律规定，采取其他行政强制执行方式；④依照《中华人民共和国行政强制法》的规定申请人民法院强制执行。选项 A 没收违法所得属于行政处罚种类，不属于执行方式。故正确答案是 B、C、D。

14. 按照《行政处罚法》关于行政处罚普通程序的规定，下列程序事项中，必经的事项有（　　）。

A. 调查　　B. 告知

C. 听证　　D. 送达处罚决定书

【答案】 ABD

【解析】 本题考查行政处罚的普通程序。根据《行政处罚法》的规定，处罚的普通程序中必经的程序事项有立案、调查（检查）、告知、陈述申辩、复核、审理、作出处罚决定、制作并送达处罚决定书。而听证并不是处罚的必经程序，在处罚过程中是否举行听证会，取决于该项处罚是否属于提出听证的范围，且取决于当事人是否要求听证。故正确答案是 A、B、D。

15. 税务机关适用简易程序处罚，必须具备的条件有（　　）。

A. 有法定依据

B. 违法事实清楚、确凿

C. 对自然人处以 100 元以下的罚款

D. 对法人或其他组织处以 3000 元以下的罚款

【答案】 ABD

【解析】 本题考查简易程序的法定条件。依据《行政处罚法》第五十一条规定，违法事实确凿并有法定依据，对公民处以 200 元以下、对法人或者其他组织处以 3000 元以下罚款或者警告的行政处罚的，可以当场作出行政处罚决定。故正确答案是 A、B、D。

16. 按照简易程序实施的税务行政处罚，下列属于法定要求的事项有（　　）。

A. 向受处罚人表明身份，出示证件

B. 制作并送达书面的《税务行政处罚事项告知书》

C. 听取受处罚人的陈述或辩解

D. 向受处罚人送达行政处罚决定书

【答案】 ACD

【解析】 本题考查简易程序的要求。根据《行政处罚法》第四十四条规定，行政机关在作出行政处罚决定之前，应当告知当事人拟作出的行政处罚内容及事实、理由、依据，并告知当事人依法享有的陈述、申辩、要求听证等权利。这项告知要求体现在处罚普通程序中，就是税务机关要向相对方送达《税务行政处罚事项告知书》，但在简易程序中，法律并未要求税务机关必须送达书面的告知书，而是可以进行口头告知。根据《行政处罚法》第四十五条第一款规定，当事人有权进行陈述和申辩。行政机关必须充分听取当事人的意见，对当事人提出的事实、理由和证据，应当进行复核；当事人提出的事实、理由或者证据成立的，行政机关应当采纳。根据这一规定，不管是按照简易程序实施处罚，还是按照一般程序实施处罚，税务机关在作出行政处罚之前必须充分听取当事人的陈述和申辩。根据《行政处罚法》第五十二条第一款规定，执法人员当场作出行政处罚决定的，应当向当事人出示执法证件，填写预定格式、编有号码的行政处罚决定书，并当场交付当事人。依据上述规定，故正确答案是 A、C、D。

17. 税务机关在认定行政相对人的行为是否构成税收违法行为时，需要作出判断的事项有（　　）。

A. 是否是税收违法行为主体

B. 是否造成社会不良影响

C. 是否存在违反税法规定，给国家造成损害的情形

D. 是否属于税法中规定的应予行政处罚的情形

【答案】 ACD

【解析】 本题考查税收违法行为认定事项。在认定行政相对人的行为是否构成税收违法行为时，应从以下几个方面作出判断：①是否是税收违法行为主体；②税收违法行为人是否存在主观过错；③是否存在违反税法规定，给国家造成损害的情形；④是否属于税法中规定的应予行政处罚的情形。只有符合以上四种情形，才可以给予税务行政处罚。造成社会不良影响不同于给国家造成损害，不必然给予税务行政处罚。故正确答案是 A、C、D。

18. 税务机关拟对某企业拒绝接受税务检查的行为处以 1 万元的罚款。在《税务行政处罚事项告知书》中依法应当告知纳税人的权利包括（　　）。

A. 陈述申辩权　　B. 听证申请权

C. 回避申请权　　D. 复议申请权

【答案】AB

【解析】在税务行政处罚过程中，纳税人享有陈述申辩权，本题中税务机关拟对某纳税人的违法行为处以1万元的罚款，达到了要求听证的标准。在《税务行政处罚事项告知书》中，税务机关应告知纳税人享有陈述申辩权和听证申请权。回避申请权贯穿行政处罚全过程，发现应回避的情形，税务人员应主动回避，当事人也可以申请回避。另外在听证环节也要告知申请回避权。而复议申请权则是在税务行政处罚决定作出之后，纳税人对处罚决定不服而提请复议机关审理的一种权利。故正确答案是A、B。

19. 下列有关税务行政处罚中纳税人陈述权、申辩权的表述，正确的有（　　）。

A. 纳税人在行政处罚决定作出前，均享有陈述权、申辩权

B. 对纳税人的陈述、申辩，税务机关应当进行复核

C. 纳税人陈述、申辩理由不成立的，加重处罚

D. 拒绝听取当事人的陈述、申辩的，税务机关不得作出行政处罚决定

【答案】ABD

【解析】本题考查处罚中的陈述申辩权。根据《行政处罚法》第四十五条规定，当事人有权进行陈述和申辩。行政机关必须充分听取当事人的意见，对当事人提出的事实、理由和证据，应当进行复核；当事人提出的事实、理由或者证据成立的，行政机关应当采纳。行政机关不得因当事人陈述、申辩而给予更重的处罚。根据《行政处罚法》第六十二条规定，行政机关及其执法人员在作出行政处罚决定之前，未依照规定向当事人告知拟作出的行政处罚内容及事实、理由、依据，或者拒绝听取当事人的陈述、申辩，不得作出行政处罚决定；当事人明确放弃陈述或者申辩权利的除外。故正确答案是A、B、D。

20. 对当事人违法行为作出下列行政处罚决定，当事人可以要求举行听证的是（　　）。

A. 警告　　B. 责令停产停业

C. 吊销许可证件　　D. 较大数额罚款

【答案】BCD

【解析】本题考查行政处罚听证的法定条件。根据《行政处罚法》第六十三条规定，行政机关拟作出下列行政处罚决定，应当告知当事人有要求听证的权利，当事人要求听证的，行政机关应当组织听证：较大数额罚款；没收较大数额违法所得、没收较大价值非法财物；降低资质等级、吊销许可证件；责令停产停业、责令关闭、限制从业；

其他较重的行政处罚；法律、法规、规章规定的其他情形。故正确答案是 B、C、D。

21. 税务行政处罚听证应当公开进行，但涉及一定情形时听证不公开进行，这些情形有（　　）。

A. 国家秘密　　B. 商业秘密

C. 个人隐私　　D. 工作秘密

【答案】ABC

【解析】本题考查不公开举行听证会的法定情形。根据《行政处罚法》第六十四条第三项规定，除涉及国家秘密、商业秘密或者个人隐私依法予以保密外，听证公开举行。故正确答案是 A、B、C。

22. 下列关于税务行政处罚听证的表述中，正确的有（　　）。

A. 当事人不承担举行听证的费用

B. 符合税务行政处罚听证条件的，当事人要求听证时，组织听证是税务机关的法定义务

C. 当事人要求听证应在《税务行政处罚事项告知书》送达后 5 日内提出

D. 当事人应当亲自参加听证

【答案】ABC

【解析】本题考查行政处罚听证相关规定。根据《行政处罚法》和《税务行政处罚听证程序实施办法（试行）》（国税发〔1996〕190 号）规定，听证费用由组织听证的税务机关支付，不得由要求听证的当事人承担或者变相承担；听证是纳税人的一项权利，只要纳税人符合条件，就有权向税务机关书面提出听证申请，税务机关就有义务为其举行听证会；当事人要求听证应在《税务行政处罚事项告知书》送达后 5 日内向税务机关书面提出；当事人可以亲自参加听证，也可以委托 1 ~ 2 人代理。故正确答案是 A、B、C。

23. 根据税务行政处罚程序的规定，下列选项中的当事人有权要求举行听证的有（　　）。

A. 拟被处以 3000 元罚款的个体户李某

B. 拟被处以 20000 元罚款的某有限责任公司

C. 拟被处以没收 8000 元罚款的某面粉厂

D. 拟被处以没收 1000 元罚款的个体户张某

【答案】AB

【解析】本题考查举行税务行政处罚听证的法定情形。税务机关对公民作出 2000 元

以上（含本数）罚款或者对法人或者其他组织作出1万元以上（含本数）罚款的行政处罚之前，应当向当事人送达《税务行政处罚事项告知书》，告知当事人已经查明的违法事实、证据、行政处罚的法律依据和拟将给予的行政处罚，并告知有要求举行听证的权利。故正确答案是A、B。

24. 当事人有下列情形之一，税务机关应当依法从轻或者减轻行政处罚的有（　　）。

A. 主动消除或者减轻违法行为危害后果的

B. 受他人胁迫实施违法行为的

C. 配合税务机关查处违法行为有立功表现的

D. 不满14周岁的未成年人有违法行为的

【答案】ABC

【解析】本题考查从轻、减轻处罚的法定情形。依据《行政处罚法》第三十条规定，不满14周岁的未成年人有违法行为的，不予行政处罚，责令监护人加以管教；已满14周岁不满18周岁的未成年人有违法行为的，应当从轻或者减轻行政处罚。根据《行政处罚法》第三十二条规定，当事人有下列情形之一的，应当从轻或者减轻行政处罚：①主动消除或者减轻违法行为危害后果的；②受他人胁迫或者诱骗实施违法行为的；③主动供述行政机关尚未掌握的违法行为的；④配合行政机关查处违法行为有立功表现的；⑤法律、法规、规章规定其他应当从轻或者减轻行政处罚的。故正确答案是A、B、C。

25. 执法人员当场作出行政处罚决定并收缴罚款的，正确的做法是（　　）。

A. 必须向当事人出具国务院财政部门或者省、自治区、直辖市人民政府财政部门统一制发的专用票据

B. 适用于依法给予200元以下罚款的情况

C. 执法人员应当自收缴罚款之日起2日内，将罚款交至行政机关

D. 执法人员应当自收缴罚款之日起2日内，将罚款交至指定银行

【答案】AC

【解析】本题考查当场收缴罚款的要求。根据《行政处罚法》第六十八条第一项的规定，依法给予100元以下的罚款的，执法人员可以当场收缴。根据《行政处罚法》第七十条规定，行政机关及其执法人员当场收缴罚款的，必须向当事人出具国务院财政部门或者省、自治区、直辖市人民政府财政部门统一制发的专用票据；不出具财政部门统一制发的专用票据的，当事人有权拒绝缴纳罚款。根据《行政处罚法》第七十一条规定，执法人员当场收缴的罚款，应当自收缴罚款之日起2日内，交至行政机关；在水上

当场收缴的罚款，应当自抵岸之日起2日内交至行政机关；行政机关应当在2日内将罚款缴付指定的银行。依据上述规定，故正确答案是A、C。

26. 纳税人逾期不履行罚款的行政处罚决定，并且在复议期、诉讼期内未提出复议、诉讼的，作出处罚决定的税务机关可以采取的措施是（　　）。

A. 到期不缴纳罚款的，每日按罚款数额的3%加处罚款

B. 依法实施强制执行

C. 向人民法院起诉

D. 申请人民法院强制执行

【答案】ABD

【解析】本题考查强制执行措施。根据《行政处罚法》第七十二条规定，当事人逾期不履行行政处罚决定的，作出行政处罚决定的行政机关可以采取下列措施：①到期不缴纳罚款的，每日按罚款数额的3%加处罚款，加处罚款的数额不得超出罚款的数额；②根据法律规定，将查封、扣押的财物拍卖、依法处理或者将冻结的存款、汇款划拨抵缴罚款；③根据法律规定，采取其他行政强制执行方式；④依照《中华人民共和国行政强制法》的规定申请人民法院强制执行。根据《税收征管法》第八十八条第三款规定，当事人对税务机关的处罚决定逾期不申请行政复议也不向人民法院起诉、又不履行的，作出处罚决定的税务机关可以采取该法第四十条规定的强制执行措施，或者申请人民法院强制执行。故正确答案是A、B、D。

27. 按照规定，下列关于不予行政处罚的说法正确的有（　　）。

A. 违反税收法律、行政法规应当给予行政处罚的行为，在2年内未被发现的，不再给予行政处罚

B. 税收违法行为轻微并及时改正，没有造成危害后果的，不予行政处罚

C. 初次税收违法且危害后果轻微并及时改正的，可以不予行政处罚

D. 当事人有证据足以证明没有主观过错的，不予税务行政处罚

【答案】BCD

【解析】本题考查不予处罚的法定情形。根据《行政处罚法》第三十六条规定，违法行为在2年内未被发现的，不再给予行政处罚；法律另有规定的除外。根据《税收征管法》第八十六条规定，违反税收法律、行政法规应当给予行政处罚的行为，在5年内未被发现的，不再给予行政处罚。根据《行政处罚法》第三十三条规定，违法行为轻微并及时改正，没有造成危害后果的，不予行政处罚。初次违法且危害后果轻微并及时改正的，可以不予行政处罚。当事人有证据足以证明没有主观过错的，不予行政处罚。法律、行政法规另有规定的，从其规定。故正确答案是B、C、D。

28. 《行政处罚法》关于“三项制度”的下列表述，说法正确的有（　　）。

A. 所有的行政处罚决定均应当依法公开

B. 行政机关应当依法以文字、音像等形式，对行政处罚进行全过程记录，归档保存

C. 行政机关中从事行政处罚决定法制审核的人员，应当通过国家统一法律职业资格考试取得法律职业资格

D. 行政处罚的实施机关、立案依据、实施程序和救济渠道等信息应当公示

【答案】 BD

【解析】 根据《行政处罚法》第四十八条规定，具有一定社会影响的行政处罚决定应当依法公开。根据《行政处罚法》第四十七条规定，行政机关应当依法以文字、音像等形式，对行政处罚的启动、调查取证、审核、决定、送达、执行等进行全过程记录，归档保存。根据《行政处罚法》第五十八条第二款规定，行政机关中初次从事行政处罚决定法制审核的人员，应当通过国家统一法律职业资格考试取得法律职业资格。根据《行政处罚法》第三十九条规定，行政处罚的实施机关、立案依据、实施程序和救济渠道等信息应当公示。故正确答案为 B、D。

三、判断题

1. 当事人未按照税务处罚决定的期限履行的，作出处罚决定的税务机关即可采取强制措施或强制执行。（　　）

【答案】 ×

【解析】 根据《税收征管法》第八十八条第三款规定，当事人对税务机关的处罚决定逾期不申请行政复议也不向人民法院起诉、又不履行的，作出处罚决定的税务机关可以采取该法第四十条规定的强制执行措施，或者申请人民法院强制执行。

2. 行政处罚没有依据或违反法定程序构成重大且明显违法的，行政处罚无效。（　　）

【答案】 √

【解析】 根据《行政处罚法》第三十八条规定，行政处罚没有依据或者实施主体不具有行政主体资格的，行政处罚无效。违反法定程序构成重大且明显违法的，行政处罚无效。

3. 税务机关派出的人员进行税务检查时，未出示税务检查证和税务检查通知书的，被检查人有权拒绝检查。（　　）

【答案】 √

【解析】 依据《税收征管法》第五十九条规定，税务机关派出的人员进行税务检查时，应当出示税务检查证和税务检查通知书，并有责任为被检查人保守秘密；未出示税务检查证和税务检查通知书的，被检查人有权拒绝检查。

4. 税务行政主体包括税务机关和法律、法规授权的组织。（　　）

【答案】 √

【解析】 根据《行政处罚法》第二十三条规定，行政处罚由县级以上地方人民政府具有行政处罚权的行政机关管辖。法律、行政法规另有规定的，从其规定。因此县级以上税务机关为法律规定具有税务行政处罚权的机关。根据《税收征管法》第七十四条规定，该法规定的行政处罚，罚款额在 2000 元以下的，可以由税务所决定。根据《税收征管法实施细则》第九条规定，《税收征管法》第十四条所称按照国务院规定设立的并向社会公告的税务机构，是指省以下税务局的稽查局。稽查局专司偷税、逃避追缴欠税、骗税、抗税案件的查处。可见，税务所和稽查局属于法律、法规授权，具有行政处罚权的组织。

5. 为了提高管理效率，行政机关依照法律规定，可在其法定权限内委托符合法律规定的组织实施行政处罚权，由受委托组织对处罚后果承担法律责任。（　　）

【答案】 ×

【解析】 根据《行政处罚法》第二十条规定，行政机关依照法律、法规、规章的规定，可以在其法定权限内书面委托符合规定条件的组织实施行政处罚。行政机关不得委托其他组织或者个人实施行政处罚。委托行政机关对受委托的组织实施行政处罚的行为应当负责监督，并对该行为的后果承担法律责任。受委托组织在委托范围内，以委托行政机关名义实施行政处罚；不得再委托其他任何组织或者个人实施行政处罚。

6. 税务机关举行处罚听证会的费用，由提出听证申请的当事人承担。（　　）

【答案】 ×

【解析】 依据《行政处罚法》第六十三条规定，当事人不承担行政机关组织听证的费用。同时根据《税务行政处罚听证程序实施办法（试行）》（国税发〔1996〕190 号）第二十一条规定，听证费用由组织听证的税务机关支付，不得要求申请听证的当事人承担或者变相承担。

7. 当事人对行政处罚决定不服，申请行政复议或者提起行政诉讼的，行政处罚不停止执行，法律另有规定的除外。（　　）

【答案】 √

【解析】根据《行政处罚法》第七十三条规定，当事人对行政处罚决定不服，申请行政复议或者提起行政诉讼的，行政处罚不停止执行，法律另有规定的除外。

8. 某县税务局在查处某起发票违法案件时，对非法印制发票的行政相对人，同时处以收缴发票、没收非法所得和罚款的处罚。这种做法违背了“一事不再罚”原则。(　　)

【答案】×

【解析】“一事不再罚”原则强调的是“对当事人的同一个违法行为，不得给予两次以上罚款的行政处罚”，这一原则并不排斥行政机关对于当事人的同一个违法行为依法给予两个种类以上的处罚。而本题中税务机关对非法印制发票的违法行为，处以没收非法所得和罚款的处罚，这是两个不同种类的行政处罚，并不是两次以上罚款的行政处罚。故不违反“一事不再罚”原则。

9. 税务行政处罚中，2000 元以下的罚款统一由税务所实施。(　　)

【答案】×

【解析】依据《税收征管法》以及《发票管理办法》的相关规定，对于税收违法行为，税务所可以实施 2000 元以下的罚款。但这并不意味着 2000 元以下的罚款统一由税务所实施，其他税务机关，如各级税务局、税务分局以及省以下税务局的稽查局均有权实施 2000 元以下的罚款。

10. 税务行政处罚由法律、法规或规章设定，税务规范性文件不能对税务行政处罚作出规定。(　　)

【答案】×

【解析】根据《行政处罚法》规定，行政处罚的设定权集中在法律、法规或规章，除此之外的税务规范性文件一律不得设定行政处罚。税务规范性文件虽然不能设定行政处罚，但并不意味着不能对税务行政处罚作出细化规定。其可在上位法的框架范围内，对处罚进行进一步的细化规定，以便于基层执行。

11. 行政机关不得因为行政相对人的陈述、申辩而改变对其的处罚幅度。(　　)

【答案】×

【解析】根据《行政处罚法》第四十五条第二款规定，行政机关不得因当事人陈述、申辩而给予更重的处罚。其规定的重点在于强调，基于同一事实下，行政机关不能因为当事人的陈述、申辩而给予更重的处罚。但这并不排除行政机关在听取当事人的陈述、申辩后，而减轻对其处罚的情形。根据《行政处罚法》第四十五条第一款也有类似规定，行政机关必须充分听取当事人的意见，对当事人提出的事实、理由和证据，应当进行复核；当事人提出的事实、理由或者证据成立的，行政机关应当采纳。

12. 当事人初次违法且危害后果轻微并及时改正的，应不予行政处罚。(　　)

【答案】 ×

【解析】 根据《行政处罚法》第三十三条规定，初次违法且危害后果轻微并及时改正的，可以不予行政处罚。

13. 税务行政处罚中，当事人未要求听证的，税务机关可以依职权决定是否举行听证会。(　　)

【答案】 ×

【解析】 税务行政处罚听证是一种依申请的行政活动，没有当事人的听证要求，税务机关不能举行听证会。

14. 对违法行为给予处罚的规定必须公开，未经公布的，不得作为行政处罚的依据。(　　)

【答案】 √

【解析】 根据《行政处罚法》第五条第三款规定，对违法行为给予行政处罚的规定必须公布；未经公布的，不得作为行政处罚的依据。这是处罚公开原则的要求。

15. 甲纳税人在纳税申报 2 年后发现税款计算错误，主动进行补充申报纠正，未造成税款流失，主管税务机关决定不予行政处罚。此税务机关做法符合法律、法规规定。(　　)

【答案】 √

【解析】 根据《行政处罚法》第三十三条第一款规定，违法行为轻微并及时改正，没有造成危害后果的，不予行政处罚。本题中甲纳税人对发生的错误及时改正，未造成税款流失，符合《行政处罚法》不予处罚的情形，因此主管税务机关作出的处理决定正确。

16. 税务行政处罚的听证主持人可以是本案件的调查人员，因为调查人员更熟悉案情。(　　)

【答案】 ×

【解析】 根据《行政处罚法》第六十四条第四项规定，听证由行政机关指定的非本案调查人员主持。根据《税务行政处罚听证程序实施办法（试行）》（国税发〔1996〕190 号）第七条规定，税务行政处罚的听证，由税务机关负责人指定的非本案调查机构的人员主持，当事人、本案调查人员及其他有关人员参加。

17. 当事人违法被查处，主动供述税务机关尚未掌握的违法行为，可以不予行政处罚。(　　)

【答案】 ×

【解析】 依据《行政处罚法》第三十二条第三项规定，主动供述税务机关尚未掌握的违法行为，应当从轻或者减轻行政处罚。

18. 税务行政处罚的听证主持人与案件有利害关系的，纳税人可以申请其回避。听证主持人的回避，由组织听证的税务机关负责人决定。(　　)

【答案】 √

【解析】 根据《税务行政处罚听证程序实施办法（试行）》（国税发〔1996〕190号）第十条规定，听证主持人的回避，由组织听证的税务机关负责人决定。

19. 纳税人确有经济困难，需要延期或者分期缴纳罚款的，可以自其向税务机关提出申请之日起暂缓缴纳或者分期缴纳。(　　)

【答案】 ×

【解析】 根据《行政处罚法》第六十六条规定，当事人确有经济困难，需要延期或者分期缴纳罚款的，经当事人申请和行政机关批准，可以暂缓或者分期缴纳。

20. 听证结束后，行政机关应当根据调查取证情况，参考听证笔录，直接作出决定。(　　)

【答案】 ×

【解析】 根据《行政处罚法》第六十五条规定，听证结束后，行政机关应当根据听证笔录，依照该法第五十七条的规定，作出决定。第五十七条规定，调查终结，行政机关负责人应当对调查结果进行审查，根据不同情况，分别作出决定。

21. 行政处罚是指行政机关依法对违反行政管理秩序的公民、法人或者其他组织，以减损权益或者增加义务的方式予以经济惩戒的行为。(　　)

【答案】 ×

【解析】 根据《行政处罚法》第二条规定，行政处罚是指行政机关依法对违反行政管理秩序的公民、法人或者其他组织，以减损权益或者增加义务的方式予以惩戒的行为。按属性归类，行政处罚不仅包括财产罚，还包括申诫罚、行为罚和人身自由罚。

22. 行政机关应当自行政处罚案件立案之日起3个月内作出行政处罚决定。法律、法规、规章另有规定的，从其规定。(　　)

【答案】×

【解析】根据《行政处罚法》第六十条规定，行政机关应当自行政处罚案件立案之日起90日内作出行政处罚决定。法律、法规、规章另有规定的，从其规定。90日不等于3个月。2021年8月11日正式实施的《税务稽查案件办理程序规定》，稽查局应当自立案之日起90日内作出行政处理、处罚决定或者无税收违法行为结论。案情复杂需要延期的，经税务局局长批准，可以延长不超过90日；特殊情况或者发生不可抗力需要继续延期的，应当经上一级税务局分管副局长批准，并确定合理的延长期限。

23. 实施行政处罚，一律适用违法行为发生时的法律、法规、规章的规定。(　　)

【答案】×

【解析】根据《行政处罚法》规定了行政处罚法律适用上的"从旧兼从轻"原则。根据《行政处罚法》第三十七条规定，实施行政处罚，适用违法行为发生时的法律、法规、规章的规定。但是，作出行政处罚决定时，法律、法规、规章已被修改或者废止，且新的规定处罚较轻或者不认为是违法的，适用新的规定。

第五章　税务行政强制和相关税收保障措施

一、单项选择题

1. 行政强制是典型的行政机关单方行为，由行政机关依法单方面决定实施，无须征得当事人的同意或认可。这体现了行政强制的基本特征是（　　）。

A. 行政性　　　　B. 协商性

C. 依附性　　　　D. 服从性

【答案】D

【解析】本题考查行政强制的基本特征知识点。行政强制是典型的行政机关单方行为，当事人必须服从决定，没有自由选择的余地，这是行政强制服从性特点的显著体现。故选项 D 符合题意。

2. 当事人对行政机关实施的行政强制，享有陈述权、申辩权；有权依法申请行政复议或者提起行政诉讼；因行政机关或人民法院实施行政强制受到损害的，有权依法要求赔偿。这体现了行政强制的（　　）。

A. 权利保障原则　　　　B. 合法性原则

C. 合理性原则　　　　D. 公平性原则

【答案】A

【解析】本题考查行政强制的基本原则。陈述权、申辩权是一项基本程序权利。在作出对当事人不利的决定前，应当听取当事人的意见，这样做有利于保证行政决定的公正、客观；申请复议、提起诉讼、申请损害赔偿等法律救济手段是事后监督的重要方式，也是当事人的一项重要权利，故此项规定体现了尊重当事人主体地位，保障其合法权利的原则。故选项 A 符合题意。

3. 行政强制执行是指行政机关或者行政机关申请人民法院，对不履行行政决定的公民、法人或其他组织，依法强制履行义务的行为。下列选项中，不属于行政强制执行方式的是（　　）。

A. 代履行　　　　B. 排除妨碍

C. 限制公民人身自由　　　　　D. 恢复原状

【答案】 C

【解析】 本题考查行政强制执行的方式。根据《行政强制法》第十二条规定，行政强制执行的方式：①加处罚款或者滞纳金；②划拨存款、汇款；③拍卖或者依法处理查封、扣押的场所、设施或者财物；④排除妨碍、恢复原状；⑤代履行；⑥其他强制执行方式。而限制公民人身自由属于行政强制措施，故选项 C 符合题意。

4. 行政执法人员实施行政强制措施前，必须向行政机关负责人报告并经批准，但遇到情况紧急时，可以当场实施行政强制措施，但应当在规定的时间内向行政机关负责人报告，并补办手续。该规定的时间为（　　）。

A. 8 小时　　　　　B. 12 小时

C. 24 小时　　　　　D. 48 小时

【答案】 C

【解析】 本题考查紧急情况下实施行政强制措施的批准程序。根据《行政强制法》第十九条规定，情况紧急，需要当场实施行政强制措施的，行政执法人员应当在 24 小时内向行政机关负责人报告，并补办手续。故选项 C 符合题意。

5. 《行政强制法》规定的行政强制实施主体不包括（　　）。

A. 法律规定的行政机关

B. 行政法规规定的行政机关

C. 法律、行政法规授权的具有管理公共事务职能的组织

D. 受行政机关委托的组织

【答案】 D

【解析】 本题是考查行政强制实施主体。根据《行政强制法》第七十条规定，行政强制措施由法律、行政法规规定的行政机关在法定职权范围内实施。因此，行政强制措施的实施主体是行政机关，以及法律、行政法规授权的具有管理公共事务职能的组织。故选项 D 符合题意。

6. 行政强制的设定和实施，应当适当。具体而言，不包括（　　）。

A. 情节轻微的，能不实施行政强制就不实施

B. 查封、扣押、冻结的财物价值应当适当

C. 行政强制具有服从性，行政机关实施行政强制不考虑当事人权益

D. 依法强制执行时，所选择的手段应当适当

【答案】 C

【解析】本题考查行政强制的合理性原则。根据《行政强制法》第五条规定，行政强制的设定和实施，应当适当。采用非强制手段可以达到行政管理目的的，不得设定和实施行政强制。采取行政强制应采用对当事人权益损害最小的方式。故选项 C 符合题意。

7. 实施加处罚款或者滞纳金超过规定的期限，经催告当事人仍不履行的，具有行政强制执行权的行政机关可以强制执行。该规定的期限为（　　）。

A. 60 日　　B. 10 日

C. 15 日　　D. 30 日

【答案】D

【解析】本题考查加收滞纳金的期限。根据《行政强制法》第四十六条规定，行政机关按规定实施加处罚款或者滞纳金超过 30 日，经催告当事人仍不履行的，具有行政强制执行权的行政机关可以强制执行。故选项 D 符合题意。

8. 除法律、行政法规另有规定外，行政机关实施查封扣押措施，查封、扣押的期限不得超过 30 日；情况复杂的，经行政机关负责人批准，可以延长，但是延长期限不得超过的时间是（　　）。

A. 10 日　　B. 30 日

C. 45 日　　D. 60 日

【答案】B

【解析】本题考查行政强制措施的期限。根据《行政强制法》第三十二条规定，实施查封扣押措施，查封扣押的期限不得超过 30 日；情况复杂的，经行政机关负责人批准，可以延长，但是延长期限不得超过 30 日。法律另有规定的除外。故选项 B 符合题意。

9. 下列不属于税务行政强制的是（　　）。

A. 查封、扣押财物　　B. 冻结存款

C. 停止出口退税权　　D. 拍卖、变卖抵缴税款

【答案】C

【解析】本题考查税务行政强制的种类。根据《税收征管法》第三十七条、第三十八条规定，税务机关可以采取的税收保全措施包括冻结存款，查封、扣押；第四十条规定，税务机关可以采取的强制执行措施包括扣缴税款，依法拍卖或者变卖。A、B、D 三项都属于行政强制。停止出口退税权属于税务行政处罚，故选项 C 符合题意。

10. 税务机关在稽查过程中，如果需要查询案件涉嫌人员的储蓄存款，需要经批准

后方可实施。该批准权限为（　　）。

A. 设区的市、自治州以上税务局（分局）局长

B. 设区的市、自治州以上税务局（分局）稽查局局长

C. 县以上税务局（分局）局长

D. 县以上税务局（分局）稽查局局长

【答案】A

【解析】本题考查税务行政强制措施的实施。根据《税收征管法》第五十四条第六项规定，经县以上税务局（分局）局长批准，凭全国统一格式的检查存款账户许可证明，税务机关有权查询从事生产、经营的纳税人、扣缴义务人在银行或者其他金融机构的存款账户。税务机关在调查税收违法案件时，经设区的市、自治州以上税务局（分局）局长批准，可以查询案件涉嫌人员的储蓄存款。税务机关查询所获得的资料，不得用于税收以外的用途。故选项 A 符合题意。

11. 行政强制措施原则上由法律设定，且限制人身自由的行政强制措施的设定权只能为（　　）。

A. 法律　　B. 行政法规

C. 地方法规　　D. 部门规章

【答案】A

【解析】本题考查行政强制措施的设定。根据《行政强制法》第十条规定，行政强制措施由法律设定。尚未制定法律，且属于国务院行政管理职权事项的，行政法规可以设定除限制公民人身自由和冻结存款、汇款和应当由法律规定的行政强制措施以外的其他行政强制措施。尚未制定法律、行政法规，且属于地方性事务的，地方性法规可以设定查封场所、设施或者财物和扣押财物的行政强制措施。限制人身自由的行政强制措施，只能由法律设定。故选项 A 符合题意。

12. 为保障行政相对人及其所扶养家属的基本生存需要，税务机关对行政相对人一定金额以下的生活用品不能实施税收保全和强制执行。该“一定金额”为（　　）。

A. 1000 元　　B. 3000 元

C. 5000 元　　D. 1 万元

【答案】C

【解析】本题考查的是实施税收保全措施时的权利保障。根据《税收征管法实施细则》第五十九条第三款的规定，税务机关对单价 5000 元以下的生活用品，不采取税收保全措施和强制执行措施。故选项 C 符合题意。

13. 在税务行政强制执行中，如果执行到位的款项不足以支付各种应缴或应付款项的，则首先应当支付的是（　　）。

A. 税款　　B. 罚款

C. 执行中发生的拍卖费　　D. 滞纳金

【答案】C

【解析】本题考查的是税务行政强制执行中的清偿顺序问题。根据国家税务总局2005年发布的《抵税财物拍卖、变卖试行办法》第二十六条规定的顺序，执行中发生的必要费用如拍卖、变卖费用排在首位，优先支付。需要说明的是，根据《行政强制法》第二十六条第三款规定，因查封、扣押发生的保管费用由行政机关承担。因此，税务机关强制执行中发生的保管费用依照《行政强制法》的规定由税务机关承担，而不能再从纳税人的财产拍卖、变款中优先支付，这需要予以特别关注。故选项C符合题意。

14. 某临时从事经营的纳税人未按照税务机关依法核定的应纳税额缴纳税款，主管税务机关决定对其采取行政强制措施，下列做法正确的是（　　）。

A. 扣押该纳税人价值相当于应纳税款的商品、货物

B. 冻结该纳税人的存款

C. 冻结纳税人有价证券

D. 查封该纳税人近亲属价值相当于应纳税款的财产

【答案】A

【解析】本题考查税收保全和强制执行的财产范围。根据《税收征管法》第三十七条规定，对未按照规定办理税务登记的从事生产、经营的纳税人以及临时从事经营的纳税人，由税务机关核定其应纳税额，责令缴纳；不缴纳的，税务机关可以扣押其价值相当于应纳税款的商品、货物。故选项A符合题意。

15. 税务机关对纳税人实施的下列行为中，属于行政强制的是（　　）。

A. 征收税款　　B. 罚款

C. 注销税务登记　　D. 加处罚款

【答案】D

【解析】本题考查的是税务行政强制执行方式。行政强制，是指法定的行政强制主体为维护公共秩序，或为履行已经生效的行政决定，而对行政相对人的人身、财产或行为采取强制性措施的具体行政行为。选项A是指依法应该向国家缴纳的税款及时足额征收入库的活动；选项B是对行为人违法税收法律行为的一种惩罚；选项C是指终止纳税人纳税义务的一道环节；选项D是对逾期缴纳罚款的纳税人给予经济制裁的一种措施，符合行政强制的特征。故选项D符合题意。

16. 下列关于纳税担保的说法错误的是（　　）。

A. 纳税人对税务机关作出的查封决定不服提起行政诉讼，税务机关可责成其提供纳税担保

B. 税务机关有根据认为从事生产、经营的纳税人有逃避纳税义务行为，在规定的纳税期之前经责令其限期缴纳应纳税款，在期限内发现纳税人有明显转移其应纳税商品的，税务机关可责成其提供纳税担保

C. 欠缴税款、滞纳金的纳税人或者其法定代表人需要出境的，适用纳税担保

D. 纳税人与税务机关在纳税上发生争议未缴清税款，可以提供纳税担保后申请行政复议

【答案】A

【解析】本题考查提供纳税担保的情形。根据《税收征管法》第三十八条规定，税务机关有根据认为从事生产、经营的纳税人有逃避纳税义务行为的，可以在规定的纳税期之前，责令限期缴纳应纳税款；在期限内发现纳税人有明显的转移、隐匿其应纳税的商品、货物以及其他财产或者应纳税的收入的迹象的，税务机关可以责成提供纳税担保。根据《税收征管法》第四十四条规定，欠缴税款的纳税人或者他的法定代表人需要出境的，应当在出境前向税务机关结清应纳税款、滞纳金或者提供担保。根据《税收征管法》第八十八条规定，纳税人、扣缴义务人、纳税担保人同税务机关在纳税上发生争议时，必须先按照税务机关的纳税决定缴纳或者解缴税款及滞纳金或者提供相应的担保，然后可以依法申请行政复议；对行政复议决定不服的，可以依法向人民法院起诉。故选项A符合题意。

17. 当事人到期不缴纳罚款的，作出行政处罚决定的行政机关可以对其每日加处罚款。下列说法错误的是（　　）。

A. 每日加处罚款比例为罚款数额的3%

B. 加处的罚款性质属于行政强制

C. 加处罚款的标准应告知纳税人

D. 加处的罚款数额按日计算，没有上限

【答案】D

【解析】本题考查的是加处罚款的规定。根据《行政强制法》第四十五条规定，行政机关依法作出金钱给付义务的行政决定，当事人逾期不履行的，行政机关可以依法加处罚款或者滞纳金。加处罚款或者滞纳金的标准应当告知当事人。加处罚款或者滞纳金的数额不得超出金钱给付义务的数额。根据《行政处罚法》第七十二条规定，当事人逾期不履行行政处罚决定的，作出行政处罚决定的行政机关可以采取下列措施：①到期不缴纳罚款的，每日按罚款数额的3%加处罚款，加处罚款的数额不得超出罚款的数

额；②根据法律规定，将查封、扣押的财物拍卖、依法处理或者将冻结的存款、汇款划拨抵缴罚款；③根据法律规定，采取其他行政强制执行方式；④依照《行政强制法》的规定申请人民法院强制执行。故选项D符合题意。

18. 某省纳税人甲需要出境，出境前因欠缴税款被主管税务机关责令提供纳税担保。甲拒不接受税务机关处理，没有提供担保，主管税务机关遂通知出境管理机关阻止其出境。以下说法正确的是（　　）。

A. 阻止甲出境属于行政处罚

B. 阻止甲出境属于税收保障措施

C. 主管税务机关无权要求甲提供纳税担保

D. 主管税务机关无权通知某省出境管理机关阻止甲出境

【答案】 B

【解析】 本题考查离境清税制度的实施。根据《税收征管法》第四十四条规定，欠缴税款的纳税人或者他的法定代表人需要出境的，应当在出境前向税务机关结清应纳税款、滞纳金或者提供担保。未结清税款、滞纳金，又不提供担保的，税务机关可以通知出境管理机关阻止其出境。阻止出境从性质上讲属于税收保障措施，不属于行政处罚。故选项B符合题意。

19. 当事人因行政机关违法实施行政强制受到损害的，有权依法提出的要求是（　　）。

A. 给予补偿　　B. 给予赔偿

C. 撤销行政强制　　D. 恢复原状

【答案】 B

【解析】 本题考查违法行政强制行为的赔偿。根据《行政强制法》第六十八条规定，违反该法规定，给公民、法人或者其他组织造成损失的，依法给予赔偿。故选项B符合题意。

20. 下列关于行政强制执行，说法错误的是（　　）。

A. 行政机关不得在夜间实施强制执行，但情况紧急的除外

B. 行政机关不得在法定节假日实施强制执行，但情况紧急的除外

C. 行政机关不得对居民生活采取停止供水、供电、供热、供燃气等方式迫使当事人履行相关行政决定

D. 行政机关不得对公共场所遗洒物、障碍物或污染物等实施代履行，需责令当事人自行清除

【答案】 D

【解析】 本题考查文明执法的规定。根据《行政强制法》第四十三条规定，行政机关不得在夜间或者法定节假日实施行政强制执行。但是，情况紧急的除外。行政机关不得对居民生活采取停止供水、供电、供热、供燃气等方式迫使当事人履行相关行政决定。根据《行政强制法》第五十二条规定，需要立即清除道路、河道、航道或者公共场所的遗洒物、障碍物或者污染物，当事人不能清除的，行政机关可以决定立即实施代履行；当事人不在场的，行政机关应当在事后立即通知当事人，并依法作出处理。故选项 D 符合题意。

21. 用人单位未按时足额缴纳社会保险费的，由社会保险费征收机构责令其限期缴纳或者补足。用人单位逾期仍未缴纳或者补足社会保险费的，社会保险费征收机构可以（　　）。

A. 向银行和其他金融机构查询其存款账户

B. 向开户银行和其他金融机构发出通知，暂时停止其一定数额的存款支付

C. 将其价值相当于应纳税款的商品、货物或者其他财产进行扣留

D. 对其财产通过加贴封条，限制其对财产转移和处置

【答案】 A

【解析】 本题考查的是社会保险费的管理措施。根据《社会保险法》第六十三条规定，用人单位未按时足额缴纳社会保险费的，由社会保险费征收机构责令其限期缴纳或者补足。用人单位逾期仍未缴纳或者补足社会保险费的，社会保险费征收机构可以向银行和其他金融机构查询其存款账户；并可以申请县级以上有关行政部门作出划拨社会保险费的决定，书面通知其开户银行或者其他金融机构划拨社会保险费。用人单位账户余额少于应当缴纳的社会保险费的，社会保险费征收机构可以要求该用人单位提供担保，签订延期缴费协议。用人单位未足额缴纳社会保险费且未提供担保的，社会保险费征收机构可以申请人民法院扣押、查封、拍卖其价值相当于应当缴纳社会保险费的财产，以拍卖所得抵缴社会保险费。故选项 A 符合题意。

二、多项选择题

1. 某市拟制定一项地方性法规，对某项尚未制定法律、行政法规且属于地方性事务的行为实施行政强制措施。根据《行政强制法》有关规定，该地方性法规可以设定的行政强制措施有（　　）。

A. 限制公民人身自由　　B. 查封场所、设施或者财物

C. 扣押财物　　D. 冻结存款、汇款

【答案】 BC

【解析】本题考查的是行政强制措施的设定。根据《行政强制法》第九条、第十条规定，行政强制措施由法律设定。尚未制定法律，且属于国务院行政管理职权事项的，行政法规可以设定除限制公民人身自由和冻结存款、汇款和应当由法律规定的行政措施以外的其他行政强制措施。尚未制定法律、行政法规，且属于地方性事务的，地方性法规可以设定查封场所、设施或者财物和扣押财物的行政强制措施。限制人身自由的行政强制措施，只能由法律设定。故选项 B、C 符合题意。

2. 行政强制法是行政法的一个重要领域，应遵循行政法的基本原则。行政强制的基本原则包括（　　）。

A. 便民原则　　　　B. 合法性原则

C. 合理性原则　　　　D. 依附性原则

【答案】BC

【解析】本题考查的是行政强制的基本原则。根据《行政强制法》第三条、第四条规定，对行政强制的设定作了严格的限制，对行政强制的实施，规定了严格的程序，没有法定依据的行政强制措施和不符合法定程序的行政强制措施无效，体现了行政强制的合法性，选项 B 符合题意。根据《行政强制法》第五条规定，行政强制的设定和实施，应当适当。采用非强制手段可以达到行政管理目的的，不得设定和实施行政强制。根据这一规定，在实施行政强制过程中，即使法律、法规设定了行政强制，实施时也要遵循必要的要求，不能动辄实施行政强制，选项 C 符合题意。行政强制主体在实施行政强制具体行为时，除了要考虑合法性和合理性，还要考虑对行政相对人合法权利的保障，但无须考虑是否便民，因为这是行政机关的单方行为，由行政机关单方面实施，选项 A 不符合题意。依附性是行政强制的特征，而非应遵循的原则，选项 D 不符合题意。

3. 撤销权是指债权人因债务人行使了一定行为才可以请求人民法院撤销债务人的相关行为。这些行为包括（　　）。

A. 放弃其债权、放弃债权担保

B. 无偿转让财产等方式无偿处分财产权益

C. 恶意延长其到期债权的履行期限，影响债权人的债权实现

D. 怠于行使到期债权

【答案】ABC

【解析】本题考查的是撤销权的使用条件。根据《民法典》第五百三十八条和第五百三十九条规定，债务人以放弃其债权、放弃债权担保、无偿转让财产等方式无偿处分财产权益，或者恶意延长其到期债权的履行期限，影响债权人的债权实现的，债权人可以请求人民法院撤销债务人的行为。债务人以明显不合理的低价转让财产、以明显不合

理的高价受让他人财产或者为他人的债务提供担保，影响债权人的债权实现，债务人的相对人知道或者应当知道该情形的，债权人可以请求人民法院撤销债务人的行为。根据《民法典》第五百三十五条规定，因债务人怠于行使其债权或者与该债权有关的从权利，影响债权人的到期债权实现的，债权人可以向人民法院请求以自己的名义代位行使债务人对相对人的权利，但是该权利专属于债务人自身的除外。选项D属于代位权的行使范围。故选项A、B、C符合题意。

4. 行政机关作出强制执行决定前，应当事先催告当事人履行义务。催告应当以书面方式作出，载明的事项包括（　　）。

A. 履行义务的期限

B. 履行义务的方式

C. 当事人依法享有的陈述权和申辩权

D. 当事人依法享有的行政复议权和行政诉讼权

【答案】ABC

【解析】本题考查的是行政强制执行。根据《行政强制法》第三十五条规定，行政机关作出强制执行决定前，应当事先催告当事人履行义务。催告应当以书面方式作出，并载明下列事项：履行义务的期限；履行义务的方式；涉及金钱给付的，应当有明确的金额和支付方式；当事人依法享有的陈述权和申辩权。故选项A、B、C符合题意。

5. 关于税务机关扣押程序，下列说法正确的有（　　）。

A. 扣押时应当通知当事人到场

B. 扣押清单一式二份，由当事人和行政机关分别保存

C. 对扣押物品发生的合理保管费用，由当事人承担

D. 行政机关应当妥善保管扣押的物品

【答案】ABD

【解析】本题考查的是扣押程序。根据《行政强制法》第十八条规定，行政机关实施行政强制措施应当通知当事人到场。根据《行政强制法》第二十四条规定，行政机关决定实施查封、扣押的，应当履行该法第十八条规定的程序，制作并当场交付查封、扣押决定书和清单。查封、扣押决定书应当载明下列事项：当事人的姓名或者名称、地址；查封、扣押的理由、依据和期限；查封、扣押场所、设施或者财物的名称、数量等；申请行政复议或者提起行政诉讼的途径和期限；行政机关的名称、印章和日期。查封、扣押清单一式二份，由当事人和行政机关分别保存。根据《行政强制法》第二十六条规定，对查封、扣押的场所、设施或者财物，行政机关应当妥善保管，不得使用或者损毁；造成损失的，应当承担赔偿责任。对查封的场所、设施或者财物，行政机关可

以委托第三人保管，第三人不得损毁或者擅自转移、处置。因第三人的原因造成的损失，行政机关先行赔付后，有权向第三人追偿。故选项 A、B、D 符合题意。因查封、扣押发生的保管费用由行政机关承担。故选项 C 不符合题意。

6. 下列关于行政强制执行应当中止执行的情形，符合规定的有（　　）。

A. 当事人履行行政决定确有困难或者暂无履行能力的

B. 执行可能造成难以弥补的损失，且中止执行不损害公共利益的

C. 第三人对执行标的主张权利确有理由的

D. 当事人向行政机关提出中止执行申请的

【答案】ABC

【解析】本题考查的是行政强制中止执行。根据《行政强制法》第三十九条规定，有下列情形之一的，中止执行：当事人履行行政决定确有困难或者暂无履行能力的；第三人对执行标的主张权利，确有理由的；执行可能造成难以弥补的损失，且中止执行不损害公共利益的；行政机关认为需要中止执行的其他情形。故选项 A、B、C 符合题意。

7. 关于行政强制执行应当终结执行的情形，下列说法正确的有（　　）。

A. 第三人对执行标的主张权利，确有理由的

B. 法人或者其他组织终止，无财产可供执行，又无义务承受人的

C. 执行可能造成难以弥补的损失，且中止执行不损害公共利益的

D. 公民死亡，无遗产可供执行，又无义务承受人的

【答案】BD

【解析】本题考查的是行政强制终止执行与终结执行。根据《行政强制法》第四十条的规定，有下列情形之一的，终结执行：公民死亡，无遗产可供执行，又无义务承受人的；法人或者其他组织终止，无财产可供执行，又无义务承受人的；执行标的灭失的；据以执行的行政决定被撤销的；行政机关认为需要终结执行的其他情形。选项 A、C 属于应该中止执行的情形，故选项 B、D 符合题意。

8. 依照《行政强制法》的规定，下列关于行政强制期限的说法正确的有（　　）。

A. 查封、扣押的期限不得超过 30 日，情况复杂的，经行政机关负责人批准，可以延长 30 日

B. 延长查封、扣押的决定应当及时书面告知当事人，并说明理由

C. 查封、扣押的期间不包括检测、检验、检疫或者技术鉴定的期间

D. 行政法规规定冻结期限的，可以执行相关规定

【答案】ABC

【解析】 本题考查的是行政强制期限。根据《行政强制法》第二十五条规定，查封、扣押的期限不得超过 30 日；情况复杂的，经行政机关负责人批准，可以延长，但是延长期限不得超过 30 日。法律、行政法规另有规定的除外。延长查封、扣押的决定应当及时书面告知当事人，并说明理由。对物品需要进行检测、检验、检疫或者技术鉴定的，查封、扣押的期间不包括检测、检验、检疫或者技术鉴定的期间。检测、检验、检疫或者技术鉴定的期间应当明确，并书面告知当事人。检测、检验、检疫或者技术鉴定的费用由行政机关承担。根据《行政强制法》第三十二条规定，自冻结存款、汇款之日起 30 日内，行政机关应当作出处理决定或者作出解除冻结决定；情况复杂的，经行政机关负责人批准，可以延长，但是延长期限不得超过 30 日。法律另有规定的除外。延长冻结的决定应当及时书面告知当事人，并说明理由。对于冻结的期限，只有法律另有规定的，才可遵照执行，因此选项 A、B、C 符合题意。

9. 税务机关采取行政强制执行措施，以拍卖或者变卖所得抵缴纳税人应缴或者应付的款项，包括（　　）。

A. 税务机关工作人员因实施强制执行措施所发生的差旅费

B. 执行中发生的拍卖费用

C. 税款和滞纳金

D. 罚款

【答案】 BCD

【解析】 本题考查的是清偿范围。根据《税收征管法》第三十八条第三款的规定，纳税人在规定的限期内缴纳税款的，税务机关必须立即解除税收保全措施；限期期满仍未缴纳税款的，经县以上税务局（分局）局长批准，税务机关可以书面通知纳税人开户银行或者其他金融机构从其冻结的存款中扣缴税款，或者依法拍卖或者变卖所扣押、查封的商品、货物或者其他财产，以拍卖或者变卖所得抵缴税款。根据《税收征管法实施细则》第六十四条规定，税务机关按规定扣押、查封价值相当于应纳税款的商品、货物或者其他财产时，参照同类商品的市场价、出厂价或者评估价估算确定应扣押、查封的商品、货物或者其他财产的价值时，还应当包括滞纳金和拍卖、变卖所发生的费用。根据《税收征管法》第八十八条第三款规定，当事人对税务机关的处罚决定逾期不申请行政复议也不向人民法院起诉、又不履行的，作出处罚决定的税务机关可以采取《税收征管法》第四十条规定的强制执行措施，或者申请人民法院强制执行。故选项 B、C、D 符合题意。

10. 关于行政机关申请人民法院强制执行的规定，下列说法正确的有（　　）。

A. 当事人在法定期限内不申请行政复议或者提起行政诉讼，又不履行行政决定

的，行政机关可申请人民法院强制执行

B. 行政机关可以自行政诉讼期限届满之日起 3 个月内申请人民法院强制执行

C. 行政机关申请人民法院强制执行可不催告当事人履行义务

D. 行政机关可以向当事人所在地的人民法院申请强制执行

【答案】 AB

【解析】 本题考查的是申请人民法院强制执行的规定。根据《行政强制法》第五十三条规定，当事人在法定期限内不申请行政复议或者提起行政诉讼，又不履行行政决定的，没有行政强制执行权的行政机关可以自期限届满之日起 3 个月内，依照《行政强制法》第五章规定申请人民法院强制执行。根据《行政强制法》第五十四条规定，行政机关申请人民法院强制执行前，应当催告当事人履行义务。催告书送达 10 日后当事人仍未履行义务的，行政机关可以向所在地有管辖权的人民法院申请强制执行；执行对象是不动产的，向不动产所在地有管辖权的人民法院申请强制执行。故选项 A、B 符合题意。

11. 下列执法活动中，法律明确规定必须制作现场笔录的情形有（　　）。

A. 在银行办理冻结纳税人存款手续

B. 在银行办理查询纳税人存款手续

C. 在企业办理扣押财产手续

D. 在税务机关办理担保手续

【答案】 AC

【解析】 本题考查的是行政强制措施实施的程序要点。根据《行政强制法》第十八条规定，在银行办理冻结纳税人存款手续和在企业办理扣押财产手续属于行政强制措施，应当制作现场笔录。故选项 A、C 符合题意。

12. 下列各项中，不得设定行政强制执行的包括（　　）。

A. 法律　　　　B. 行政法规

C. 部门规章　　　　D. 地方性法规

【答案】 BCD

【解析】 本题考查的是行政强制执行的设定权。根据《行政强制法》第十三条规定，行政强制执行由法律设定。故选项 B、C、D 符合题意。

13. 根据《税收征管法》的规定，经县以上税务局（分局）局长批准，税务机关可以对符合税法规定情形的纳税人采取税收保全措施。下列各项中，不属于税收保全措施的有（　　）。

A. 责令纳税人限期缴纳应纳税款

B. 书面通知纳税人开户银行从其存款中扣缴应纳税款

C. 书面通知纳税人开户银行冻结纳税人的金额相当于应纳税款的存款

D. 依法拍卖纳税人的价值相当于应纳税款的商品，以拍卖所得抵缴税款

【答案】ABD

【解析】本题考查的是税收保全措施的规定。根据《税收征管法》第三十八条规定，税务机关有根据认为从事生产、经营的纳税人有逃避纳税义务行为的，可以在规定的纳税期之前，责令限期缴纳应纳税款；在限期内发现纳税人有明显的转移、隐匿其应纳税的商品、货物以及其他财产或者应纳税的收入的迹象的，税务机关可以责成纳税人提供纳税担保。如果纳税人不能提供纳税担保，经县以上税务局（分局）局长批准，税务机关可以采取下列税收保全措施：书面通知纳税人开户银行或者其他金融机构冻结纳税人的金额相当于应纳税款的存款；扣押、查封纳税人的价值相当于应纳税款的商品、货物或者其他财产。选项B、D属于强制执行措施，不属于税收保全措施。选项A是按照规定采取的一种催告。因此选项A、B、D符合题意。

14. 为了保障国家税收，税法规定了税收优先权，下列情形中不能对抗税收优先权的有（　　）。

A. 在欠税发生之前已设定担保的民事债权

B. 在欠税发生后才设定担保的民事债权

C. 税务机关处以的罚款

D. 税务机关处以的没收违法所得

【答案】BCD

【解析】本题考查的是税收优先权的适用。根据《税收征管法》第四十五条规定，税收优先于欠税发生在先的担保债权，但在欠税发生前已设定了担保的债权，税收并没有优先权。纳税人欠缴税款，同时又被行政机关决定处以罚款、没收违法所得的，税收优先于罚款、没收违法所得。故选项B、C、D符合题意。

15. 税务机关在金融机构办理冻结纳税人存款手续时，必须遵循的基本规定包括（　　）。

A. 由两名以上执法人员实施　　B. 通知当事人到场

C. 当场听取当事人的陈述申辩　D. 制作现场笔录

【答案】AD

【解析】本题考查的是冻结措施实施的程序。根据《行政强制法》第十八条规定，税务机关在金融机构办理冻结纳税人存款手续时，应由两名以上执法人员实施，并制作现场笔录。无须通知当事人到场和当场听取纳税陈述申辩。故选项A、D符合题意。

16. 下列选项中，属于《行政强制法》规定的行政强制措施有（　　）。

A. 扣押财物　　B. 限制公民人身自由

C. 冻结存款、汇款　　D. 排除妨碍、恢复原状

【答案】ABC

【解析】本题考查的是行政强制措施。根据《行政强制法》第九条规定，行政强制措施的种类包括：限制公民人身自由；查封场所、设施或者财物；扣押财物；冻结存款、汇款；其他行政强制措施。而排除妨碍、恢复原状属于行政强制执行方式。故选项A、B、C符合题意。

17. 税务机关对行政相对人个人及其所扶养家属维持生活必需的住房和用品，不得实施税收保全和强制执行，下列不属于生活必需的包括（　　）。

A. 机动车辆　　B. 金银饰品

C. 古玩字画　　D. 唯一普通住宅

【答案】ABC

【解析】本题考查的是行政强制权利保障的规定。根据《税收征管法实施细则》第五十九条规定，《税收征管法》第三十八条、第四十条所称其他财产，包括纳税人的房地产、现金、有价证券等不动产和动产。机动车辆、金银饰品、古玩字画、豪华住宅或者一处以外的住房不属于《税收征管法》第三十八条、第四十条、第四十二条所称个人及其所扶养家属维持生活必需的住房和用品。税务机关对单价5000元以下的其他生活用品，不采取税收保全措施和强制执行措施。故选项A、B、C符合题意。

18. 以下关于行政强制的措施和执行程序的说法，正确的有（　　）。

A. 延长查封、扣押的决定应当及时书面或口头告知当事人，并说明理由

B. 经催告，当事人逾期仍不履行行政决定的，且无正当理由，行政机关可以作出强制执行决定

C. 执行标的灭失的，应终结执行

D. 鉴于行政机关的职权分工，当事人的场所、设施或者财物已被其他国家机关依法查封的，不可以重复查封

【答案】BCD

【解析】本题考查的是行政强制的措施和执行程序。根据《行政强制法》第二十五条规定，延长查封、扣押的决定应当及时书面告知当事人，并说明理由，因此口头告知不符合法律规定，选项A不正确。根据《行政强制法》第三十七条规定，经催告，当事人逾期仍不履行行政决定，且无正当理由的，行政机关可以作出强制执行决定，因此如果当事人有正当理由，行政机关不可以作出强制执行决定。根据《行政强制法》第

四十条规定，对执行标的灭失的，终结执行。根据《行政强制法》第二十三条规定，当事人的场所、设施或者财物已被其他国家机关依法查封的，不得重复查封。故选项B、C、D符合题意。

19. 下列关于税务机关实施查封、扣押的行为，符合《行政强制法》规定的有（　　）。

A. 甲税务机关执法人员未出示执法身份证件

B. 乙税务机关执法人员未当场制作查封清单

C. 丙税务机关执法人员制作了现场笔录

D. 丁税务机关执法人员将延长查封、扣押的决定书及时送达当事人，并说明理由

【答案】CD

【解析】本题考查的是行政强制措施和行政强制执行程序。根据《行政强制法》第十八条的规定，行政机关实施行政强制措施应当出示执法身份证件、制作现场笔录。选项A，甲税务机关执法人员未出示执法身份证件不符合规定；根据《行政强制法》第二十四条规定，行政机关决定实施查封、扣押的，应当履行该法第十八条规定的程序，制作并当场交付查封、扣押决定书和清单。选项B，乙税务机关执法人员未当场制作查封清单不符合规定。故选项C、D符合题意。

20. 下列主体，不能够作为纳税担保人的包括（　　）。

A. 金宝贝公立幼儿园

B. 宏大有限责任公司财务部

C. 纳税信用等级为D级的彩虹公司

D. 个体工商户李某在公安机关工作的表哥

【答案】ABC

【解析】本题考查的是纳税担保人的资格。根据《纳税担保试行办法》第九条规定，国家机关，学校、幼儿园、医院等事业单位、社会团体不得作为纳税担保人；企业法人的职能部门不得为纳税保证人；纳税信用等级被评为C级以下的不得作为纳税保证人。故选项A、B、C符合题意。

21. 用人单位未按时足额缴纳社会保险费的，社会保险费征收机构可以采取的措施有（　　）。

A. 责令其限期缴纳或者补足

B. 可以向银行和其他金融机构查询其存款账户

C. 可以申请县级以上有关行政部门作出划拨社会保险费的决定，书面通知其开

户银行或者其他金融机构划拨社会保险费

D. 可以申请人民法院扣押、查封、拍卖其价值相当于应当缴纳社会保险费的财产，以拍卖所得抵缴社会保险费

【答案】ABCD

【解析】本题考查的是社会保险费强制执行措施。根据《社会保险法》第六十三条规定，用人单位未按时足额缴纳社会保险费的，由社会保险费征收机构责令其限期缴纳或者补足。用人单位逾期仍未缴纳或者补足社会保险费的，社会保险费征收机构可以向银行和其他金融机构查询其存款账户；并可以申请县级以上有关行政部门作出划拨社会保险费的决定，书面通知其开户银行或者其他金融机构划拨社会保险费。用人单位账户余额少于应当缴纳的社会保险费的，社会保险费征收机构可以要求该用人单位提供担保，签订延期缴费协议。用人单位未足额缴纳社会保险费且未提供担保的，社会保险费征收机构可以申请人民法院扣押、查封、拍卖其价值相当于应当缴纳社会保险费的财产，以拍卖所得抵缴社会保险费。故选项A、B、C、D符合题意。

22. 税务机关在设立纳税抵押时，应审查提供的财产是否可以作为抵押财产，可以作为抵押的财产主要有（　　）。

A. 建筑物和其他土地附着物　　B. 交通运输工具

C. 海域使用权　　D. 生产设备、原材料、半成品、产品

【答案】ABCD

【解析】本题考查可以作为抵押财产的范围。根据《民法典》第三百九十五条规定，债务人或者第三人有权处分的下列财产可以抵押：①建筑物和其他土地附着物；②建设用地使用权；③海域使用权；④生产设备、原材料、半成品、产品；⑤正在建造的建筑物、船舶、航空器；⑥交通运输工具；⑦法律、行政法规未禁止抵押的其他财产。抵押人可以将上述所列财产一并抵押。故选项A、B、C、D均符合题意。

23. 税务机关在设立纳税抵押时，应审查提供的财产是否可以作为抵押财产，不可以作为抵押的财产包括（　　）。

A. 正在建造的建筑物、船舶、航空器

B. 土地所有权

C. 交通运输工具

D. 依法被查封、扣押、监管的财产

【答案】BD

【解析】本题考查不可以作为抵押财产的范围。根据《民法典》第三百九十九条规定，下列财产不得抵押：①土地所有权；②宅基地、自留地、自留山等集体所有土地的

使用权，但是法律规定可以抵押的除外；③学校、幼儿园、医疗机构等为公益目的成立的非营利法人的教育设施、医疗卫生设施和其他公益设施；④所有权、使用权不明或者有争议的财产；⑤依法被查封、扣押、监管的财产；⑥法律、行政法规规定不得抵押的其他财产。故选项 B、D 符合题意。

24. 纳税质押分为动产质押和权利质押。权利质押是以财产性权利设立的质押，主要包括（　　）。

A. 现有的以及将有的应收账款

B. 可以转让的注册商标专用权、专利权、著作权等知识产权中的财产权

C. 仓单、提单

D. 可以转让的基金份额、股权

【答案】 ABCD

【解析】 本题考查权利质押的范围。根据《民法典》第四百四十条规定，债务人或者第三人有权处分的下列权利可以出质：①汇票、本票、支票；②债券、存款单；③仓单、提单；④可以转让的基金份额、股权；⑤可以转让的注册商标专用权、专利权、著作权等知识产权中的财产权；⑥现有的以及将有的应收账款；⑦法律、行政法规规定可以出质的其他财产权利。故选项 A、B、C、D 均符合题意。

三、判断题

1. 行政强制是典型的行政机关单方行为，由行政机关依法单方面决定实施，无须征得当事人的同意或认可。（　　）

【答案】 √

【解析】 本题考查行政强制的服从性。行政强制通常在违背当事人意志的情形下实施，当事人有服从的义务而无选择的权利。因此行政强制是行政机关单方行为，无须征得当事人的同意或认可。

2. 行政强制执行，是指行政机关或者行政机关申请人民法院，对不履行行政决定的公民、法人或者其他组织，依法强制履行义务的行为。（　　）

【答案】 √

【解析】 根据《行政强制法》第二条第三款规定，行政强制执行，是指行政机关或者行政机关申请人民法院，对不履行行政决定的公民、法人或者其他组织，依法强制履行义务的行为。

3. 尚未制定法律且属于国务院管理职权事项的，行政法规可以设定所有行政强制

措施。(　　)

【答案】×

【解析】根据《行政强制法》第十条规定，行政强制措施由法律设定。尚未制定法律，且属于国务院行政管理职权事项的，行政法规可以设定除《行政强制法》第九条第一项（限制公民人身自由）、第四项（冻结存款、汇款）和应当由法律规定的行政强制措施以外的其他行政强制措施。

4. 行政强制执行由法律设定。(　　)

【答案】√

【解析】根据《行政强制法》第十三条规定，行政强制执行由法律设定。

5. 除情况紧急外，行政机关不得在夜间或法定节假日实施行政强制执行。(　　)

【答案】√

【解析】根据《行政强制法》第四十三条规定，行政机关不得在夜间或者法定节假日实施行政强制执行。但是情况紧急的除外。

6. 《行政强制法》规定的中止执行的情形消失后，行政机关应当恢复执行。对没有明显社会危害，当事人确无能力履行，中止执行满 3 年未恢复执行的，行政机关不再执行。(　　)

【答案】√

【解析】根据《行政强制法》第三十九条规定，中止执行的情形消失后，行政机关应当恢复执行。对没有明显社会危害，当事人确无能力履行，中止执行满 3 年未恢复执行的，行政机关不再执行。

7. 情况紧急时，行政机关可以对居民生活采取停止供水、供电、供热、供燃气等方式迫使当事人履行相关行政决定。(　　)

【答案】×

【解析】根据《行政强制法》第四十三条规定，行政机关不得对居民生活采取停止供水、供电、供热、供燃气等方式迫使当事人履行相关行政决定。因此，行政机关不得对居民生活采取停止供水、供电、供热、供燃气等方式迫使当事人履行相关行政决定，并没有例外规定。

8. 行政机关对当事人加处罚款或者滞纳金的数额不得超出金钱给付义务的数额。(　　)

【答案】√

【解析】根据《行政强制法》第四十五条规定，行政机关依法作出金钱给付义务的行政决定，当事人逾期不履行的，行政机关可以依法加处罚款或者滞纳金。加处罚款或者滞纳金的标准应当告知当事人。加处罚款或者滞纳金的数额不得超出金钱给付义务的数额。

9. 税收保全属于行政强制措施的范畴。(　　)

【答案】√

【解析】税收保全，是指税务机关对可能由于纳税人的行为，致使税款的征收不能保证或难以保证的，强制性限制纳税人转移、隐匿、处分其财产的具体行政行为。

10. 只要纳税人、扣缴义务人有未按照规定的期限缴纳或者解缴税款的行为，无须催告，经县以上税务局（分局）局长批准后，税务机关即可采取强制执行措施。(　　)

【答案】×

【解析】根据《税收征管法》规定，对从事生产、经营的纳税人、扣缴义务人未按照规定的期限缴纳或者解缴税款的行为，应先由税务机关责令限期缴纳，逾期仍未缴纳的，方可根据规定实施税务行政强制执行。

11. 根据税收优先权的规定，税收优先于其他行政机关作出的没收违法所得处罚决定的执行。(　　)

【答案】√

【解析】根据《税收征管法》第四十五条规定，税务机关征收税款，税收优先于无担保债权，法律另有规定的除外；纳税人欠缴的税款发生在纳税人以其财产设定抵押、质押或者纳税人的财产被留置之前的，税收应当先于抵押权、质权、留置权执行。纳税人欠缴税款，同时又被行政机关决定处以罚款、没收违法所得的，税收优先于罚款、没收违法所得。

12. 税务机关在税收执法过程中应贯彻税收优先权，当纳税人财产不足以清偿税款、滞纳金以及民事债务时，税务机关应当优先保障税款的入库。(　　)

【答案】×

【解析】根据《税收征管法》第四十五条规定，税务机关征收税款，税收优先于无担保债权，法律另有规定的除外；纳税人欠缴的税款发生在纳税人以其财产设定抵押、质押或者纳税人的财产被留置之前的，税收应当先于抵押权、质权、留置权执行。纳税人欠缴税款，同时又被行政机关决定处以罚款、没收违法所得的，税收优先于罚款、没收违法所得。因此，税收的优先权是有一定条件的，对于法律另有规定的（如《企业破产法》第一百一十三条的规定）、有担保的债权发生在纳税人欠税之前的，税收并没有优先权。

13. 税收保全是税收强制执行的必要前提，税收强制执行是税收保全的必然结果。（　　）

【答案】 ×

【解析】 首先，根据《税收征管法》第四十条规定，从事生产、经营的纳税人、扣缴义务人未按照规定的期限缴纳或者解缴税款，纳税担保人未按照规定的期限缴纳所担保的税款，由税务机关责令限期缴纳，逾期仍未缴纳的，经县以上税务局（分局）局长批准，税务机关就可以采取强制执行措施，无须经过税收保全措施。由此可见，税收强制执行前并非一定要采取保全措施，只要符合《税收征管法》第四十条所列情形，税务机关就可以依法实施强制执行。其次，根据《税收征管法》的相关规定，税务机关采取保全措施之后，纳税人依法缴纳税款、滞纳金的，税务机关应即时解除保全措施；只有逾期仍未缴纳的，税务机关才进入强制执行程序。因此，税收强制执行也不是税收保全的必然结果。

14. 行政强制的设定和实施，应当适当、合理。采用非行政强制手段能够达到行政管理目的的，不得实施行政强制。（　　）

【答案】 √

【解析】 根据《行政强制法》第五条规定，行政强制的设定和实施，应当适当。采用非强制手段可以达到行政管理目的的，不得设定和实施行政强制。

15. 为了维护国家税收权益，必要时税务机关也可查封、扣押纳税人个人维持生活必需的住房和用品。（　　）

【答案】 ×

【解析】 根据《税收征管法》第四十二条规定，税务机关采取税收保全措施和强制执行措施必须依照法定权限和法定程序，不得查封、扣押纳税人个人及其所扶养家属维持生活必需的住房和用品。

16. 纳税担保具有强制性，税务机关一旦责成纳税人提供担保，纳税人不得拒绝，必须遵从。（　　）

【答案】 ×

【解析】 税法规定了税务机关在法定的情形下有权责令纳税人提供担保，但纳税担保并非税务机关决定即可成立，必须经过纳税担保人同意才能成立。纳税担保是税务机关、纳税担保人、纳税人共同意思的表示。

17. 行政强制执行催告前，有证据证明纳税人有转移或者隐匿财物迹象的，税务机关可以作出立即强制执行决定。(　　)

【答案】 ×

【解析】 根据《行政强制法》第三十七条第三款规定，在行政强制执行催告期间，对有证据证明纳税人有转移或者隐匿财物迹象的，税务机关可以作出立即强制执行决定。所以催告前，不可以作出立即强制执行的决定。

18. 行政机关实施行政强制措施时，当事人不到场的，邀请见证人到场，由见证人和行政执法人员在现场笔录上签名或者盖章。(　　)

【答案】 √

【解析】 根据《行政强制法》第十八条规定，行政机关实施行政强制措施应当遵守下列规定：当事人不到场的，邀请见证人到场，由见证人和行政执法人员在现场笔录上签名或者盖章。

19. 税务机关依照《税收征管法》规定行使代位权、撤销权的，可免除纳税人的纳税义务。(　　)

【答案】 ×

【解析】 根据《税收征管法》第五十条规定，欠缴税款的纳税人因怠于行使到期债权，或者放弃到期债权，或者无偿转让财产，或者以明显不合理的低价转让财产而受让人知道该情形，对国家税收造成损害的，税务机关可以依照《民法典》的规定行使代位权、撤销权。税务机关依照上述规定行使代位权、撤销权的，不免除欠缴税款的纳税人尚未履行的纳税义务和应承担的法律责任。

第六章　税务行政执法证据

一、单项选择题

1. 下列证据中既属于间接证据，又属于原始证据的是（　　）。

A. 纳税人承认违法行为的陈述

B. 证人听到法定代表人与会计商议如何做假账的证言

C. 销售清单的复印件

D. 鉴定意见的复印件

【答案】 B

【解析】 本题考查的是证据的学理分类。间接证据是指证据不能直接说明案件事实，需要与其他证据相结合，通过综合分析判断才能证明案件事实的证据；原始证据是直接来源于案件事实或出自证据形成的原始出处的证据。选项A是能直接说明案件事实的证据，属于直接证据；选项C和选项D是间接地从原始材料派生而获得的证据，属于传来证据。只有选项B既属于间接证据，又属于原始证据。故正确答案是B。

2. 下列证据中，不属于《行政诉讼法》规定的证据法定种类的是（　　）。

A. 电子数据　　B. 证人证言

C. 当事人陈述　　D. 被告人供述

【答案】 D

【解析】 本题考查的是证据的法定种类。根据《行政诉讼法》第三十三条规定，证据的法定种类有书证、物证、视听资料、电子数据、证人证言、当事人的陈述、鉴定意见、勘验笔录、现场笔录。选项A、B、C都属于其中种类，选项D的被告人供述是指被告人就其被指控的犯罪事实以及其他案件事实向公安司法机关所作的陈述。它是我国《刑事诉讼法》规定的刑事证据的一种，不属于《行政诉讼法》规定的证据法定种类。故正确答案是D。

3. 在税收违法案件检查过程中，调取的证据必须是客观存在的事实。这体现了证据的（　　）特性。

A. 关联性　　B. 合法性

C. 真实性　　D. 准确性

【答案】C

【解析】本题考查的是证据的基本特性。证据所反映的内容是客观存在的事实，这是证据的真实性要求。故正确答案是C。

4. 在税收违法案件检查过程中，调取的证据必须与案件的待证事实之间有客观的联系。这体现了证据的（　　）特性。

A. 关联性　　B. 合法性

C. 真实性　　D. 准确性

【答案】A

【解析】本题考查的是证据的基本特性。证据必须与案件的待证事实之间有客观的联系，这是证据的关联性要求。故正确答案是A。

5. 税务机关作出行政行为取得的证据应当具备真实性。这里的真实性是指证据必须（　　）。

A. 能够反映案件的客观情况

B. 能够反映纳税人生产经营情况

C. 能够反映纳税人实际违法行为的情况

D. 能够反映税务机关认定的事实

【答案】A

【解析】本题考查的是证据的基本特性。证据的真实性要求所反映的内容是客观存在的事实。故正确答案是A。

6. 税务机关为查处某公司的税收违法行为收集的以下证据中，不属于书证的是（　　）。

A. 某公司的纳税申报表

B. 税务机关送达的针对该公司的税收违法行为的《税务行政处罚事项告知书》

C. 某公司法定代表人王某的身份证复印件

D. 税务机关出具的发票真伪的鉴别意见

【答案】D

【解析】本题考查的是书证的种类。选项D中的发票鉴别意见是税务机关运用专业知识和技能及必备的仪器、设备对需要鉴别的发票进行检测、检验、分析和判断，作出鉴别意见的过程，属于行政证据中的鉴定意见范畴，不是书证。故正确答案是D。

7. 某市税务局稽查局为查处甲公司的税收违法行为所取得的下列证据中，属于以其存在形式、外部特征、内在属性证明案件待证事实的物证是（　　）。

A. 甲公司的当年账簿资料

B. 甲公司伪造的高新技术企业证书

C. 甲公司与乙公司签订的销售合同

D. 甲公司的法定代表人身份证复印件

【答案】B

【解析】本题考查的是物证与书证种类的区别。物证是指以其存在形式、外部特征、内在属性证明案件待证事实的实体物和痕迹。书证是指以文字、符号、图画等所表达和记载的思想内容证明案件待证事实的书面文件或其他物品。选项 B 甲公司伪造的高新技术企业证书需要以其物理特征来证明事实，具有物证的属性。选项 A、C、D 则属于书证。故正确答案是 B。

8. 下列可以作为定案依据的证据材料是（　　）。

A. 严重违反法定程序收集的证据材料

B. 以偷拍、偷录、窃听等手段获取侵害他人合法权益的证据材料

C. 以利诱、欺诈、胁迫、暴力等不正当手段获取的证据材料

D. 附有说明材料的报表、图纸、会计账册、专业技术资料、科技文献等书证

【答案】D

【解析】本题考查的是定案依据。根据《最高人民法院关于行政诉讼证据若干问题的规定》第五十七条规定，选项 A、B、C 中的证据材料不具有证据的合法性特性，属于非法证据，不能作为定案依据的证据材料，只有选项 D 符合证据的要求，是可以成为定案依据的证据材料。故正确答案是 D。

9. 税务稽查中调取被查对象以前年度账簿及有关资料时应经一定级别局长的批准，并在规定期限内完整退还被查对象，以下选项正确的是（　　）。

A. 县以上税务局（分局）局长；3 个月

B. 县以上税务局（分局）局长或地州市以上税务局稽查局局长；3 个月

C. 县以上税务局（分局）局长；3 个月，特殊情况可以延长至 6 个月

D. 县以上税务局（分局）局长或地州市以上税务局稽查局局长；3 个月，特殊情况可以延长至 6 个月

【答案】A

【解析】本题考查的是调取以前年度账簿资料的程序规定。根据《税收征管法实施细则》第八十六条规定，经县以上税务局（分局）局长批准，可以将纳税人、扣缴义

务人以前会计年度的账簿、记账凭证、报表和其他有关资料调回税务机关检查，但是税务机关必须向纳税人、扣缴义务人开付清单，并在3个月内完整退还。故正确答案是A。

10. 下列关于不同证据种类证明效力说法不正确的是（　　）。

A. 公文文书优于其他书证

B. 原件优于复制件

C. 传来证据优于原始证据

D. 法定鉴定部门的鉴定意见优于其他鉴定部门的鉴定意见

【答案】 C

【解析】 本题考查的是证据的证明效力。根据《最高人民法院关于行政诉讼证据若干问题的规定》第六十三条规定，证明同一事实的数个证据，其证明效力一般可以按照下列情形分别认定：①国家机关以及其他职能部门依职权制作的公文文书优于其他书证；②鉴定结论、现场笔录、勘验笔录、档案材料以及经过公证或者登记的书证优于其他书证、视听资料和证人证言；③原件、原物优于复制件、复制品；④法定鉴定部门的鉴定结论优于其他鉴定部门的鉴定结论；⑤法庭主持勘验所制作的勘验笔录优于其他部门主持勘验所制作的勘验笔录；⑥原始证据优于传来证据；⑦其他证人证言优于与当事人有亲属关系或者其他密切关系的证人提供的对该当事人有利的证言；⑧出庭作证的证人证言优于未出庭作证的证人证言；⑨数个种类不同、内容一致的证据优于一个孤立的证据。选项C的说法不正确，应该是原始证据优于传来证据。故选项C符合题意。

11. 对于从纳税人处提取书证复印件作为证据，下列说法中正确的是（　　）。

A. 该复印件必须由纳税人进行确认

B. 应当以有效的方式证明复印件的来源及其与原件一致

C. 必须直接提取相应的原件作为证据

D. 由税务干部在复印件上注明情况并签字即可作为证据

【答案】 B

【解析】 本题考查的是税务行政执法证据书证的提取要求。提取原件确有困难的，可以提取与原件核对无误的复印件，但应当注明出处，经证据原件保管人核对无异后予以确认。选项C不是必须。选项D是不正确的，复印件上只有税务干部签字还不够。选项A是应该，而不是必须确认，还存在行政相对人不肯确认的情况，税务机关应作出书面说明，并通过公证、在场人证明、拍照、录像等方式证明复印件与原件的一致性，这些方式即属有效方式，也就是选项B的规定。故正确答案是B。

12. 税务机关执法时取得书证复印件作为证据，需要证明该复印件的来源及其与原件一致时，下列方法中，最优的方法是（　　）。

A. 由提取书证的检查人员在复印件上注明来源及其与原件一致，并签名、盖章

B. 由纳税人在复印件上注明来源及其与原件一致，并签名、盖章

C. 由原件的持有人在复印件上注明来源及其与原件一致，并签名、盖章

D. 由负责复印的人员在复印件上注明来源及其与原件一致，并签名、盖章

【答案】 C

【解析】 本题考查的是书证复印件提取的确认要求。确认是一种证明活动，即证明复印件与原件的一致性，不同的记载可能影响复印件作为证据的证明力。在复制有关书证材料时，通常应当在复制件中记载下列事项：提取时间、提取地点、提取人员、与原件核对无误的表述、其他说明，并经原件持有人签章或签字。因此复印件应由原件的持有人在复印件上注明来源及其与原件一致，并签名、盖章。如果是在纳税人处复制的书证，应由纳税人在复印件上注明来源及其与原件一致，并签名、盖章；如果是从行政机关和其他单位或部门处复制的，就由相关的单位或部门在复印件上注明来源及其与原件一致，并签名、盖章。故正确答案是 C。

13. 下列证据材料中，属于税务案件原始证据的是（　　）。

A. 伪造的发票　　　　B. 稽查工作底稿

C. 复印的会计资料　　D. 复制的电子资料

【答案】 A

【解析】 本题考查的是原始证据。原始证据是指直接来源于案件事实或出自原始出处的证据材料，即人们通常所说的“第一手材料”。比如纳税人的各种原始账簿、发票、凭证、合同原件等。而不直接来源于案件事实，经过转手复制等，则为传来证据。选项 C、D 是典型的传来证据。本题要特别注意区别的是选项 B 稽查工作底稿是否属于原始证据，从稽查工作底稿记载的内容上看，稽查工作底稿是对当事人各类书证原件进行归类、节录的基础上形成的资料，因此它也属于传来证据。税务机关在证明纳税人的税收违法事实时，取得的纳税人伪造的发票是“第一手材料”，属于原始证据。故正确答案是 A。

14. 税务机关在收集证据的过程中应遵循“全面、客观、公正、合法”的原则，其中“全面”原则的要求是（　　）。

A. 既要收集对当事人不利的证据，同时也要收集对当事人有利的证据

B. 收集证据应着眼案件的本来面目，如实反映案件事实

C. 收集证据应不偏不倚

D. 收集证据的程序应当合法，证据本身要符合证据的形式要件

【答案】 A

【解析】 本题考查的是收集证据的原则。税务机关收集证据应当遵循全面、客观、公正、合法的原则。选项 B 是“客观”原则的要求，选项 C 是“公正”原则的要求，选项 D 是“合法”原则的要求。选项 A 则是“全面”原则的要求。故正确答案是 A。

15. 税务机关在提取物证时，可以同时制作加以佐证的（　　）。

A. 提取证据专用收据　　B. 现场笔录

C. 勘验笔录　　D. 询问笔录

【答案】 B

【解析】 本题考查的是提取物证的要求。现场笔录，是行政主体工作人员在执行职务过程中当场进行调查、处理、处罚制作的文字记载材料。税务机关在提取物证时，同时制作现场笔录等加以佐证。故正确答案是 B。

16. 经税务机关书面通知，某纳税人的仓库保管员到税务机关办公场所接受了纳税人产品出、入库情况的询问，执法人员在没有告知该仓库保管员的情况下进行了全程录像，该录像资料（　　）。

A. 可以作为证据

B. 不能作为证据

C. 经该仓库保管员认可后才能作为证据

D. 经纳税人法定代表人认可后才能作为证据

【答案】 A

【解析】 本题考查的是定案依据的问题。偷拍的录像如果没有违反法律禁止性规定或侵害到他人合法权益的，仍可以作为定案证据使用。本题中虽然没有告知被询问人而对其询问进行了录像，但并未侵害到他的合法权益。故正确答案是 A。

17. 税务行政诉讼中，税务机关用以证明自己所作行政决定合法的证据，原则上是（　　）。

A. 一审开庭前取得的证据　　B. 原告起诉前取得的证据

C. 发生争议前取得的证据　　D. 作出行政决定前取得的证据

【答案】 D

【解析】 本题考查的是行政决定合法的取证原则。根据《行政诉讼法》第三十四条规定，被告对作出的行政行为负有举证责任，应当提供作出该行政行为的证据和所依据的规范性文件。被告不提供或者无正当理由逾期提供证据，视为没有相应证据。但是，被诉行政行为涉及第三人合法权益，第三人提供证据的除外。根据《行政诉讼法》第三十五条规定，在诉讼过程中，被告及其诉讼代理人不得自行向原告、第三人和证人收集证据。由此可见，税务行政决定应坚持“先取证，后裁决”的原则，税务行政诉讼中，作为被告的税务机关应当举证作出具体行政行为的事实证据和法律依据。故正确答案是D。

18. 税务稽查工作底稿属于（　　）。

A. 言词证据　　B. 实物证据

C. 证人证言　　D. 书证

【答案】 D

【解析】 本题考查的是证据的种类。税务稽查底稿除详细记载了当事人的基本情况外，更主要是记载了检查期间被稽查对象收入、成本、费用及利润，各类税费的申报缴纳情况（各类税费的应缴实缴数、税费缴纳日期、完税证号码、记载的凭证号码等），税务违法线索的出处（如记载违法线索的账簿、报表、凭证、发票等）等案件事实情况，经被查对象认可核实，由其法定代表人或主要负责人在底稿上逐页签明“以上记录核对属实”的字样，签名并加盖公章。因此，税务稽查工作底稿是基于对当事人各类书证原件进行归类、节录的基础上形成的资料，并经当事人核对签章（签字），完全符合有关书证的特征要素，故其属于书证的一种形式。因此税务稽查工作底稿属于书证。故正确答案是D。

19. 从查处税务案件实际需要的角度出发，诸如税务检查通知书、询问通知书等书证，属于可（　　）。

A. 证明税务案件当事人主体身份、资格的书证

B. 证明税务案件当事人存在违法事实的书证

C. 证明税务机关具体行政执法行为合法的书证

D. 证明税务机关内部行政行为合法的书证

【答案】 C

【解析】 本题考查的是书证的种类。从查处税务案件实际需要的角度出发，将书证分为：①证明税务案件当事人主体身份、资格的书证；②证明税务案件当事人违法事实的书证；③证明税务机关具体行政执法行为合法的书证。税务检查通知书、询问通知书等书证是证明税务机关严格依照法定权限和程序进行执法的证据，故正确答案是C。

20. 税务人员对企业实施查封扣押，配带了执法记录仪，对查封扣押过程进行录像。这种做法（　　）。

A. 没有法律依据，录像不能作为证据

B. 属于偷拍偷录，录像不能作为证据

C. 有违法之嫌，录像一般不能成为证据

D. 并不违法，录像可以作为证据

【答案】D

【解析】本题考查的是行政执法证据形式。根据《税收征管法》第五十八条规定，税务机关调查税务违法案件时，对与案件有关的情况和资料，可以记录、录音、录像、照相和复制。执法记录仪能够对执法过程中进行动态、静态的现场情况数字化记录，属于视听资料。现场录像作为现场真实证据的再现，能最大限度地保证执法者与被执法者处于更公正、更透明、更和谐的执法状况。这种做法是有法律依据的，并不违反法律禁止性规定，录像可作为证据。故正确答案是D。

21.《发票管理办法实施细则》规定，用票单位和个人有权申请税务机关对发票真伪进行鉴别。收到申请的税务机关鉴别有困难的，可以提请协助鉴别的部门是（　　）。

A. 公安部门　　B. 发票监制税务机关

C. 法院　　D. 公证部门

【答案】B

【解析】本题考查的是发票真伪的鉴别权属。根据《发票管理办法实施细则》第三十三条规定，用票单位和个人有权申请税务机关对发票的真伪进行鉴别。收到申请的税务机关应当受理并负责鉴别发票的真伪；鉴别有困难的，可以提请发票监制税务机关协助鉴别。故正确答案是B。

22.《发票管理办法实施细则》规定，对于在伪造、变造现场以及买卖地、存放地查获的发票，其鉴别机构是（　　）。

A. 当地公安部门　　B. 发票监制税务机关

C. 省级税务局　　D. 当地税务机关

【答案】D

【解析】本题考查的是发票真伪的鉴别权属。根据《发票管理办法实施细则》第三十三条规定，在伪造、变造现场以及买卖地、存放地查获的发票，由当地税务机关鉴别。故正确答案是D。

二、多项选择题

1. 下列关于证据的效力说法正确的有（　　）。

A. 原件、原物优于复制件、复制品

B. 法定鉴定部门的鉴定结论优于其他鉴定部门结论

C. 一个孤立的证据优于数个种类不同、内容一致的证据

D. 出庭作证的证人证言优于未出庭作证的证人证言

【答案】ABD

【解析】本题考查的是证据的证明效力。根据《最高人民法院关于行政诉讼证据若干问题的规定》第六十三条规定，选项 A、B、D 的说法是正确的，选项 C 的说法是错误的，应该是数个种类不同、内容一致的证据优于一个孤立的证据。故正确答案是 A、B、D。

2. 下列证据材料中，不能作为认定案件事实依据的证据有（　　）。

A. 税务检查人员采用法律明确禁止的方法取得的证据

B. 税务检查人员采用侵犯当事人合法权益方法取得的证据

C. 税务检查人员严格遵守取证程序规则取得的证据

D. 税务检查人员查获的作为物证的非法财物

【答案】AB

【解析】本题考查的是证据的合法性。根据《最高人民法院关于行政诉讼证据若干问题的规定》第五十七条规定，不能作为定案依据的证据材料包括：①严重违反法定程序收集的证据材料；②以偷拍、偷录、窃听等手段获取侵害他人合法权益的证据材料；③以利诱、欺诈、胁迫、暴力等不正当手段获取的证据材料；④当事人无正当事由超出举证期限提供的证据材料；⑤在中华人民共和国领域以外或者在中华人民共和国香港特别行政区、澳门特别行政区和台湾地区形成的未办理法定证明手续的证据材料；⑥当事人无正当理由拒不提供原件、原物，又无其他证据印证，且对方当事人不予认可的证据的复制件或者复制品；⑦被当事人或者他人进行技术处理而无法辨明真伪的证据材料；⑧不能正确表达意志的证人提供的证言；⑨不具备合法性和真实性的其他证据材料。因此选项 A、B 是不能作为认定事实依据的证据的。故选项 A、B 符合题意。

3. 税务稽查人员调查税收违法案件时，要取得与案件有关的情况和资料，下面可以依法采用的具体方式有（　　）。

A. 记录当事人生产经营的情况

B. 在询问当事人过程中进行录音

C. 收集实物证据时采取拍照方式

D. 偷拍与税收违法案件有关但侵害当事人隐私权的录像

【答案】ABC

【解析】本题考查的是税务稽查的取证方法。根据《税收征管法》第五十八条的规定，税务机关调查税收违法案件时，对与案件有关的情况和资料，可以记录、录音、录像、照相和复制。同时根据《最高人民法院关于行政诉讼证据若干问题的规定》第五十七条的规定，以偷拍手段获取侵害他人合法权益的证据材料不能作为定案依据，选项 D 的情形属于此类证据材料，属于非法证据，不能作为定案依据。故正确答案是 A、B、C。

4. 税务机关在依法进行检查过程中，可以对当事人进行证据先行登记保存的情形有（　　）。

A. 被调查或检查单位或个人可能隐匿、转移、销毁、篡改或变卖证据的

B. 因证据资料数量众多无法及时提供固定的

C. 当事人拒不提供有关证据材料的

D. 因受到自然条件或其他因素的限制，证据可能自然毁损或灭失的

【答案】AD

【解析】本题考查的是证据先行登记保存的情形。税务机关在依法进行税务调查或检查过程中，发现有下列情形之一的，可以决定采取证据先行登记保存：①被调查或检查单位或个人可能隐匿、转移、销毁、篡改或变卖证据的；②因受到自然条件或其他因素的限制，证据可能自然毁损或灭失的；③证据可能灭失或以后难以取得的其他情形。选项 A、D 属于其中的两种情形。故正确答案是 A、D。

5. 税务机关在对下列收集的纳税人税收违法行为证据进行审查时，不能作为认定案件事实的证据包括（　　）。

A. 税务检查人员采用搜查方式从财务人员家中查找到的账簿

B. 税务检查人员从银行提取的经银行确认的纳税人银行账单复印件

C. 税务检查人员对纳税人单位的业务员所作的询问笔录

D. 税务检查人员以胁迫、暴力等手段获取的纳税人的法定代表人的询问笔录

【答案】AD

【解析】本题考查的是证据的排除规则。证据是指一切能够用来证明案件事实的材料。税务机关收集的有关证据材料能否成为定案证据，取决于这些材料本身是否具备了证据的基本特性：真实性、关联性和合法性。选项 A、D 的证据不符合合法性的要求，违法取得的证据不能作为定案依据的证据。故正确答案是 A、D。

6. 下列证据中不能单独作为定案依据的证据包括（　　）。

A. 未成年人所作的证言

B. 难以识别是否经过修改的视听材料

C. 证据被改动，当事人不予认可的

D. 与被查对象有不利关系的证人所作的对该被查对象不利的证言

【答案】BCD

【解析】本题考查的是不能单独作为定案依据的证据。根据《最高人民法院关于行政诉讼证据若干问题的规定》第七十一条的规定，不能单独作为定案依据的证据包括：①未成年人所作的与其年龄和智力状况不相适应的证言；②与一方当事人有亲属关系或者其他密切关系的证人所作的对该当事人有利的证言，或者与一方当事人有不利关系的证人所作的对该当事人不利的证言；③应当出庭作证而无正当理由不出庭作证的证人证言；④难以识别是否经过修改的视听资料；⑤无法与原件、原物核对的复制件或者复制品；⑥经一方当事人或者他人改动，对方当事人不予认可的证据材料；⑦其他不能单独作为定案依据的证据材料。该规定确认了未成年人作为证人的资格，根据第一项的规定，不是所有的未成年人的证言都需要佐证，只是对于那些证言所涉及的内容与未成年人的年龄和智力状况有很大程度的“不适应性”时，未成年人的证言才需要其他证据的佐证。因此，选项 A 不是正确选项，而选项 B、C、D 则属于其中情形。故正确答案是 B、C、D。

7. 下列对税务机关调回资料检查表述正确的有（　　）。

A. 调回纳税人当年度的资料的，须经县以上税务局（分局）局长的批准

B. 应当出具清单

C. 必要时可将纳税人或扣缴义务人以外的其他单位或个人的资料调回检查

D. 调回当年资料的，应当在 30 天内退回

【答案】BD

【解析】本题考查的是税务机关调回资料检查的规定。根据《税收征管法实施细则》第八十六条规定，选项 B、D 的表述是正确的。故正确答案是 B、D。

8. 下列选项中，符合询问笔录制作要求的有（　　）。

A. 必须由 2 名以上具有执法资格的税务干部实施

B. 告知被询问人权利义务

C. 询问正文部分采用问答形式记录

D. 询问笔录中只记录其对违法事实承认的部分，不记录其否认及辩解的部分

【答案】ABC

【解析】本题考查的是询问笔录制作要求。询问必须由 2 名以上具有执法资格的税务干部实施。询问笔录制作要求包括：①写明基本情况。②告知权利义务。③询问正文部分采用问答形式记录。④记录询问内容要全面、详细、具体。不仅要记录其对违法事实承认的部分，也要记录其否认及辩解的部分。⑤询问双方确认。因此选项 D 的说法是错误的，故正确答案是 A、B、C。

9. 有关税收执法中的询问笔录，正确表述的有（　　）。

A. 询问必须由 2 名以上（含 2 名）具有执法证件的税务干部实施

B. 应当取得经核对无误的被询问人身份证复印件或其他能够证明其身份的文件

C. 询问笔录应当交被询问人核对并确认

D. 询问笔录只能用蓝黑墨水的钢笔书写记录，不能使用计算机进行记录

【答案】 ABC

【解析】 本题考查的是询问笔录的制作要求。询问必须由 2 名以上具有执法资格的税务干部实施。询问笔录制作要求包括：①写明基本情况。②告知权利义务。③询问正文部分采用问答形式记录。④记录询问内容要全面、详细、具体。不仅要记录其对违法事实承认的部分，也要记录其否认及辩解的部分。⑤询问双方确认。调查结束后，询问笔录应交询问对象签名确认，不能签名的，应当以盖章、捺指印等方式证明。询问笔录应用钢笔、黑色签字笔或毛笔书写，也可以计算机记录并打印，经询问对象核对无误后签字、盖章或捺指印确认。如有遗漏或者差错，应允许其补充或改正。询问人和记录人也应在询问笔录上签字。因此选项 D 的说法是错误的，故正确答案是 A、B、C。

10. 当事人陈述属于（　　）。

A. 直接证据　　　　B. 间接证据

C. 实物证据　　　　D. 言词证据

【答案】 AD

【解析】 本题考查的是证据的学理分类。当事人陈述，是当事人对案件事实的描述，包括承认、反驳及辩解。能直接说明案件事实的证据，且是以人的陈述为表现形式的证据，因此它既属于直接证据，又属于言词证据。故正确答案是 A、D。

11. 下列证据材料不能作为认定税收案件事实的证据的有（　　）。

A. 严重违反法定程序收集的证据

B. 以暴力、胁迫等不正当手段获取的证据

C. 复印的纳税人会计资料

D. 不能正确表达意志的证人提供的证言

【答案】 ABD

【解析】 本题考查的是不能作为认定案件事实的证据。证据是指一切能够用来证明案件真实情况的材料。税务机关收集的有关证据材料能否成为定案证据，取决于这些材料本身是否具备了证据的基本特性：真实性、关联性和合法性。根据《最高人民法院关于行政诉讼证据若干问题的规定》第五十七条规定，不能作为定案依据的证据材料包括：①严重违反法定程序收集的证据材料；②以偷拍、偷录、窃听等手段获取侵

害他人合法权益的证据材料；③以利诱、欺诈、胁迫、暴力等不正当手段获取的证据材料；④当事人无正当事由超出举证期限提供的证据材料；⑤在中华人民共和国领域以外或者在中华人民共和国香港特别行政区、澳门特别行政区和台湾地区形成的未办理法定证明手续的证据材料；⑥当事人无正当理由拒不提供原件、原物，又无其他证据印证，且对方当事人不予认可的证据的复制件或者复制品；⑦被当事人或者他人进行技术处理而无法辨明真伪的证据材料；⑧不能正确表达意志的证人提供的证言；⑨不具备合法性和真实性的其他证据材料。选项 A、B、D 是其中所列。其中，选项 A、B 的证据不具有合法性的要求，选项 D 不具有真实性的要求。故正确答案是 A、B、D。

12. 税务机关在办案过程中，对于取得的证据材料应当予以审查，其中属于证据合法性审查的内容有（　　）。

A. 取证的主体和权限是否合法　B. 取证的程序和手段是否合法

C. 是否是直接证据　D. 证据的形式是否符合法定的要求

【答案】ABD

【解析】本题考查的是证据合法性审查的内容。是否为直接证据不属于证据合法性审查的内容。取证的合法性应该考虑取证的主体和权限是否合法、取证的程序和手段是否合法、证据的形式是否符合法定的要求。选项 A、B、D 属于证据合法性审查的内容。故正确答案是 A、B、D。

13. 作为税收案件定案证据的材料，应当同时具备（　　）。

A. 证据的合法性　B. 证据的关联性

C. 证据的真实性　D. 证据的保密性

【答案】ABC

【解析】本题考查的是证据的特性。作为定案证据的材料，应具备证据的合法性、关联性和真实性，三者必须同时具备，缺一不可。故正确答案是 A、B、C。

14. 税务机关为查办税收违法案件时收集的以下证据中，属于言词证据的有（　　）。

A. 法定代表人的陈述

B. 对纳税人财务人员的询问笔录

C. 从纳税人计算机中复制的电子数据

D. 鉴定意见

【答案】ABD

【解析】本题考查的是证据种类中的言词证据。言词证据是以人的陈述为表现形式的证据，又称人证。选项 A、B、D 符合言词证据的特点。其中，鉴定意见是一种特定的言词证据，是专门机构的专家所作的证言，选项 C 属于电子数据。故正确答案是 A、B、D。

15. 下列对有关现场笔录制作要求表述正确的有（　　）。

A. 由税务执法人员当场制作

B. 特殊情况可事后补办

C. 应当载明时间、地点和事件等内容

D. 若当事人拒绝签名，注明原因后，可由在场的其他人签名

【答案】 ACD

【解析】 本题考查的是现场笔录制作要求。现场笔录必须是在进行税务行政执法行为的过程中即时制作的，具有即时性和不可再现性，因此应由执法人员当场制作，不能采取事后补记或追记。现场笔录应当载明时间、地点、参加执法的人员和事件过程、事实结果等内容。笔录应由执法人员和当事人签名。当事人拒绝签名或者不能签名的，应当注明原因，可由其他在场人签名证明。故正确答案是 A、C、D。

16. 税务机关对某纳税人法定代表人进行询问调查时，对谈话过程进行了全程录音，有关该录音证据制作要求表述正确的有（　　）。

A. 必须首先取得该法定代表人同意，否则擅自录取的资料不得作为证据

B. 必要时可以进行剪辑、拼接等技术处理

C. 应当附有该声音资料的文字说明

D. 参与谈话调查过程的税务人员不得少于 2 人

【答案】 CD

【解析】 本题考查的是视听资料的制作要求。税务机关检查时，可以采取录音、录像等方式，所以无须首先取得该法定代表人同意，选项 A 的说法不正确。视听资料只能提取原始载体或复制，不能进行剪辑、拼接等技术处理，否则该证据不能单独或不能作为定案依据的证据，选项 B 的说法也是不正确的。声音资料应当附有文字说明，选项 C 是正确的。询问调查是税务机关执法行为，因此执法人员应是 2 人或 2 人以上，选项 D 的说法也是正确的。故正确答案是 C、D。

17. 下列说法正确的有（　　）。

A. 提取已经开具的真实发票原件应使用统一的发票换票证

B. 税务机关“偷拍、偷录”的声像资料不能作为税务违法案件的定案依据

C. 税务案件中的证人必须是能够正确表达其意志的人

D. 税务机关原则上对已经登记保存的证据应当加封后交由当事人就地负责保管

【答案】 ACD

【解析】本题考查的是证据取证的相关要求。根据《发票管理办法》第三十二条规定，税务机关需要将已开具的发票调出查验时，应当向被查验的单位和个人开具发票换票证，选项A是正确的。行政执法机关以偷拍、偷录方式获取的证据材料如果违反了法律的禁止性规定或损害他人合法权益的，视为非法证据。但以非公开方式获取的证据材料的行为没有违反法律的禁止性规定或侵害到他人合法权益的，仍可以作为定案证据使用，选项B不正确。选项C是对证人资格的法定要求。选项D是先行登记保存的证据的保管规定。故正确答案是A、C、D。

18. 税务行政诉讼中，税务机关向人民法院提交的下列证据中通常需要附有说明材料的有（　　）。

A. 报表、图纸　　B. 会计账册

C. 专业技术资料　　D. 国内货物买卖合同正本

【答案】ABC

【解析】本题考查的是行政诉讼证据中书证的调取要求。根据《最高人民法院关于行政诉讼证据若干问题的规定》第十条规定，提供报表、图纸、会计账册、专业技术资料、科技文献等书证的，应当附有说明材料。由于这些书证复杂且较为专业，应对其作必要说明，以阐明证据与所要证明的有关事实的关系，也便于日后案件审理员及人民法院进行梳理、审查。选项D，国内货物买卖合同正本，由于其内容明确清楚，所以没必要加以文字说明。故正确答案是A、B、C。

19. 税务机关对当事人有关生产经营场所实施下列执法行为时，可以同时制作勘验笔录加以固定有关事实的有（　　）。

A. 收集物证材料　　B. 用电用水数据采集

C. 仓库原材料、成品盘点　　D. 采取税收保全措施

【答案】BC

【解析】本题考查的是勘验笔录的适用。勘验笔录是在行政执法程序和诉讼过程中由行政机关执法人员或人民法院司法审判人员对案件有关场所、物品进行现场勘查、检测、测量、拍照、绘图后制作的笔录，是行政机关或人民法院在案件事实发生后对现场情况的一种事后固定，其反映的是一个静态的结果。在对当事人有关生产经营设施进行检测、用电用水数据采集、经营场所绘图，以及对仓库原材料、成品进行盘点等过程中，应以勘验笔录方式加以固定有关事实。选项A、D属于现场笔录的适用范围，选项B、C属于勘验笔录的适用范围。故正确答案是B、C。

20. 下列证据属于电子数据证据的有（　　）。

A. 复制的纳税人存储在计算机里的电子账册

B. 纳税人网上申报的资料

C. 执法记录仪里的录音录像资料

D. 纳税人发往办案税务人员手机中的短信

【答案】 ABD

【解析】 本题考查的是电子数据证据的范畴。电子数据是指基于计算机应用、通信和现代管理技术等电子化技术手段形成的包括文字、图形符号、数字、字母等的客观资料，包括电子邮件、电子数据交换、网上聊天记录、博客、微博客、手机短信、电子签名、域名等。选项 A、B、D 属于电子数据的范畴，选项 C 属于视听资料的范畴。故正确答案是 A、B、D。

三、判断题

1. 税务机关在税收违法案件检查中，以偷拍、偷录、窃听等手段获取的证据材料不能作为定案依据。(　　)

【答案】 ×

【解析】 只要以偷拍、偷录、窃听等手段获取的证据材料没有违反法律的禁止性规定或侵害他人合法权益的，仍可作为定案证据使用。

2. 询问笔录应用钢笔或毛笔书写，也可以计算机记录并打印。(　　)

【答案】 √

【解析】 询问笔录应用钢笔或毛笔书写，也可以计算机记录并打印，这是询问笔录制作的一般要求。

3. 未成年人所作的与其年龄和智力状况不相适应的证言不能单独作为税收违法案件定案依据的证据。(　　)

【答案】 √

【解析】 未成年人所作的与其年龄和智力状况不相适应的证言不能单独作为定案依据的证据，是由于未成年人的证言的可信性涉及证言的证明力问题，法律确立了未成年人作为证人的资格，但不是所有的未成年人的证言都要佐证，只是对于那些证言所涉及的内容与未成年人的年龄和智力状况有很大程度上的“不适应”时，未成年人的证言才需要其他证据的佐证。

4. 被查纳税人的弟弟所作的对该被查纳税人有利的证言不能单独作为定案依据。(　　)

【答案】√

【解析】本题考查涉及证据可信性及证言的证明力问题。根据《最高人民法院关于行政诉讼证据若干问题的规定》第七十一条第（二）项规定，与一方当事人有亲属关系或者其他密切关系的证人所作的对该当事人有利的证言，或者与一方当事人有不利关系的证人所作的对该当事人不利的证言，不能单独作为定案依据。纳税人的弟弟与被查对象有亲属关系，因此所作的对该被查对象有利的证言不能单独作为定案依据的证据。

5. 证据被他人改动，纳税人不予认可的不能单独作为该纳税人的税收违法案件的定案依据。(　　)

【答案】√

【解析】根据《最高人民法院关于行政诉讼证据若干问题的规定》第五十七条规定，证据被他人改动且纳税人不予认可的属于不能作为定案依据的证据材料。从证据的“三性”来看，证据被改动实质性地影响了证据的客观性，如果证据本身的客观性不能得到确信，其证据资格就无法成立。因此，证据被他人改动，纳税人不予认可的不能单独作为定案依据，需要佐证才能让人确信。

6. 鉴定结论错误、不明确或者内容不完整不能作为定案依据。(　　)

【答案】√

【解析】根据《最高人民法院关于行政诉讼证据若干问题的规定》第六十二条规定，鉴定结论错误、不明确或者内容不完整的，不予采纳。证据的真实性、关联性和合法性必须同时具备，缺一不可。不具有上述“三性”的证据材料不能作为认定事实的证据，也即不具有证明效力。

7. 鉴定结论、现场笔录、档案材料以及经过公证或登记的书证，其证据效力优于其他书证、视听材料和证人证言。(　　)

【答案】√

【解析】根据《最高人民法院关于行政诉讼证据若干问题的规定》第六十三条对此有明确规定。鉴定结论、现场笔录是法定的证据种类，同时又是通过严格的法定程序制作完成的，具有公文文书的特点。从证据形成和证据制作主体来看，以上证据都较其他类型的证据更加严格，由此可以判定其证明力很高。档案材料以及经过公证或登记的书证也具有证明力的优势。档案材料是根据《档案法》的规定，经过法定的严格程序才得以形成；经过公证或登记的书证同样也是经过了法定程序的加工，经过登记的文书代表着其行为本身已经被法律所认同。因此，以上证据都是具有形式效力优先性的证据，在无法从证据内容来辨明证据证明力问题时，这些证据有证明力上的优先性。

8. 法定鉴定部门的鉴定结论其证据效力优于其他鉴定部门的鉴定意见。（　　）

【答案】√

【解析】根据《最高人民法院关于行政诉讼证据若干问题的规定》第六十三条对此有明确规定。鉴定结论之间按证明力高低的排序，是根据鉴定主体的不同所区别的。在鉴定结论内容上的证明力无法区分时，通过鉴定主体的规范位阶效力可以说明其鉴定结论本身的可信度。

9. 税务机关严重违反法定程序收集的证据不能作为认定当事人税收违法案件事实的证据。（　　）

【答案】√

【解析】根据《最高人民法院关于行政诉讼证据若干问题的规定》第五十七条规定，严重违反法定程序收集的证据不能作为定案依据。

10. 税务机关依职权制作的公文文书其证据效力优于其他书证。（　　）

【答案】√

【解析】《最高人民法院关于行政诉讼证据若干问题的规定》第六十三条对此有明确规定。这是公文文书与其他非公文文书之间的证明力位阶。公文文书的制作具有较为严格的法律程序，公文文书的制作主体具有法定性和特殊性，公文文书的内容不易伪造且内容多为必须公开的信息为人们所知晓。正是由于公文文书具有以上的作为证据使用的客观上的优势，所以在证明同一案件事实时，如果包括公文文书在内的数个证据都无法衡量出证明力高低时，则可通过此规则来确定公文文书的优势证明力。

11. 精神病人提供的证言不能单独作为税收违法案件定案依据。（　　）

【答案】√

【解析】根据《最高人民法院关于行政诉讼证据若干问题的规定》第五十七条第（八）项规定，不能正确表达意志的证人提供的证言不能作为定案依据。精神病人属于固定的不能正确表达意志的人，其所作的证言因不具有证据的真实性，而被列为排除证据，并非补强证据。

12. 在收集的税收执法证据中，取得的纳税人的原始账簿，其效力优于账簿复印件的效力。（　　）

【答案】√

【解析】这是由原始证据和传来证据这两类证据的特性决定的。根据《最高人民法院关于行政诉讼证据若干问题的规定》第六十三条规定，原始证据的证明效力高于传来证据的证明效力。原始账簿属于原始证据，账簿复印件属于传来证据，因此原始账簿效力高于账簿复印件的效力。

13. 税收执法人员在对纳税人实施检查时，在不违反法律禁止性规定且不侵犯他人合法权益的前提下，未告知被检查对象而录拍与案件有关的声像资料，可以作为有效证据使用。(　　)

【答案】√

【解析】根据《最高人民法院关于行政诉讼证据若干问题的规定》第五十七条规定，以偷拍、偷录、窃听等手段获取侵害他人合法权益的证据材料，不能作为定案依据。但如果在不违反法律禁止性规定且不侵犯他人合法权益前提下的偷拍、偷录取得的声像资料，仍可以作为有效证据使用。

14. 税务机关对当事人采取查封货物的行政强制措施并制作的现场笔录，如当事人拒绝签字，则无当事人签名的现场笔录不能作为证据。(　　)

【答案】×

【解析】根据《最高人民法院关于行政诉讼证据若干问题的规定》第十五条规定，根据《行政诉讼法》第三十一条第一款第（七）项的规定，被告向人民法院提供的现场笔录，应当载明时间、地点和事件等内容，并由执法人员和当事人签名。当事人拒绝签名或者不能签名的，应当注明原因。有其他人在现场的，可由其他人签名。即税务机关制作的现场笔录虽无当事人签名，但只要有了证明人的证明，是可以作为证据的。

15. 公安机关在侦办某单位涉税违法犯罪案件的过程中，要求主管税务机关协助确定该单位涉税数额，税务机关经分析计算后将有关结果以公函方式告知公安机关，该份公函属于证据形式中的鉴定结论。(　　)

【答案】×

【解析】税务机关只具有发票真伪的鉴别权，这里涉及的是涉税违法数额，不属于发票真伪的鉴别，而且出具的是公函，因此不属于鉴定结论。

16. 税务机关收集的来源于中华人民共和国领域外的有关证据材料，应当按照有关国际公约或司法协助协定办理必要的证明手续。(　　)

【答案】√

【解析】本题考查域外证据的收集要求。税务机关收集的来源于中华人民共和国领域外的有关证据材料，应当按照有关国际公约或司法协助协定办理必要的证明手续。根据《最高人民法院关于行政诉讼证据若干问题的规定》第十六条规定，当事人向人民法院提供的在中华人民共和国领域外形成的证据，应当说明来源，经所在国公证机关证明，并经中华人民共和国驻该国使领馆认证，或者履行中华人民共和国与证据所在国订立的有关条约中规定的证明手续。

17. 税务机关对当事人有关的证据材料采取先行登记保存措施后，为防止证据灭失必须将证据材料调回税务机关保存，不得交由当事人保管。（　　）

【答案】 ×

【解析】 税务机关原则上对已经登记保存的证据应当加封后交由当事人就地负责保管。

18. 《税务稽查案件办理程序规定》（国家税务总局令第 52 号）规定：询问笔录应当交当事人核对；核对无误后，由当事人签章或者押印；当事人拒绝的，应当注明；修改过的笔录，应当由当事人在改动页的末尾处签章或者押印。（　　）

【答案】 ×

【解析】 根据《税务稽查案件办理程序规定》（国家税务总局令第 52 号）第二十条第二款规定，询问笔录应当交被询问人核对或者向其宣读；询问笔录有修改的，应当由被询问人在改动处捺指印；核对无误后，由被询问人在尾页结束处写明“以上笔录我看过（或者向我宣读过），与我说的相符”，并逐页签章、捺指印。被询问人拒绝在询问笔录上签章、捺指印的，检查人员应当在笔录上注明。

19. 税务机关是税款金额、发票真伪的法定鉴别机关。（　　）

【答案】 ×

【解析】 根据《发票管理办法实施细则》第三十三条规定，用票单位和个人有权申请税务机关对发票的真伪进行鉴别。收到申请的税务机关应当受理并负责鉴别发票的真伪；鉴别有困难的，可以提请发票监制税务机关协助鉴别。在伪造、变造现场以及买卖地、存放地查获的发票，由当地税务机关鉴别。因此税务机关具有发票真伪的鉴别权，除此之外并无其他鉴别权。关于税额的问题，税务机关只能依据本身职能协助相关部门作出证明，不属于鉴别。

20. 税务机关在调查取证时，提取由有关单位、部门保管的书证原件的复制件、影印件或者抄录件的，应当注明出处，经该原件保管人核对无异后加盖其印章。（　　）

【答案】 √

【解析】 根据《最高人民法院关于行政诉讼证据若干问题的规定》第十条第一款第（二）项规定，提供由有关部门保管的书证原件的复制件、影印件或者抄录件的，应当注明出处，经该部门核对无异后加盖其印章。

21. 在税收违法案件的证据中，假发票和假账只能作为书证使用。(　　)

【答案】 ×

【解析】 假发票和假账上的记录内容以书证方式证明行政相对人违法的情况，因此具有书证的特征；另外假发票和假账因其“假”的特性以物证形式证明行政相对人违法事实，故可作为痕迹物证使用。假发票和假账上的记录内容是作为书证还是物证，主要是根据其证明内容来确定。

22. 《证据先行登记保存清单》应当由 2 名以上税务执法人员和被调查（检查）人核对后签字或盖章。当事人拒绝签字或盖章的，税务机关不得采取证据先行登记保存措施。(　　)

【答案】 ×

【解析】《证据先行登记保存清单》应当由 2 名以上税务执法人员和被调查（检查）人核对后签字或盖章。当事人拒绝签字或盖章的，应注明情况。

23. 税务机关调回纳税人当年度资料检查的，须经县以上税务局（分局）局长的批准，并应在 3 个月内完整退回。(　　)

【答案】 ×

【解析】 根据《税收征管法实施细则》第八十六条规定，税务机关调回纳税人当年度资料检查的，须经设区的市、自治州以上税务局局长批准，并应在 30 日内退还。

24. 公安机关查处涉嫌逃税犯罪案件时，对税务机关已经作出的税务处理决定书和税务行政处罚决定书，可以作为鉴定结论使用。(　　)

【答案】 ×

【解析】 税务机关只有对发票真伪的鉴别权，公安机关查处涉嫌逃税犯罪案件时，对税务机关已经作出的税务处理决定书和税务行政处罚决定书只作为一种证明资料，不能作为鉴定结论使用。

25. 以有形载体固定或者显示的电子数据交换、电子邮件以及其他数据资料，其制作情况和真实性经对方当事人确认，或者以公证等其他有效方式予以证明的，与原件具有同等的证明效力。(　　)

【答案】 √

【解析】 符合《最高人民法院关于行政诉讼证据若干问题的规定》第六十四条的规定。

第七章　税务行政法律救济

一、单项选择题

1. 某县税务局对某公司未按规定进行纳税申报行为罚款 3000 元，该公司不服欲提出税务行政复议，申请期限是（　　）。

A. 自接到行政处罚决定书之日起 30 日内

B. 自接到行政处罚决定书之日起 60 日内

C. 自接到行政处罚决定书之日起 1 年内

D. 自接到行政处罚决定书之日起 2 年内

【答案】 B

【解析】 本题考查行政复议的申请时限。根据《行政复议法》第九条规定，公民、法人或者其他组织认为具体行政行为侵犯其合法权益的，可以自知道该具体行政行为之日起 60 日内提出行政复议申请；但是法律规定的申请期限超过 60 日的除外。该条规定了行政复议的申请期限，一般情况下是自知道具体行政行为之日起 60 日。但是，如果其他法律规定了长于 60 日的复议申请期限，以其他法律为准；对短于 60 日的法律规定，则仍应遵守《行政复议法》的规定，以更好地保障行政相对人行使复议的权利。故选项 B 符合题意。

2. 《税务行政复议规则》是（　　）。

A. 法律　　B. 行政法规

C. 部门规章　　D. 税收规范性文件

【答案】 C

【解析】 本题考查《税务行政复议规则》的法律级次。国家税务总局可以制定部门规章和税收规范性文件。部门规章制定属于立法活动，外在表现形式是国家税务总局局长签署的国家税务总局令，《税务行政复议规则》属于部门规章，而非税收规范性文件。故选项 C 符合题意。

3. 根据《税务行政复议规则》的管辖原则，下列表述不正确的是（　　）。

A. 对省及省以下各级税务局的具体行政行为不服申请行政复议的，由其上一级税务局管辖

B. 对税务所（分局）、各级税务局的稽查局的具体行政行为不服的，向其所属税务局申请行政复议

C. 对计划单列市税务局的具体行政行为不服的，向省税务局申请行政复议

D. 对被撤销的税务机关，在其被撤销以前作出的具体行政行为不服申请的复议，由继续行使其职权的税务机关的上一级税务机关管辖

【答案】 C

【解析】 本题考查行政复议的管辖。根据《税务行政复议规则》第十六条规定，对计划单列市税务局的具体行政行为不服的，向国家税务总局申请行政复议。故选项 C 符合题意。

4. 甲税务局委托乙单位代征税款，纳税人对代征税款行为不服申请行政复议，复议机关是（　　）。

A. 乙单位

B. 乙单位的上级单位

C. 甲税务局

D. 甲税务局的上一级税务机关

【答案】 D

【解析】 本题考查行政委托行为的复议管辖。根据《税务行政复议规则》第二十七条规定，对税务机关委托的单位和个人的代征行为不服的，委托税务机关为被申请人。《税务行政复议规则》第十六条规定，对各级税务局的具体行政行为不服的，向其上一级税务局申请行政复议。本题中复议机关应当为委托税务机关的上一级税务机关。故选项 D 符合题意。

5. 对税务机关依法委托的组织作出的代征行为不服的，发生行政复议时的被申请人是（　　）。

A. 委托的组织

B. 委托的税务机关

C. 委托的税务机关的上一级税务机关

D. 由申请人选择委托的税务机关或由被委托的组织

【答案】 B

【解析】 本题考查行政复议的被申请人。根据《税务行政复议规则》第二十七条规定，申请人对扣缴义务人的扣缴税款行为不服的，主管该扣缴义务人的税务机关为被申请人；对税务机关委托的单位和个人的代征行为不服的，委托税务机关为被申请人。故选项 B 符合题意。

6. 对税务机关与其他行政机关共同作出的具体行政行为不服的，复议机关是（ ）。

A. 上一级税务机关　　B. 共同上一级行政机关

C. 国家税务总局　　D. 人民法院

【答案】B

【解析】本题考查税务机关与其他行政机关共同作出的具体行政行为的复议管辖问题。根据《税务行政复议规则》第十九条规定，对税务机关与其他行政机关以共同的名义作出的具体行政行为不服的，向其共同上一级行政机关申请行政复议。故选项 B 符合题意。

7. 下列说法正确的是（ ）。

A. 行政复议委员会必须邀请本机关以外的具有相关专业知识的人员参加

B. 各级行政复议机关都必须成立行政复议委员会

C. 行政复议委员会不可以邀请本机关以外的具有相关专业知识的人员参加

D. 行政复议委员会可以邀请本机关以外的具有相关专业知识的人员参加

【答案】D

【解析】本题考查的是行政复议委员会的组成。根据《税务行政复议规则》第十二条规定，各级行政复议机关可以成立行政复议委员会，研究重大、疑难案件，提出处理建议。行政复议委员会可以邀请本机关以外的具有相关专业知识的人员参加。故选项 D 符合题意。

8. 甲税务局下属的乙税务所被撤销，纳税人对乙税务所被撤销之前作出的征税行为不服，复议机关为（ ）。

A. 甲税务局

B. 甲税务局的上一级税务机关

C. 甲税务局和乙税务所的共同上级税务机关

D. 国家税务总局

【答案】B

【解析】本题考查税务行政复议的管辖。根据《税务行政复议规则》第十九条规定，对被撤销的税务机关在撤销以前所作出的具体行政行为不服的，向继续行使其职权的税务机关的上一级税务机关申请行政复议。甲税务局下属的乙税务所撤销，意味着乙税务所的职权和职责一并归入甲税务局，甲税务局在承继乙税务所职权的同时，也承担了其相应的职责。因此，纳税人对乙税务所撤销之前作出的征税行为不服，被申请人应是甲税务局，复议机关则是甲税务局的上一级税务机关。故选项 B 符合题意。

9. 税务机关发现某企业在经营期间偷逃增值税 5 万元，税务机关对其作出追缴税款、加收滞纳金并处以 2.5 万元罚款的决定，并依法送达处理决定及处罚决定。该企业对征税行为不服向上一级税务机关申请复议，其可在结清税款、滞纳金并收到税务机关填发的缴款凭证之日起（　　）日内提起复议申请。

A. 10　　B. 15

C. 30　　D. 60

【答案】D

【解析】本题考查的是提起税务行政复议的期限。根据《税务行政复议规则》第三十三条规定，申请人对征收行为不服的，应当先向行政复议机关申请行政复议；对行政复议决定不服的，可以向人民法院提起行政诉讼。申请人按照规定申请行政复议的，必须依照税务机关根据法律、法规确定的税额、期限，先行缴纳或者解缴税款和滞纳金，或者提供相应的担保，才可以在缴清税款和滞纳金以后或者所提供的担保得到作出具体行政行为的税务机关确认之日起 60 日内提出行政复议申请。故选项 D 符合题意。

10. 税务行政复议中不可以进行调解的是（　　）。

A. 核定税额　　B. 行政处罚

C. 确定纳税主体　　D. 确定应税所得率

【答案】C

【解析】本题考查的是税务行政复议中调解与和解的范围。根据《税务行政复议规则》第八十六条规定，对行使自由裁量权作出的具体行政行为，如行政处罚、核定税额、确定应税所得率等；行政赔偿；行政奖励和存在其他合理性问题的具体行政行为，按照自愿、合法的原则，申请人和被申请人在行政复议机关作出行政复议决定以前可以达成和解，行政复议机关也可以调解。确定纳税主体是征税行为，不能调解或者和解。故选项 C 符合题意。

11. 根据行政复议相关规定，下列说法错误的是（　　）。

A. 行政复议期间，行政复议机关认为申请人以外的公民、法人或者其他组织与被审查的具体行政行为有利害关系的，可以通知其作为第三人参加行政复议

B. 申请人、第三人可以委托 1 ~ 2 名代理人参加行政复议

C. 申请人、第三人委托代理人的，应当向行政复议机构提交授权委托书

D. 第三人不参加行政复议，影响行政复议案件的审理

【答案】D

【解析】本题考查的是行政复议参加人。根据《行政复议法实施条例》第九条规定，第三人不参加行政复议，不影响行政复议案件的审理。故选项 D 符合题意。

12. 申请人认为税务机关具体行政行为的依据不合法，在对具体行政行为申请行政复议时，可一并向复议机关提出对该规定的审查申请。下列可同时提出审查申请的法律文件是（　　）。

A. 国家税务总局制定的规范性文件

B. 国务院制定的行政法规

C. 财政部制定的行政规章

D. 地方人民代表大会制定的地方性法规

【答案】 A

【解析】 本题考查行政复议中附带审查规范性文件的范围。根据《税务行政复议规则》第十五条规定，申请人认为税务机关的具体行政行为所依据的下列规定不合法，对具体行政行为申请行政复议时，可以一并向行政复议机关提出对有关规定的审查申请；申请人对具体行政行为提出行政复议申请时不知道该具体行政行为所依据的规定的，可以在行政复议机关作出行政复议决定以前提出对该规定的审查申请：国家税务总局和国务院其他部门的规定，其他各级税务机关的规定，地方各级人民政府的规定，地方人民政府工作部门的规定。上述的规定不包括规章，更不能包含行政法规和地方性法规。故选项 A 符合题意。

13. 被申请人应当自收到行政复议机关负责法制工作的机构发送的申请书副本或申请笔录复印件之日起一定时间内，向复议机关提出书面答复，并提交当初作出具体行政行为的证据、依据和其他有关材料，该一定时间是指（　　）。

A. 5 日　　B. 7 日

C. 10 日　　D. 15 日

【答案】 C

【解析】 本题考查行政复议中被申请人答辩及举证的时限。根据《行政复议法》第二十三条规定，行政复议机关负责法制工作的机构应当自行政复议申请受理之日起 7 日内，将行政复议申请书副本或者行政复议申请笔录复印件发送被申请人。被申请人应当自收到申请书副本或者申请笔录复印件之日起 10 日内，提出书面答复，并提交当初作出具体行政行为的证据、依据和其他有关材料。故选项 C 符合题意。

14. 在税务行政复议过程中，可以向申请人和其他有关组织或个人收集证据的有（　　）。

A. 复议机构　　B. 县以上税务局稽查局

C. 被申请人　　D. 被申请人委托的代理人

【答案】 A

【解析】本题考查行政复议过程中有权收集证据的主体。按照行政法原理，行政机关作出具体行政行为应遵循“先取证，后裁决”的程序。行政机关对行政相对人作出行政决定，意味着行政机关已经取得确实充分的证据来支持该决定的合法性、正当性。因此，不允许在行政复议过程中，由被申请人再去调查取证来证明其决定的合法性、正当性。《税务行政复议规则》第五十九条规定，在行政复议过程中，被申请人不得自行向申请人和其他有关组织或者个人收集证据。根据《税务行政复议规则》第六十条规定，行政复议机构认为必要时，可以调查取证。故选项 A 符合题意。

15. 税务行政复议案件的审查，原则上采取的方式是（　　）。

A. 书面审查方式　　B. 实地调查方式

C. 听证会　　D. 秘密审查方式

【答案】A

【解析】本题考查行政复议案件的审查方式。根据《行政复议法》第二十二条规定，行政复议原则上采用书面审查的办法，但是申请人提出要求或者行政复议机关负责法制工作的机构认为有必要时，可以向有关组织和人员调查情况，听取申请人、被申请人和第三人的意见。故选项 A 符合题意。

16. 下列说法错误的是（　　）。

A. 税务机关与法律、法规授权的组织以共同的名义作出具体行政行为的，税务机关为被申请人

B. 税务机关与其他组织以共同名义作出具体行政行为的，税务机关为被申请人

C. 税务机关依照法律、法规和规章规定，经上级税务机关批准作出具体行政行为的，批准机关为被申请人

D. 申请人对经重大税务案件审理程序作出的决定不服的，审理委员会所在税务机关为被申请人

【答案】A

【解析】本题考查行政复议中被申请人的确定。根据《税务行政复议规则》第二十八条规定，税务机关与法律、法规授权的组织以共同的名义作出具体行政行为的，税务机关和法律、法规授权的组织为共同被申请人。税务机关与其他组织以共同名义作出具体行政行为的，税务机关为被申请人。根据《税务行政复议规则》第二十九条规定，税务机关依照法律、法规和规章规定，经上级税务机关批准作出具体行政行为的，批准机关为被申请人。申请人对经重大税务案件审理程序作出的决定不服的，审理委员会所在税务机关为被申请人。故选项 A 符合题意。

17. 在行政复议过程中，被申请人未按照规定提交当初作出具体行政行为的证据、依据和有关资料的，则该具体行政行为（　　）。

A. 应由复议机关决定变更　　B. 应由复议机关决定撤销

C. 应由复议机关责令重做　　D. 不影响其法律效力

【答案】 B

【解析】 本题考查被申请人未按规定举证的法律后果。根据《行政复议法》第二十八条规定，被申请人不按照规定时间提出书面答复、提交当初作出具体行政行为的证据、依据和其他有关材料的，视为该具体行政行为没有证据、依据，决定撤销该具体行政行为。故选项 B 符合题意。

18. 对于被申请的税务具体行政行为，经复议机关审查，可以依法予以变更的是（　　）。

A. 滥用职权　　B. 违反法定程序

C. 行政处罚显失公正　　D. 超越职权

【答案】 C

【解析】 本题考查复议机关作出变更决定的法定情形。根据《税务行政复议规则》第七十七条规定，具体行政行为认定事实清楚，证据确凿，程序合法，但是明显不当或者适用依据错误的，行政复议机关可以决定变更。认定事实不清，证据不足，但是经行政复议机关审理查明事实清楚，证据确凿的，行政复议机关可以决定变更。而“滥用职权”“违反法定程序”以及“超越职权”则属于复议机关作出撤销决定的法定情形。故选项 C 符合题意。

19. 根据《行政复议法》的有关规定，下列表述正确的是（　　）。

A. 行政复议期间具体行政行为不能停止执行

B. 对引起争议的具体行政行为只经一级复议机关复议即可结案

C. 行政复议机关对行政复议申请人提出的申请和被申请人提交的答复，以及其他有关材料一般应当进行听证

D. 申请人认为税务机关的具体行政行为所依据的税务部门规章不合法，在对具体行政行为申请行政复议时，可一并向复议机关提出对该规章的审查申请

【答案】 B

【解析】 本题主要考查行政复议的原则和复议审查的内容及方式。根据《行政复议法》及其实施条例有关规定，行政复议期间具体行政行为一般不停止执行。但是，有下列情形之一的，可以停止执行：一是被申请人认为需要停止执行的；二是行政复议机关认为需要停止执行的；三是申请人申请停止执行，行政复议机关认为其要求合理，决定

停止执行的；四是法律规定停止执行的。选项 A 是错误的。行政复议机关对行政复议申请人提出的申请和被申请人提交的答复，以及其他有关材料一般采取书面审查的办法。对重大、复杂的案件，申请人提出要求或者行政复议机构认为必要时，可以采取听证的方式审理。选项 C 是错误的。申请人认为税务机关的具体行政行为所依据的税务部门规章不合法，不能在对具体行政行为申请行政复议时，一并向复议机关提出对该规章的审查申请。对于规章的审查只能依照法律、行政法规的要求办理。选项 D 是错误的。行政复议是一级复议，故选项 B 符合题意。

20. 下列可以作为税务行政复议证据的是（　　）。

A. 税务机关作出行政处罚前对案件证人所作的询问笔录

B. 申请人无正当事由超出举证期限提供的证据材料

C. 复议机关收到的匿名电子账簿

D. 复议机关受理后，原作出行政行为的税务机关自行向证人取证所作的笔录

【答案】 A

【解析】 本题考查行政复议中的证据。虽然电子账簿属于电子数据，已经被纳入行政复议的证据种类，但本题中复议机关收到的匿名电子账簿属于无法辨明真伪的证据材料，选项 C 错误。根据《税务行政复议规则》第五十八条、第五十九条规定，无正当事由超出举证期限提供的证据材料、无法辨明真伪的证据材料，均不得作为定案依据，因此选项 B 错误。在行政复议过程中，被申请人不得自行向申请人和其他有关组织或者个人收集证据，因此选项 D 错误。故选项 A 符合题意。

21. 被申请人未在收到申请书副本或者申请笔录复印件之日起 10 日内提出书面答复、提交当初作出具体行政行为的证据、依据和其他有关材料的，视为该具体行政行为没有证据、依据，复议机关应作出的决定是（　　）。

A. 维持该具体行政行为

B. 责令被申请人一定期限内再次提交

C. 责令重新作出该具体行政行为

D. 撤销该具体行政行为

【答案】 D

【解析】 本题考查被申请人未按规定举证的法律后果以及复议决定的类型。《行政复议法》第二十八条规定，被申请人不按照《行政复议法》第二十三条的规定提出书面答复、提交当初作出具体行政行为的证据、依据和其他有关材料的，视为该具体行政行为没有证据、依据，决定撤销该具体行政行为。故选项 D 符合题意。

22. 行政复议决定书发生法律效力的标志是（　　）。

A. 一经送达　　　　B. 一经作出

C. 被确认合法时　　　　D. 加盖复议机关印章时

【答案】A

【解析】本题考查行政复议决定书的生效时间。行政复议决定书属于行政复议机关的执法文书。行政机关作出的具体行政行为，因为会对行政相对人的权利义务产生实质影响，必须在行政相对人知道文书的内容时才能对其产生法律上的效力。只有通过依法送达，才能使行政相对人知道决定内容。根据《行政复议法》第三十一条规定，行政复议决定书一经送达，即发生法律效力。故选项A符合题意。

23. 行政复议调解书应当载明行政复议请求、事实、理由和调解结果，并加盖行政复议机关印章。行政复议调解书发生法律效力的标志是（　　）。

A. 依法送达　　　　B. 依法作出

C. 双方当事人签字　　　　D. 一方当事人签字

【答案】C

【解析】本题考查行政复议调解书的生效标准。行政复议调解书的生效原则，借鉴了民事调解书的规定。根据《行政复议法实施条例》第五十条规定，行政复议调解书经双方当事人签字，即具有法律效力。故选项C符合题意。

24. 下列属于税务行政诉讼范围的是（　　）。

A. 税务机关行政处罚行为　　　　B. 税务机关行政指导行为

C. 税务机关工作人员奖惩　　　　D. 税务机关制定税收规范性文件行为

【答案】A

【解析】本题考查的是行政诉讼的受案范围。《行政诉讼法》第十二条有具体的规定。其中，与税务工作关联性较强的行政诉讼范围有：对暂扣或者吊销许可证和执照、责令停产停业、没收违法所得、没收非法财物、罚款、警告等行政处罚不服的；对限制人身自由或者对财产的查封、扣押、冻结等行政强制措施和行政强制执行不服的；申请行政许可，行政机关拒绝或者在法定期限内不予答复，或者对行政机关作出的有关行政许可的其他决定不服的；对征收、征用决定及其补偿决定不服的；申请行政机关履行保护人身权、财产权等合法权益的法定职责，行政机关拒绝履行或者不予答复的；认为行政机关违法集资、摊派费用或者违法要求履行其他义务的；认为行政机关侵犯其他人身权、财产权等合法权益的。故选项A符合题意。

25. 在税务行政诉讼第一审程序中，一般情况下举证责任由（　　）。

A. 被告承担　　B. 原告承担

C. 法院承担　　D. 原告和被告分担

【答案】A

【解析】本题考查行政诉讼中举证责任分配。根据《行政诉讼法》第三十四条规定，被告对作出的行政行为负有举证责任，应当提供作出该行政行为的证据和依据。这里需要解释的是，被告行政机关只对所作行政行为承担举证责任；对于原告的起诉依据和损失的大小等事宜由原告承担举证责任，行政机关不承担。故选项 A 符合题意。

26. 行政复议机关逾期不作决定的，申请人可以在一定期限内向人民法院提起诉讼，这个期限是（　　）。

A. 复议期满之日起 2 个月内　　B. 复议期满之日起 10 日内

C. 复议期满之日起 15 日内　　D. 复议期满之日起 1 个月内

【答案】C

【解析】本题考查的是行政复议机关不作决定提起行政诉讼的期限问题。根据《行政诉讼法》第四十五条规定，公民、法人或者其他组织不服复议决定的，可以在收到复议决定书之日起 15 日内向人民法院提起诉讼，复议机关逾期不作决定的，申请人可以在复议期满之日起 15 日内向人民法院提起诉讼。法律另有规定的除外。故选项 C 符合题意。

27. 制定《行政诉讼法》的根据是（　　）。

A. 刑法　　B. 民法

C. 宪法　　D. 宪法和行政法

【答案】C

【解析】本题考查《行政诉讼法》的制定依据。根据《行政诉讼法》第一条规定，为保证人民法院公正、及时审理行政案件，解决行政争议，保护公民、法人和其他组织的合法权益，监督行政机关依法行使职权，根据宪法，制定本法。故选项 C 符合题意。

28. 在税务行政诉讼中，税务机关向人民法院提交答辩状以及作出具体行政行为的证据、依据的期限是（　　）。

A. 人民法院立案之日起 5 日内

B. 人民法院立案之日起 7 日内

C. 收到起诉状副本之日起 10 日内

D. 收到起诉状副本之日起 15 日内

【答案】D

【解析】本题考查被告向人民法院提交证据的时限要求。根据《行政诉讼法》第六十七条规定，人民法院应当在立案之日起 5 日内，将起诉状副本发送被告。被告应当在收到起诉状副本之日起 15 日内向人民法院提交作出行政行为的证据和所依据的规范性文件，并提出答辩状。故选项 D 符合题意。

29. 甲市乙县税务局查明某企业有少缴税款的情况，遂于 2021 年 3 月 20 日依法作出税务处理决定：责令该企业 10 日内缴纳税款 36000 元、滞纳金 1800 元。该企业不服，事隔 3 个多月后向甲市税务局申请复议。甲市税务局以超过申请期限为由决定不予受理。次日，该企业以乙县税务局为被告向乙县人民法院提起行政诉讼，要求撤销乙县税务局的处理决定。对此案，乙县人民法院的正确做法是（　　）。

A. 以超过法定起诉期限为由，裁定驳回诉讼请求

B. 以未经行政复议为由，裁定不予受理

C. 受理

D. 通知变更诉讼请求，原告拒绝变更的，判决不予受理

【答案】B

【解析】本题考查税务行政复议与诉讼的衔接问题。该企业对乙县税务局作出的缴纳税款及滞纳金的处理决定不服，属于纳税争议，对于纳税争议，依法应先复议，对复议决定不服再向人民法院起诉。本题中该企业过了申请复议的期限，复议机关决定不予受理。该企业再向人民法院起诉，法院也不应受理。理由是已过诉讼期限且对该争议复议机关未作处理。故选项 B 符合题意。根据《行政诉讼法》的规定，人民法院不予受理某个案件，要用司法裁定的方式作出，而不是用“判决”方式作出。所以选项 D 不正确。裁定驳回诉讼请求，适用的前提是案件已经人民法院受理，后发现有不应受理的理由存在，作出驳回诉讼请求的裁定。本案中企业的起诉申请并未被法院受理，所以不会存在“以超过法定起诉期限为由，裁定驳回诉讼请求”的情形。所以选项 A 不正确。

30. 公民、法人或者其他组织认为下列行为侵犯其合法权益，可以向人民法院提起行政诉讼的是（　　）。

A. 行政行为

B. 不具强制力的行政指导行为

C. 行政处分行为

D. 民事侵权行为

【答案】A

【解析】本题考查行政诉讼的受案范围。根据《行政诉讼法》第二条规定，公民、法人或者其他组织认为行政机关和行政机关工作人员的行政行为侵犯其合法权益，有权依照《行政诉讼法》向人民法院提起诉讼。故选项 A 符合题意。

31. 某市税务局在办理税务行政复议案件时，在法定期限内未作出复议决定，下列说法错误的是（　　）。

A. 公民、法人或者其他组织起诉原行政行为的，作出原行政行为的行政机关是被告

B. 起诉复议机关不作为的，复议机关是被告

C. 公民、法人或者其他组织起诉原行政行为的，作出原行政行为的行政机关和复议机关是共同被告

D. 申请人可以在复议期满之日起 15 日内向人民法院提起诉讼

【答案】C

【解析】本题考查行政诉讼中被告的确认。根据《行政诉讼法》第二十六条规定，经复议的案件，复议机关决定维持原行政行为的，作出原行政行为的行政机关和复议机关是共同被告；复议机关改变原行政行为的，复议机关是被告。复议机关在法定期限内未作出复议决定，公民、法人或者其他组织起诉原行政行为的，作出原行政行为的行政机关是被告；起诉复议机关不作为的，复议机关是被告。根据《行政诉讼法》第四十五条规定，公民、法人或者其他组织不服复议决定的，可以在收到复议决定书之日起 15 日内向人民法院提起诉讼。复议机关逾期不作决定的，申请人可以在复议期满之日起 15 日内向人民法院提起诉讼。法律另有规定的除外。故选项 C 符合题意。

32. 甲市乙县税务局对某运输公司作出补税 20 万元的处理决定。该公司不服，向甲市税务局申请复议，复议机关维持原处理决定。该运输公司对复议决定不服，欲向人民法院提起行政诉讼，管辖法院是（　　）。

A. 乙县人民法院

B. 甲市税务局所在地人民法院

C. 既可以是甲市税务局所在地人民法院，也可以是乙县税务局所在地人民法院

D. 省税务局所在地人民法院

【答案】C

【解析】本题考查税务行政诉讼的管辖。根据《行政诉讼法》第十八条规定，行政案件由最初作出行政行为的行政机关所在地人民法院管辖。经复议的案件，也可以由复议机关所在地人民法院管辖。故选项 C 符合题意。

33. 在行政诉讼中，税务机关可以暂停行政行为执行的情形是（　　）。

A. 原告向法院申请停止执行　　B. 被告认为需要停止执行

C. 原告的律师认为需要停止　　D. 审判长认为需要停止执行

【答案】B

【解析】本题考查诉讼期间行政行为停止执行的情形。诉讼期间，一般不停止具体行政行为的执行。但是《行政诉讼法》第五十六条规定了可以停止执行的四种情形。一是被告认为需要停止执行的；二是原告或者利害关系人申请停止执行，人民法院认为该具体行政行为的执行会造成难以弥补的损失，并且停止执行不损害国家利益、社会公共利益；三是人民法院认为该行政行为的执行会给国家利益、社会公共利益造成重大损害的；四是法律、法规规定停止执行的。故选项 B 符合题意。

34. 在税务行政诉讼中，审判人员不必回避的情形是（　　）。

A. 审判人员甲是原告的叔叔

B. 审判人员甲是此案的证人

C. 审判人员甲是被原告殴打的被害人乙的朋友

D. 审判人员曾在另一起行政诉讼中驳回了同一原告的起诉

【答案】D

【解析】本题考查行政诉讼的回避。根据《行政诉讼法》第五十五条规定，当事人认为审判人员与本案有利害关系或者有其他关系可能影响公正审判，有权申请审判人员回避。审判人员认为自己与本案有利害关系或者有其他关系，应当申请回避。这里把握的重点是与案件的利害关系，故选项 D 符合题意。

35. 当事人和其他诉讼代理人有权按照规定向有关组织和公民调查，收集与本案有关的证据，查阅、复制本案庭审材料，但也有例外。这些例外包括国家秘密、商业秘密和（　　）。

A. 个人秘密　　B. 个人隐私

C. 国家机密　　D. 个人机密

【答案】B

【解析】本题考查诉讼代理人的权限。根据《行政诉讼法》第三十二条规定，代理诉讼的律师，有权按照规定查阅、复制本案有关材料，有权向有关组织和公民调查，收集与本案有关的证据。对涉及国家秘密、商业秘密和个人隐私的材料，应当依照法律规定保密。故选项 B 符合题意。

36. 下列关于税务行政诉讼被告的表述，不正确的是（　　）。

A. 公民、法人或者其他组织直接向人民法院提起诉讼的，作出行政行为的行政机关是被告

B. 经复议的案件，复议机关维持原行政行为的，作出原行政行为的行政机关和复议机关是共同被告；复议机关改变原行政行为的，复议机关是被告

C. 法律、法规授权的组织所作的行政行为，该组织是被告；行政机关委托的组织所作的行政行为，受委托的组织是被告

D. 作出行政行为的行政机关被撤销的，继续行使其职权的行政机关是被告

【答案】C

【解析】本题考查行政诉讼被告的确定。根据《行政诉讼法》第二十六条规定，公民、法人或者其他组织直接向人民法院提起诉讼的，作出具体行政行为的行政机关是被告。经复议的案件，复议机关决定维持原行政行为的，作出原行政行为的行政机关和复议机关是共同被告；复议机关改变原行政行为的，复议机关是被告。两个以上行政机关作出同一行政行为的，共同作出行政行为的行政机关是共同被告。行政机关委托的组织所作的具体行政行为，委托的行政机关是被告。行政机关被撤销或者职权变更的，继续行使其职权的行政机关是被告。故选项 C 符合题意。

37. 税务机关不服人民法院的一审判决，应于接到判决书之日起（　　）日内向原审人民法院的上一级人民法院提起上诉。

A. 10　　B. 15

C. 5　　D. 7

【答案】B

【解析】本题考查行政诉讼上诉期限。根据《行政诉讼法》第八十五条规定，当事人不服人民法院第一审判决的，有权在判决书送达之日起 15 日内向上一级人民法院提起上诉。当事人不服人民法院第一审裁定的，有权在裁定书送达之日起 10 日内向上一级人民法院提起上诉。逾期不提起上诉的，人民法院的第一审判决或者裁定发生法律效力。应注意的是，在行政诉讼中，当事人对一审判决不服，上诉期为 15 日；对裁定不服，上诉期为 10 日。15 日和 10 日都是从司法判决、裁定送达之日起计算，开始的当天（即收到司法判决、裁定的当天）不算在内，从次日开始计算。故选项 B 符合题意。

38. 行政诉讼案件审理程序实行二审终审制，据此，税务行政诉讼案件（　　）。

A. 必须经过二级法院审理才能作出生效判决

B. 一审判决不发生法律效力

C. 行政案件不能由基层人民法院审理

D. 行政案件经过二审法院判决后不能再上诉

【答案】D

【解析】本题考查行政诉讼的二审终审制。二审终审制度的核心是当事人对一审判决、裁定不服有权提起上诉，经过二审法院作出的判决、裁定才是最终的、发生法律效力的。因此，税务行政案件经过二审法院判决后不能再上诉。二审终审制度的存在是为

了充分保障当事人的救济权，并不意味着一审判决不发生法律效力。一审裁判之后当事人在法定期限内不再提起上诉的，一审裁判即发生法律效力。故选项 D 符合题意。

39. 根据《行政诉讼法》及其司法解释，下列行为不属于税务行政诉讼受案范围的是（　　）。

A. 税务机关不予减税、免税、退税或者不予抵扣税款

B. 税务机关拒绝当事人查阅税务行政许可决定及有关档案材料

C. 上级税务机关对下级税务机关执行税收政策的请示作出答复

D. 税务机关拒绝当事人查阅税务行政许可监督检查记录

【答案】C

【解析】本题考查税务行政诉讼的受案范围。选项 C 属于税务机关内部行为，不属于行政诉讼的受案范围，符合题意。选项 A 是征税行为。选项 B 和选项 D 属于税务机关在办理税务行政许可中的行为，符合《行政诉讼法》第十二条的规定，属于行政诉讼的受案范围。

40. 我国法律规定税务行政赔偿的责任主体是（　　）。

A. 国家　　B. 各级政府财政

C. 行政机关　　D. 执法人员

【答案】A

【解析】本题考查税务行政赔偿的责任主体。税务行政赔偿是由国家负责对税务机关及其工作人员行使职权的活动所造成的损害予以赔偿的一项行政法律制度。税务机关及其工作人员代表国家行使征税权，其围绕征税权所作出的行政管理活动，本质上是国家所为，由此产生的损害，国家要承担赔偿责任。所以，我国法律规定税务行政赔偿的责任主体是国家。故选项 A 符合题意。

41. 根据《国家赔偿法》规定，税务行政赔偿的义务主体是（　　）。

A. 国家

B. 拨付赔偿金的财政机关

C. 违法行使职权的税务机关工作人员

D. 违法行使职权的工作人员所在的税务机关

【答案】D

【解析】本题考查税务行政赔偿的义务主体。虽然税务赔偿责任由国家承担，但国家作为一个抽象的政治实体，本身无法履行赔偿义务，具体的赔偿义务只能由具体承担责任的税务机关代表国家履行。这样规定，方便公民、法人和其他组织行使赔偿请求

权。所以，在国家赔偿中，责任主体是国家，义务主体则是各个代表国家履行职权的机关和组织。税务行政赔偿的义务主体不能是行使职权的税务机关工作人员，个人行使职权也是代表有关国家机关的行为，税务人员违法行使职权所产生的赔偿义务理应归属于税务机关。故选项 D 符合题意。

42. 某县税务局对纳税人的违法行为实施罚款。纳税人对该行政处罚行为不服提起了行政复议，复议机关维持原处罚决定。后纳税人又提起了行政诉讼，该处罚行为被依法撤销。纳税人请求国家赔偿的赔偿义务机关是（　　）。

A. 该县税务局　　B. 复议机关

C. 该县税务局和复议机关　　D. 该县税务局或复议机关

【答案】 A

【解析】 本题考查赔偿义务机关的确定。根据《国家赔偿法》第八条规定，经复议机关复议的，最初造成侵权行为的行政机关为赔偿义务机关，但复议机关的复议决定加重损害的，复议机关对加重的部分履行赔偿义务。本题中，复议机关决定维持原处罚决定，因此，承担赔偿责任的是某县税务局，纳税人应向该县税务局请求国家赔偿。故选项 A 符合题意。

43. 税务赔偿义务机关作出是否赔偿决定的期限是（　　）。

A. 自收到申请之日起 1 个月内

B. 自收到申请之日起 2 个月内

C. 自收到申请之日起 3 个月内

D. 自收到申请之日起 6 个月内

【答案】 B

【解析】 本题考查作出税务赔偿决定的期限。根据《国家赔偿法》第十三条规定，赔偿义务机关应当自收到申请之日起 2 个月内，作出是否赔偿的决定。故选项 B 符合题意。

44. 赔偿义务机关赔偿损失后，应当行使其追偿权。工作人员或受委托的组织和个人承担部分或者全部赔偿费用的前提是（　　）。

A. 过失　　B. 有故意或者重大过失

C. 过错　　D. 重大过错或重大过失

【答案】 B

【解析】 本题考查税务行政追偿权。根据《国家赔偿法》第十六条规定，赔偿义务机关赔偿损失后，应当责令有故意或者重大过失的工作人员或者受委托的组织或者个人承担部分或者全部赔偿费用。故选项 B 符合题意。

二、多项选择题

1. 公民、法人或者其他组织认为税务行政机关的具体行政行为的依据不合法，在对具体行政行为申请行政复议时，可以一并向行政复议机关提出审查申请的有（　　）。

A. 国家税务总局制定的规章以外的其他规定

B. 各级税务机关的规定

C. 法律

D. 行政法规

【答案】 AB

【解析】 本题考查附带审查规范性文件的范围。根据《税务行政复议规则》第十五条规定，申请人认为税务机关的具体行政行为所依据的下列规定不合法，对具体行政行为申请行政复议时，可以一并向行政复议机关提出对有关规定的审查申请；申请人对具体行政行为提出行政复议申请时不知道该具体行政行为所依据的规定的，可以在行政复议机关作出行政复议决定以前提出对该规定的审查申请：国家税务总局和国务院其他部门的规定，其他各级税务机关的规定，地方各级人民政府的规定，地方人民政府工作部门的规定。上述规定不包括规章。上述规定主要是指涉及税收的规范性文件，而对法律、法规和规章不服，只能依照《立法法》规定的权限和程序进行审查，不能在行政复议过程中申请审查。故选项 A、B 符合题意。

2. 下列行为属于税务行政复议前置范围的有（　　）。

A. 税务机关征收税款　　　　B. 罚款

C. 停止出口退税权　　　　D. 税务机关不予抵扣税款

【答案】 AD

【解析】 本题考查税务行政复议前置范围。根据《税务行政复议规则》第十四条规定，行政复议机关受理申请人对税务机关征税行为不服提出的行政复议申请。征税行为，包括确认纳税主体、征税对象、征税范围、减税、免税、退税、抵扣税款、适用税率、计税依据、纳税环节、纳税期限、纳税地点和税款征收方式等具体行政行为，征收税款、加收滞纳金，扣缴义务人、受税务机关委托的单位和个人作出的代扣代缴、代收代缴、代征行为等。根据《税务行政复议规则》第三十三条规定，申请人对第十四条规定的行为不服的，应当先向行政复议机关申请行政复议；对行政复议决定不服的，可以向人民法院提起行政诉讼。故选项 A、D 符合题意。

3. 第三人参加税务行政复议的方式包括（　　）。

A. 自行申请参加　　　　B. 只能自行申请参加

C. 复议机关通知参加　　　　D. 只能由复议机关通知参加

【答案】AC

【解析】本题考查第三人参加行政复议的途径。根据《税务行政复议规则》第二十三条规定，行政复议期间，行政复议机关认为申请人以外的公民、法人或者其他组织与被审查的具体行政行为有利害关系的，可以通知其作为第三人参加行政复议。行政复议期间，申请人以外的公民、法人或者其他组织与被审查的税务具体行政行为有利害关系的，可以向行政复议机关申请作为第三人参加行政复议。可见，第三人参加税务行政复议的方式有两种：一是复议机关通知参加，二是自行申请参加。故选项 A、C 符合题意。

4. 根据《行政复议法》的规定，下列关于行政复议的申请期限和审理期限的表述，错误的有（　　）。

A. 行政复议机关应当自受理申请之日起 90 日内作出行政复议决定，但是法律规定的行政复议期限少于 90 日的除外

B. 申请人可以自收到行政复议机关不予受理决定书之日起或者行政复议期满之日起 30 日内，依法向人民法院提起行政诉讼

C. 申请人认为具体行政行为侵犯其合法权益的，可以自知道该具体行政行为之日起 60 日内提出行政复议申请；但是法律规定的行政复议期限超过 60 日的除外

D. 情况复杂，不能在规定期限内作出行政复议决定的，经行政复议机关的负责人批准，可以适当延长，但是延长期限最多不超过 60 日

【答案】ABD

【解析】本题考查行政复议的申请期限和审理期限。根据《行政复议法》第三十一条规定，行政复议机关应当自受理申请之日起 60 日内作出行政复议决定，但是法律规定的行政复议期限少于 60 日的除外。情况复杂，不能在规定期限内作出行政复议决定的，经行政复议机关的负责人批准，可以适当延长，并告知申请人和被申请人；但是延长期限最多不超过 30 日。所以，选项 A、D 错误。根据《行政复议法》第十九条规定，法律、法规规定应当先向行政复议机关申请行政复议、对行政复议决定不服再向人民法院提起行政诉讼的，行政复议机关决定不予受理或者受理后超过行政复议期限不作答复的，公民、法人或者其他组织可以自收到不予受理决定书之日起或者行政复议期满之日起 15 日内，依法向人民法院提起行政诉讼。所以，选项 B 错误。根据《行政复议法》第九条规定，公民、法人或者其他组织认为具体行政行为侵犯其合法权益的，可以自知道该具体行政行为之日起 60 日内提出行政复议申请；但是法律规定的申请期限超过 60 日的除外。因不可抗力或者其他正当理由耽误法定申请期限的，申请期限自障碍消除之日起继续计算。所以，选项 C 说法正确。故选项 A、B、D 符合题意。

5. 纳税人不服税务机关的具体行政行为，应当先依法申请行政复议，不能直接向人民法院起诉的有（　　）。

A. 税务机关作出的罚款决定

B. 税务机关作出的征税决定

C. 税务机关作出的不予减免税决定

D. 税务机关作出的不予抵扣税款决定

【答案】BCD

【解析】本题考查税务复议前置的情形。复议与诉讼的关系主要有：一是选择复议。即具体行政行为的相对人或相关人对该行为不服时，可以选择复议，也可以直接向人民法院起诉。二是复议前置。即具体行政行为的相对人或相关人对该行为不服时，只能先按照规定申请行政复议，对复议决定不服再向人民法院起诉。法律对纳税争议在救济时设置了“复议前置”的程序。根据《税收征管法》第八十八条规定，纳税人、扣缴义务人、纳税担保人同税务机关在纳税上发生争议时，必须先依照税务机关的纳税决定缴纳或者解缴税款及滞纳金或者提供相应的担保，然后可以依法申请行政复议；对行政复议决定不服的，可以依法向人民法院起诉。选项 B、C、D 中税务机关作出的征税决定、不予减免税决定以及不予抵扣税款决定，都属于纳税争议范畴。纳税人不服，应当先依法申请复议，然后才能向人民法院起诉。而税务机关作出的行政罚款决定，不属于纳税争议范畴，对此不服可以申请行政复议，也可直接向人民法院起诉。故选项 B、C、D 符合题意。

6. 纳税人对 A 省某计划单列市税务局作出的行政处罚决定不服，可以在法定期限内采取的救济手段包括（　　）。

A. 直接向 A 省某计划单列市税务局所在地有管辖权的人民法院起诉

B. 向 A 省税务局申请复议

C. 必须先向国家税务总局申请复议，对复议决定不服时再向 A 省某计划单列市税务局所在的有管辖权的人民法院起诉

D. 向国家税务总局申请行政复议

【答案】AD

【解析】本题综合考查行政复议管辖和复议前置。税务机关作出的行政处罚决定，不属于纳税争议范畴，不适用复议前置。对此不服可以申请行政复议，也可直接向人民法院起诉。根据《税务行政复议规则》第十六条规定，对计划单列市税务局的具体行政行为不服的，向国家税务总局申请行政复议。故选项 A、D 符合题意。

7. 某税务局稽查局对某服装公司作出罚款 10 万元的处罚决定。该服装公司对处罚决

定不服，向稽查局所属的税务机关申请行政复议。稽查局依法向复议机关提交了据以作出处罚决定的证据、依据和其他有关材料，并提出了书面答复。复议机关审理后决定变更罚款为5万元，并制作送达了税务行政复议决定书。下列说法中不正确的有（　　）。

A. 如果该服装公司不能按规定缴清10万元罚款，则应当提供相应的担保才能申请复议

B. 该服装公司可以查阅稽查局提交的证据、依据和其他有关材料

C. 该服装公司可以在复议机关作出决定后提出撤回复议申请

D. 该服装公司应当在收到《税务行政处罚决定书》之日起3个月内提出复议申请

【答案】 ACD

【解析】 本题考查复议前置、复议申请的提起与撤回以及申请人的查阅资料权等。出现纳税争议时纳税人申请行政复议之前必须先按规定缴清税款、滞纳金或者提供相应的担保，而对于罚款，法律未作此规定。根据《行政复议法》第二十三条第二款规定，申请人、第三人可以查阅被申请人提出的书面答复、作出具体行政行为的证据、依据和其他有关材料，除涉及国家秘密、商业秘密或者个人隐私外，行政复议机关不得拒绝。根据《行政复议法实施条例》第三十八条规定，申请人撤回行政复议申请，必须满足两个要件：一是在行政复议决定作出以前自愿申请撤回；二是经行政复议机构同意。《税收征管法》和《行政复议法》等规定，纳税人应当在接到税务行政处罚决定书之日起60日内提出复议申请，而不是3个月。故选项A、C、D符合题意。

8. 税务行政复议机关在审理纳税人对税务行政处罚决定不服的复议案件时，下列说法正确的有（　　）。

A. 不适用调解　　　　B. 适用调解

C. 合理性审查　　　　D. 合法性审查

【答案】 BCD

【解析】 本题考查复议案件的审查内容和复议调解的事项。行政复议坚持全面审查原则，即对具体行政行为进行合法性和合理性审查。税务行政复议过程中一般不适用调解，但对于税务机关行使自由裁量权的行为，可以适用调解。税务行政处罚属于行使自由裁量权的行为，审理纳税人对税务行政处罚决定不服的行政复议案件可以适用调解。故选项B、C、D符合题意。

9. 下列说法正确的有（　　）。

A. 申请人对税务机关作出逾期不缴纳罚款加处罚款的决定不服的，可直接向作出行政处罚决定的税务机关的上一级税务机关申请行政复议

B. 申请人对税务机关作出逾期不缴纳罚款和加处罚款都不服的，应当先缴纳罚

款和加处罚款，再一并向作出行政处罚决定的税务机关的上一级税务机关申请行政复议

C. 申请人对税务机关作出逾期不缴纳罚款加处罚款的决定不服的，应当先缴纳罚款和加处罚款，再申请行政复议

D. 申请人对税务机关作出逾期不缴纳罚款和加处罚款都不服的，一并向作出行政处罚决定的税务机关的上一级税务机关申请行政复议

【答案】CD

【解析】本题考查对税务机关作出处罚决定以及对逾期不缴纳罚款加处罚款的决定不服的处理方式。根据《税务行政复议规则》第十九条规定，对税务机关作出逾期不缴纳罚款加处罚款的决定不服的，向作出行政处罚决定的税务机关申请行政复议。但是对已处罚款和加处罚款都不服的，一并向作出行政处罚决定的税务机关的上一级税务机关申请行政复议。根据《税务行政复议规则》第三十四条规定，申请人对税务机关作出逾期不缴纳罚款加处罚款的决定不服的，应当先缴纳罚款和加处罚款，再申请行政复议。故选项 C、D 符合题意。

10. 下列行为可以在复议期间停止执行的有（　　）。

A. 被申请人认为需要停止执行的

B. 申请人认为需要停止执行的

C. 复议机关认为需要停止执行的

D. 人民法院认为需要停止执行的

【答案】AC

【解析】本题考查复议期间具体行政行为停止执行的法定情形。行政复议期间，具体行政行为一般不停止执行，但是《行政复议法》规定了除外情形：一是被申请人认为需要停止执行的；二是行政复议机关认为需要停止执行的；三是申请人申请停止执行，行政复议机关认为其要求合理，决定停止执行的；四是法律规定停止执行的。依据上述规定，选项 B，必须满足复议机关认为其要求合理，决定停止执行才可。选项 D，因为是行政复议程序，不是行政诉讼程序。故选项 A、C 符合题意。

11. 对下列涉税争议事项，税务行政复议机关可以适用调解的有（　　）。

A. 甲企业对税务机关作出的 2 倍罚款不服申请复议

B. 乙企业对税务机关核定的税额不服申请复议

C. 丙企业对税务机关作出的不予减免税决定不服申请复议

D. 丁举报人对税务机关给予的行政奖励不服申请复议

【答案】ABD

【解析】本题考查税务行政复议调解的适用范围。在税务行政复议过程中，适用调解原则一般针对税务机关行使自由裁量权的行为。根据《税务行政复议规则》第八十六条规定，对下列行政复议事项，按照自愿、合法的原则，申请人和被申请人在行政复议机关作出行政复议决定以前可以达成和解，行政复议机关也可以调解：①行使自由裁量权作出的具体行政行为，如行政处罚、核定税额、确定应税所得率等；②行政赔偿；③行政奖励；④存在其他合理性问题的具体行政行为。税务机关减税、免税决定必须严格依法作出，不允许自由裁量。对税务机关作出的不予减免税决定，在行政复议过程中不适用调解。故选项 A、B、D 符合题意。

12. 复议机构审理行政复议案件时可以根据需要实地调查核实证据，行政复议人员向有关组织和人员取证时可依法采取的方式有（　　）。

A. 查阅　　B. 复制

C. 调取有关文件和资料　　D. 向有关人员进行讯问

【答案】ABC

【解析】本题考查行政复议机构人员调查取证的方式。根据《行政复议法实施条例》第三十四条的规定，行政复议人员向有关组织和人员调查取证时，可以查阅、复制、调取有关文件和资料，向有关人员进行询问，而不是讯问。故选项 A、B、C 符合题意。

13. 税务行政复议期间，适用中止的情形包括（　　）。

A. 案件审理需要以其他案件的审理结果为依据，而其他案件尚未审结的

B. 作为申请人的法人或者其他组织终止，其权利义务的承受人放弃行政复议权利的

C. 申请人与被申请人达成和解且经行政复议机构准许的

D. 行政复议机关因不可抗力原因暂时不能履行工作职责的

【答案】AD

【解析】本题考查税务行政复议中止和终止的区别。根据《税务行政复议规则》第七十九条规定，行政复议期间，行政复议机关因不可抗力原因暂时不能履行工作职责的；案件审理需要以其他案件的审理结果为依据，而其他案件尚未审结的，行政复议中止。第八十条规定，作为申请人的法人或者其他组织终止，其权利义务的承受人放弃行政复议权利的；申请人与被申请人达成和解且经行政复议机构准许的，行政复议终止。故选项 A、D 符合题意。

14. 行政复议机构中止、恢复行政复议案件的审理，应当告知的当事人包括（　　）。

A. 申请人　　B. 被申请人
C. 第三人　　D. 上一级税务机关

【答案】 ABC

【解析】 本题考查税务行政复议中要保障当事人的知情权。根据《税务行政复议规则》第七十九条规定，行政复议机构中止、恢复行政复议案件的审理，应当告知申请人、被申请人、第三人。故选项 A、B、C 符合题意。

15. 下列不属于人民法院行政诉讼受案范围的有（　　）。

A. 税务干部因赌博被税务机关作出撤销其行政职务的决定，税务干部对此有异议

B. 税务机关对未按规定期限进行申报纳税的企业处以罚款，企业对此有争议

C. 税务机关发布税收规范性文件

D. 因国务院作出的税务复议裁决行为引起的争议

【答案】 ACD

【解析】 本题考查行政诉讼受案范围。选项 A 是内部行政行为。税务机关对税务干部因赌博作出撤销其行政职务的决定属于内部行政行为，税务干部对此不服不能提起行政诉讼。选项 C 是抽象行政行为，根据《行政诉讼法》第十三条规定，人民法院不受理公民、法人或者其他组织对行政法规、规章或者行政机关制定、发布的具有普遍约束力的决定、命令提起的诉讼。选项 D 是终局裁决行为。国务院作出的税务复议裁决行为具有终局法律效力，行政相对人对此也不能提起行政诉讼。故选项 A、C、D 符合题意。

16. 行政诉讼具有不同于其他诉讼活动的特殊原则，这些原则包括（　　）。

A. 一般不适用调解原则　　B. 司法变更权有限原则
C. 谁主张谁举证原则　　D. 合法性审查原则

【答案】 ABD

【解析】 本题考查行政诉讼的特殊原则。行政诉讼主要解决行政行为是否合法的问题，一般不适用调解原则是因为行政机关的权力是法律赋予的，必须维护法律的严肃性。所以行政诉讼一般不适用调解。司法变更权有限原则，根据《行政诉讼法》第七十七条规定，行政处罚明显不当，或者其他行政行为涉及对款额的确定、认定确有错误的，人民法院可以判决变更。根据《行政诉讼法》第三十四条规定，被告对作出的行政行为负有举证责任，应当提供作出该行政行为的证据和所依据的规范性文件。所以选项 C 错误。合法性审查原则，与行政复议不同，行政诉讼中人民法院一般只审查行政行为的合法性，除法定情形外，不对行政行为的合理性作出裁判，这也是正确处理司法权与行政权边界的要求。故选项 A、B、D 符合题意。

17. 人民法院对税务案件作出变更判决的条件包括（　　）。

A. 税款数额计算错误　　B. 行政处罚适用法律依据错误

C. 行政处罚违反法定程序　　D. 行政处罚显失公正

【答案】AD

【解析】本题考查人民法院作变更判决的情形。根据《行政诉讼法》第七十七条规定，行政处罚明显不当，或者其他行政行为涉及对款额的确定、认定确有错误的，人民法院可以判决变更。根据《行政诉讼法》第七十条规定，对适用法律、法规错误的和违反法定程序的，人民法院判决撤销或者部分撤销，并可以判决被告重新作出行政行为。故选项 A、D 符合题意。

18. 在税务行政诉讼中，作为被告的税务机关享有的权利包括（　　）。

A. 申请回避权　　B. 答辩权

C. 反诉权　　D. 抗诉权

【答案】AB

【解析】本题考查行政诉讼被告的诉讼权利。根据《行政诉讼法》第五十五条规定，当事人认为审判人员与本案有利害关系或者有其他关系可能影响公正审判，有权申请审判人员回避。根据《行政诉讼法》第六十七条规定，人民法院应当在立案之日起 5 日内，将起诉状副本发送被告。被告应当在收到起诉状副本之日起 15 日内向人民法院提交作出行政行为的证据和所依据的规范性文件，并提出答辩状。税务行政诉讼是行政相对人对税务机关提起的诉讼，作为被告的税务机关无权反诉，反诉是民事诉讼程序中被告的权利。而抗诉权是检察机关的权利。故选项 A、B 符合题意。

19. 纳税人不服税务机关作出的行政处罚决定，可以采取的救济手段包括（　　）。

A. 直接提起行政诉讼

B. 申请行政复议，不服复议决定再提起行政诉讼

C. 提起行政诉讼，不服判决结果再申请行政复议

D. 必须先申请复议，对复议决定不服再向人民法院提起行政诉讼

【答案】AB

【解析】本题考查对税务行政处罚行为不服的救济途径。根据《税收征管法》第八十八条规定，当事人对税务机关的处罚决定、强制执行措施或者税收保全措施不服的，可以依法申请行政复议，也可以依法向人民法院起诉。故选项 A、B 符合题意。

20. 在税务行政诉讼中，原告承担举证责任的事项有（　　）。

A. 证明起诉符合法定条件

B. 在起诉被告不作为的案件中，证明其提出申请的事实

C. 在一并提起的行政赔偿诉讼中，证明因受被诉行为侵害而造成损失的事实

D. 税务机关认为原告起诉超过起诉期限的情形

【答案】 ABC

【解析】 本题考查行政诉讼中原告承担举证责任的情形。在行政诉讼的一审程序中，法律把证明合法性的举证责任配置给了税务机关，但作为原告也有一定的举证责任。主要包含以下几种情形：一是证明起诉符合法定条件。二是在起诉被告不作为的案件中，证明其提出申请的事实。三是在一并提起的行政赔偿诉讼中，证明因受被诉行为侵害而造成损失的事实。四是其他应当由原告承担举证责任的事项。被告税务机关认为原告的起诉超过诉讼时效的，要由被告税务机关来证明。故选项 A、B、C 符合题意。

21. 下列属于税务行政赔偿的范围的有（　　）。

A. 县税务局违规要求企业提前缴纳税款

B. 县税务局对企业未按规定期限办理纳税申报处以 2 万元罚款

C. 县税务局未及时解除税收保全措施

D. 某税务干部向纳税人私自借款 5 万元，到期不还

【答案】 ABC

【解析】 本题考查税务行政赔偿的范围。根据《国家赔偿法》第五条规定，行政机关工作人员与行使职权无关的个人行为，国家不承担赔偿责任。税务行政赔偿的范围应是税务机关及其工作人员履行职权的行为。某税务干部向企业私自借款 5 万元，到期不还，由此产生的纠纷属于平等民事主体之间发生的经济纠纷，国家不会也不应为那些与行使职权无关的个人行为造成的损害承担责任。故选项 A、B、C 符合题意。

22. 根据《国家赔偿法》规定，下列情形中税务机关不承担赔偿责任的有（　　）。

A. 税务机关工作人员与行使职权无关的个人行为

B. 税务机关工作人员因过失违法行使职权的行为

C. 因纳税人自己行为造成的损害

D. 税务机关工作人员行使职权时与纳税人共同造成的损害

【答案】 AC

【解析】 本题考查不予赔偿的法定情形。《国家赔偿法》第五条规定了国家不承担赔偿责任的三种法定情形：一是行政机关工作人员与行使职权无关的个人行为；二是因公民、法人和其他组织自己的行为致使损害发生的；三是法律规定的其他情形。因此，税务机关工作人员与行使职权无关的个人行为，以及因纳税人自己行为造成的损害，国家不应承担赔偿责任。而税务机关工作人员因过失违法行使职权造成的损害，国家应当

为此承担责任。税务机关工作人员行使职权时与纳税人共同造成的损害，国家也应为其工作人员的过错部分承担赔偿责任。故选项 A、C 符合题意。

23. 下列关于税务行政赔偿的说法，正确的有（　　）。

A. 税务行政赔偿是一种国家赔偿

B. 税务机关进行行政赔偿后，可以向有故意或者重大过失的工作人员追偿

C. 赔偿义务机关是税务机关

D. 赔偿请求人必须直接向赔偿义务机关提出赔偿申请

【答案】 ABC

【解析】 本题考查税务行政赔偿的相关知识。根据《国家赔偿法》第九条规定，赔偿请求人要求赔偿，应当先向赔偿义务机关提出，也可以在申请行政复议或提起行政诉讼时一并提出。故选项 A、B、C 符合题意。

24. 税务行政赔偿的方式，主要包括（　　）。

A. 返还财产　　B. 恢复原状

C. 支付赔偿金　　D. 支付违约金

【答案】 ABC

【解析】 本题考查税务行政赔偿的方式。根据《国家赔偿法》第三十二条规定，国家赔偿以支付赔偿金为主要方式。能够返还财产或者恢复原状的，予以返还财产或者恢复原状。故税务行政赔偿的方式包括支付赔偿金、返还财产、恢复原状等。支付违约金是民事责任的承担方式。故选项 A、B、C 符合题意。

三、判断题

1. 税务行政复议机关在申请人的行政复议请求范围内，可以作出对申请人更为不利的行政复议决定。（　　）

【答案】 ×

【解析】 根据《行政复议法实施条例》第五十一条规定，行政复议机关在申请人的行政复议请求范围内，不得作出对申请人更为不利的行政复议决定。这类似于《刑事诉讼法》中的“上诉不加刑”，有利于保障行政相对人在对税务机关作出的具体行政行为不服时，依法行使救济权利的积极性。

2. 对省、自治区、直辖市人民政府确认土地、矿藏、水流、森林、山岭、草原、荒地、滩涂、海域等自然资源的所有权或者使用权的行政复议决定不服，可以向人民法院提起行政诉讼。（　　）

【答案】×

【解析】根据《行政复议法》第三十条规定，根据国务院或者省、自治区、直辖市人民政府对行政区划的勘定、调整或者征收土地的决定，省、自治区、直辖市人民政府确认土地、矿藏、水流、森林、山岭、草原、荒地、滩涂、海域等自然资源的所有权或者使用权的行政复议决定为最终裁决。申请人对行政复议决定不服不能再向人民法院提起行政诉讼。

3. 在税务行政复议中，具体行政行为违反法定程序的，复议机关一般应当作出撤销该具体行政行为，责令重新作出具体行政行为的决定。（　　）

【答案】√

【解析】根据《税务行政复议规则》第七十五条规定，税务具体行政行为违反法定程序的，复议机关一般应当撤销该具体行政行为，并责令被申请人在一定期限内重新作出具体行政行为。根据《税务行政复议规则》第七十六条规定，行政复议机关责令被申请人重新作出具体行政行为的，被申请人不得以同一事实和理由作出与原具体行政行为相同或者基本相同的具体行政行为；但是行政复议机关以原具体行政行为违反法定程序决定撤销的，被申请人重新作出具体行政行为的除外。

4. 税收违法案件的举报人对税务机关不依法给予举报奖励的行为不能申请行政复议，而只能通过向税务机关反映问题的渠道解决。（　　）

【答案】×

【解析】根据《税务行政复议规则》第十四条规定，行政复议机关受理申请人对税务机关不依法履行职责的行为包括不颁发税务登记的行为，不依法开具、出具完税凭证、外出经营活动税收管理证明的行为，不予行政赔偿的行为，不予行政奖励行为和其他不依法履行职责的行为。可见，税收违法案件的举报人对税务机关不依法给予举报奖励的行为可以申请行政复议。

5. 税务行政复议应当对被申请人作出的具体行政行为合法性与合理性进行审查。（　　）

【答案】√

【解析】根据《行政复议法》第二十八条规定，行政复议机关负责法制工作的机构应当对被申请人作出的具体行政行为进行审查，提出意见，经行政复议机关的负责人同意或者集体讨论通过后，对具体行政行为认定事实清楚、证据确凿、适用依据正确、程序合法、内容适当的，决定维持。可见，行政复议机关不仅要审查具体行政行为的合法与否，还要审查其适当（合理）与否。被申请复议的具体行政行为，只有既具备合法性又具备合理性，才能被决定维持。

6. 申请人对税务机关作出逾期不缴纳罚款加处罚款的决定不服的，应当先缴纳罚款和加处罚款，再申请行政复议。（　　）

【答案】 √

【解析】 根据《税务行政复议规则》第三十四条规定，申请人对税务机关作出逾期不缴纳罚款加处罚款的决定不服的，应当先缴纳罚款和加处罚款，再申请行政复议。

7. 复议机关不可以向有关组织和人员调查取证，查阅文件和资料。（　　）

【答案】 ×

【解析】 根据《税务行政复议规则》第十一条规定，各级行政复议机关负责法制工作的机构依法办理行政复议事项，可以向有关组织和人员调查取证，查阅文件和资料。

8. 对计划单列市税务局的具体行政行为不服的，可以选择向省税务局或者省级人民政府申请行政复议。（　　）

【答案】 ×

【解析】 根据《税务行政复议规则》第十六条规定，对计划单列市税务局的具体行政行为不服的，向国家税务总局申请行政复议。

9. 行政复议机关以原具体行政行为违反法定程序决定撤销的，被申请人重新作出具体行政行为时，不得以同一事实和理由作出与原具体行政行为相同或者基本相同的具体行政行为。（　　）

【答案】 ×

【解析】 因税务具体行政行为违反法定程序而被复议机关决定撤销的，可以责令被申请人重新作出具体行政行为。根据《税务行政复议规则》第七十六条规定，行政复议机关责令被申请人重新作出具体行政行为的，被申请人不得以同一事实和理由作出与原具体行政行为相同或者基本相同的具体行政行为；但是行政复议机关以原具体行政行为违反法定程序决定撤销的，被申请人重新作出具体行政行为的除外。可见，税务具体行政行为因程序违法被撤销，被申请人重新作出具体行政行为时，可以以同一事实和理由作出与原具体行政行为相同或者基本相同的行为。

10. 纳税人可以在复议机关作出决定之前随意撤回复议申请。（　　）

【答案】 ×

【解析】 根据《税务行政复议规则》第七十一条规定，申请人在行政复议决定作出以前撤回行政复议申请的，经行政复议机构同意，可以撤回。申请人撤回行政复议申请的，不得再以同一事实和理由提出行政复议申请。但是，申请人能够证明撤回行政复议申请违背其真实意思表示的除外。

11. 纳税人对被申请人重新作出的税务具体行政行为不服的，不得依法申请行政复议，或者提起行政诉讼。（　　）

【答案】 ×

【解析】 根据《行政复议法实施条例》第四十九条规定，公民、法人或者其他组织对被申请人重新作出的具体行政行为不服，可以依法申请行政复议或者提起行政诉讼。

12. 对国家税务总局作出的具体行政行为不服的，向国家税务总局申请行政复议。对行政复议决定不服，申请人可以向人民法院提起行政诉讼，也可以向国务院申请裁决。其中对国务院的裁决仍然不服的，可以向人民法院提起行政诉讼。（　　）

【答案】 ×

【解析】 根据《行政复议法》第十四条规定，对国务院部门或者省、自治区、直辖市人民政府的具体行政行为不服的，向作出该具体行政行为的国务院部门或者省、自治区、直辖市人民政府申请行政复议。对行政复议决定不服的，可以向人民法院提起行政诉讼；也可以向国务院申请行政裁决，国务院依照《行政复议法》的规定作出最终裁决。由此，对国家税务总局作出的具体行政行为不服的，向国家税务总局申请行政复议。对行政复议决定不服，申请人可以向人民法院提起行政诉讼，也可以向国务院申请裁决，但是国务院的裁决为最终裁决，即使不服也不能再向人民法院起诉。

13. 行政复议期间，具体行政行为不能停止执行。（　　）

【答案】 ×

【解析】 行政复议期间具体行政行为一般不能停止执行，但是出现法定情形也可以停止执行。《行政复议法》第二十一条明确列举了四种可以停止执行的情形：一是被申请人认为需要停止执行的；二是行政复议机关认为需要停止执行的；三是申请人申请停止执行，行政复议机关认为其要求合理，决定停止执行的；四是法律规定停止执行的。

14. 申请人对复议机关作出的行政复议决定仍然不服的，可以在接到行政复议决定书之日起 60 日内向人民法院提起行政诉讼。（　　）

【答案】 ×

【解析】 申请人对复议机关作出的行政复议决定不服的，有权向人民法院提起行政诉讼，但是向人民法院提起诉讼的期限是自收到行政复议决定书之日起 15 日内，而不是 60 日。

15. 行政复议过程中第三人无权查阅被申请人提出的书面答复以及作出具体行政行为的证据材料。(　　)

【答案】 ×

【解析】 根据《行政复议法》第二十三条第二款，申请人、第三人可以查阅被申请人提出的书面答复、作出具体行政行为的证据、依据和其他材料，除涉及国家秘密、商业秘密或者个人隐私外，行政复议机关不得拒绝。由此可见，行政复议过程中申请人和第三人依法都享有查阅资料权。

16. 行政复议证据包括电子数据。(　　)

【答案】 √

【解析】 根据《税务行政复议规则》第五十二条规定，行政复议证据包括：①书证；②物证；③视听资料；④电子数据；⑤证人证言；⑥当事人的陈述；⑦鉴定意见；⑧勘验笔录、现场笔录。

17. 纳税人向税务机关申请行政复议，复议机关已经受理的，在法定行政复议期限内申请人不得再向人民法院提起行政诉讼。(　　)

【答案】 √

【解析】 纳税人向人民法院提起行政诉讼，人民法院受理的条件之一是该行政争议未被复议机关或其他人民法院受理。因此，已被复议机关受理的行政争议，只有在法定复议期限届满后，复议机关依法作出复议决定，纳税人才可以在法定期限内向人民法院提起行政诉讼。

18. 人民法院判决变更，不得加重原告的义务或者减损原告的权益。但利害关系人同为原告，且诉讼请求相反的除外。(　　)

【答案】 √

【解析】 根据《行政诉讼法》第七十七条规定，人民法院判决变更，不得加重原告的义务或者减损原告的权益。但利害关系人同为原告，且诉讼请求相反的除外。

19. 人民法院审查税务行政案件，以法律、法规和规章为依据。(　　)

【答案】 ×

【解析】 根据《行政诉讼法》第六十三条规定，人民法院审理行政案件，以法律和行政法规、地方性法规为依据。地方性法规适用于本行政区域内发生的行政案件。人民法院审理民族自治地方的行政案件，并以该民族自治地方的自治条例和单行条例为依据。人民法院审理行政案件，参照规章。

20. 行政案件由最初作出行政行为的行政机关所在地人民法院管辖。经复议的案件，也可以由复议机关所在地人民法院管辖。（　　）

【答案】√

【解析】根据《行政诉讼法》第十八条规定，行政案件由最初作出行政行为的行政机关所在地人民法院管辖。经复议的案件，也可以由复议机关所在地人民法院管辖。

21. 人民法院发现受理的案件不属于本院管辖的，应当移送有管辖权的人民法院，受移送的人民法院应当受理。受移送的人民法院认为受移送的案件按照规定不属于本院管辖的，应当移送有管辖权的人民法院。（　　）

【答案】×

【解析】根据《行政诉讼法》第二十二条规定，人民法院发现受理的案件不属于本院管辖的，应当移送有管辖权的人民法院，受移送的人民法院应当受理。受移送的人民法院认为受移送的案件按照规定不属于本院管辖的，应当报请上级人民法院指定管辖，不得再自行移送。

22. 人民法院审理行政诉讼案件不适用调解，但行政赔偿事项除外。（　　）

【答案】√

【解析】根据《行政诉讼法》规定，人民法院审理行政案件，不适用调解。但是行政赔偿、补偿以及行政机关行使法律、法规规定的自由裁量权的案件可以调解。公民、法人或者其他组织的合法权益受到行政机关或者行政机关工作人员作出的具体行政行为侵犯造成损害的，有权请求赔偿。赔偿诉讼可以适用调解。

23. 经复议的案件，复议机关决定维持原行政行为的，作出原行政行为的行政机关是被告；复议机关改变原行政行为的，复议机关是被告。（　　）

【答案】×

【解析】根据《行政诉讼法》第二十六条规定，经复议的案件，复议机关决定维持原行政行为的，作出原行政行为的行政机关和复议机关是共同被告；复议机关改变原行政行为的，复议机关是被告。

24. 只要税务机关撤销原行政行为，必然导致原告撤诉的结果。（　　）

【答案】×

【解析】行政诉讼中，作为被告的税务机关发现作出的行政行为确有错误，可以在法院宣布判决或裁定前进行改变。被告改变其所作出的行政行为，原告仍然可能对原行政行为不服而拒绝申请撤诉，这时，人民法院有义务继续审查原行政行为的合法性。所以，税务机关撤销原具体行政行为，并不必然导致原告撤诉的结果。

25. 赔偿请求人取得的赔偿金要予以征税。(　　)

【答案】×

【解析】一般产生收益才会有纳税，国家赔偿金不属于收益，不应征税。根据《国家赔偿法》第四十一条规定，对赔偿请求人取得的赔偿金不予征税。

26. 税务行政赔偿请求人请求赔偿的时效为 2 年，自知道或者应当知道税务机关及其工作人员行使职权行为侵犯其人身权、财产权之日起计算，但被羁押等限制人身自由期间不计算在内。(　　)

【答案】√

【解析】根据《国家赔偿法》第三十九条规定，赔偿请求人请求国家赔偿的时效为 2 年，自其知道或者应当知道国家机关及其工作人员行使职权时的行为侵犯其人身权、财产权之日起计算，但被羁押等限制人身自由期间不计算在内。在申请行政复议或者提起行政诉讼时一并提出赔偿请求的，适用《行政复议法》《行政诉讼法》有关时效的规定。

27. 受害的法人或者其他组织终止的，其权利承受人有权要求赔偿。(　　)

【答案】√

【解析】根据《国家赔偿法》第六条规定，受害的法人或者其他组织终止的，其权利承受人有权要求赔偿。

28. 两个以上行政机关共同行使行政职权时，侵犯公民、法人和其他组织的合法权益造成损害的，共同行使行政职权的行政机关为共同赔偿义务机关。(　　)

【答案】√

【解析】根据《国家赔偿法》第七条规定，两个以上行政机关共同行使行政职权时侵犯公民、法人和其他组织的合法权益造成损害的，共同行使行政职权的行政机关为共同赔偿义务机关。

29. 赔偿义务机关赔偿损失后，应当责令有故意或者重大过失的工作人员或者受委

托的组织或者个人承担部分或者全部赔偿费用。(　　)

【答案】 √

【解析】 根据《国家赔偿法》第十六条第一款规定，赔偿义务机关赔偿损失后，应当责令有故意或者重大过失的工作人员或者受委托的组织或者个人承担部分或者全部赔偿费用。

第八章　税收的刑法保障

一、单项选择题

1.《刑法》规定：“法律明文规定为犯罪行为的，依照法律定罪处刑；法律没有明文规定为犯罪行为的，不得定罪处刑。”该表述体现的刑法基本原则是（　　）。

A. 平等适用刑法原则　　B. 罪责刑相当原则

C. 罪刑法定原则　　D. 过罚相当原则

【答案】 C

【解析】 本题考查罪刑法定原则。该原则包含三个方面的基本内容：一是罪刑法定化，即犯罪和刑罚必须事先由法律作出明文规定；二是罪刑实定化，即对于什么行为是犯罪以及犯罪所产生的具体法律后果，都必须作出实体规定；三是罪刑明确化，即刑法条文必须用清晰的文字明确表达。所以，正确答案是 C。

2. 下列关于危害税收征管罪的说法正确的是（　　）。

A. 犯罪主体只能是自然人

B. 犯罪主观方面可以是过失

C. 逃税罪属于此类犯罪

D. 只要是逃税、抗税和骗税就可以构成犯罪

【答案】 C

【解析】 本题考查危害税收征管罪的构成要件。犯罪主体是一般主体和特殊主体都能构成，既包括单位，也包括个人；犯罪主观方面是由故意构成，过失不构成危害税收征管罪。所以选项 A、B 错误。对于逃税以及骗税不仅要求有相应的行为，而且逃脱、骗税的数额还应达到规定，否则不构成犯罪。所以选项 D 错误。

3. 某纳税人采取欺骗、隐瞒手段进行虚假纳税申报或者不申报，逃避缴纳税款，数额达到 10 万元且占应纳税额 10% 以上，经税务机关下达追缴通知后仍然拒绝缴纳，被依法追究刑事责任，其涉嫌的罪名是（　　）。

A. 偷税罪　　B. 逃税罪

C. 逃避追缴欠税罪　　　　　　　D. 抗税罪

【答案】 B

【解析】 本题考查逃税罪的规定。根据《刑法修正案（七）》第三条规定，纳税人采取欺骗、隐瞒手段进行虚假纳税申报或者不申报，逃避缴纳税款数额较大并且占应纳税额10%以上的构成逃税罪。这是刑法修正案对逃税罪的规定，同时该条还规定对于纳税人有逃避缴纳税款的行为，经税务机关依法下达追缴通知后，补缴应纳税款，缴纳滞纳金，已受行政处罚的，不予追究刑事责任。因此，本题干中所列条件可能触及的罪名是逃税罪。与逃税罪在名称上近似的逃避追缴欠税罪，则是指欠税人欠缴应纳税款，并采取转移或者隐匿财产的手段，致使税务机关无法追缴欠缴的税款，达到1万元应受刑罚处罚的行为。

4. 在下列涉税犯罪行为中，不能由单位构成犯罪主体的是（　　）。

A. 虚开增值税专用发票罪　　　　B. 非法出售发票罪

C. 逃避追缴欠税罪　　　　　　　D. 抗税罪

【答案】 D

【解析】 本题考查危害税收征管罪的犯罪主体。根据《刑法》第二百零二条规定，以暴力、威胁方法拒不缴纳税款的，处3年以下有期徒刑或者拘役，并处拒缴税款1倍以上5倍以下罚金；情节严重的，处3年以上7年以下有期徒刑，并处拒缴税款1倍以上5倍以下罚金。这是《刑法》关于抗税罪的规定。在危害税收征管罪各项罪名中，唯有抗税罪只能由自然人实施，而不可能由单位构成。因为抗税罪的犯罪特征之一就是行为人以暴力、威胁方法拒不缴纳税款。暴力、威胁的行为只能由自然人实施，故抗税罪的犯罪主体必须是自然人，单位不构成抗税罪主体。抗税罪是危害税收征管罪中唯一只能由自然人构成的罪名。

5. 某个体工商户李某为达到不缴纳税款的目的，用尖刀威胁前来催缴税款的税务干部张某、王某，混乱中将张某刺成重伤。对于李某的行为，涉嫌构成（　　）。

A. 抗税罪　　　　　　　　　　　B. 逃税罪

C. 故意杀人罪　　　　　　　　　D. 故意伤害罪

【答案】 D

【解析】 本题考查抗税罪与其他犯罪的界限。抗税的行为人使用暴力方法拒不缴纳税款，因暴力方法而故意造成税务人员重伤，同时构成了抗税罪和故意伤害罪，属于一个行为触犯数个罪名，符合想象竞合犯的行为特征应按照刑罚较重的罪名定罪处罚。根据《全国人民代表大会常务委员会关于惩治偷税、抗税犯罪的补充规定》第六条第二款规定，以暴力方法抗税，致人重伤或者死亡的，按照伤害罪、杀人罪从重处罚，并依照规定处以罚金。

6. 某公司财务主管人员张某在向税务机关缴纳10万元税款后，采取伪造报关单等手段，骗取国家出口退税15万元，按照我国《刑法》规定，张某构成（　　）。

A. 逃避追缴欠税罪　　B. 骗取出口退税罪

C. 逃税罪　　D. 骗取出口退税罪和逃税罪

【答案】D

【解析】本题考查骗取出口退税罪与逃税罪的认定。对纳税人实施假报出口或者其他欺骗手段骗取出口退税的应当分情况定罪处罚。纳税人缴纳税款后，采取上述欺骗方法，骗取所缴税款的，按逃税罪定罪处罚；骗取税款超过所缴纳的税款部分，对超过部分以骗取出口退税罪论处。

7. 根据《刑法》及其司法解释的规定，下列说法正确的是（　　）。

A. 行为人构成抗税罪不仅要求对税务机关和税务人员实施了暴力、威胁的抗拒行为，而且不缴纳税款还要达到一定的数额

B. 不负有纳税义务、扣缴义务的单位和个人不能独立构成逃税罪的主体

C. 逃避追缴欠税罪的主观方面是故意或者过失

D. 骗取出口退税罪的法定最高刑是死刑

【答案】B

【解析】本题考核危害税收征管罪的犯罪构成。逃税罪的主体是特定主体，必须是纳税人或扣缴义务人。因此，不负有纳税义务、扣缴义务的单位和个人，不能独立构成逃税罪的主体，但可以构成逃税罪的共犯。抗税罪在客观方面表现为以暴力、威胁方法拒不缴纳税款的行为，没有数额和比例限制。逃避追缴欠税罪的主观方面必须是故意，且具有逃避缴纳应纳税款的目的，过失不构成逃避追缴欠税罪。骗取出口退税罪的法定最高刑是无期徒刑，而非死刑。所以正确答案是B。

8. 税收违法行为涉嫌犯罪的，稽查局依法移送公安机关之前需经（　　）局长批准。

A. 稽查局　　B. 所属税务局

C. 省级税务局　　D. 基层税务分局

【答案】B

【解析】本题考查涉嫌犯罪案件移送的审批权。根据《税务稽查案件办理程序规定》第四十八条规定，税收违法行为涉嫌犯罪的，填制涉嫌犯罪案件移送书，经税务局局长批准后，依法移送公安机关。首先明确的是，在案件移送过程中，基层税务分局局长和稽查局局长无权行使审批权限。这里的所属税务局局长，根据稽查局级别的不同，可能是县级税务局、地市级税务局还有省级税务局。所以正确答案是B。

9. 在张某虚开增值税专用发票案中，从办理税务登记，到向税务主管部门领购增值税专用发票，以及虚开增值税专用发票都是以单位名义实施，但其违法所得没有归单位所有，而是绝大部分都被张某用于个人经商和挥霍。法院应认定张某为（　　）。

A. 单位犯罪　　B. 集团犯罪

C. 自然人犯罪　　D. 共同犯罪

【答案】 C

【解析】 本题考查自然人犯罪与单位犯罪的区别。根据《最高人民法院关于审理单位犯罪案件具体应用法律有关问题的解释》第三条规定，盗用单位名义实施犯罪，违法所得由实施犯罪的个人私分的，依照刑法有关自然人犯罪的规定定罪处罚。所以正确答案是C。

10. 虚开增值税专用发票罪的追诉标准为，虚开的税款数额达（　　）。

A. 1万元　　B. 10万元

C. 5万元　　D. 5000元

【答案】 C

【解析】 本题考查虚开增值税专用发票罪的追诉标准。根据《最高人民法院关于虚开增值税专用发票定罪量刑标准有关问题的通知》规定，虚开增值税专用发票定罪量刑的数额标准为虚开的税款数额5万元以上。

11. 骗取出口退税罪的追诉标准为，国家税款被骗数额达（　　）。

A. 1万元　　B. 10万元

C. 5万元　　D. 5000元

【答案】 C

【解析】 本题考查骗取出口退税罪的追诉标准。根据《最高人民检察院　公安部关于公安机关管辖的刑事案件立案追诉标准的规定（二）》第五十六条规定，虚开增值税专用发票或者虚开用于骗取出口退税、抵扣税款的其他发票，虚开的税款数额在10万元以上或者造成国家税款损失数额在5万元以上的，应予立案追诉。

12. 抗税罪的犯罪主体是（　　）。

A. 纳税人且是法人　　B. 其他组织

C. 一般主体　　D. 自然人

【答案】 D

【解析】 本题考查抗税罪的犯罪主体。不是任何主体都可构成抗税罪，抗税罪的犯罪主体是特殊主体，只能是自然人。

13. 关于伪造、出售伪造的增值税专用发票罪，下列说法错误的是（　　）。

A. 客体是国家对增值税专用发票的管理规定和国家税收征管秩序

B. 伪造、出售伪造的增值税专用发票数量在25份以上或者票面额累计在10万元以上

C. 主体是纳税人、扣缴义务人

D. 主观方面必须是直接故意，且具有营利目的

【答案】C

【解析】本题考查伪造、出售伪造的增值税专用发票罪。伪造、出售伪造的增值税专用发票罪主体是一般主体，任何单位和个人均可构成。故选项C符合题意。

14. 税务局局长应当自接到移送涉嫌犯罪案件的报告之日起一定期限内作出是否批准移送涉嫌犯罪案件的决定，该期限是（　　）。

A. 1日内　　B. 3日内

C. 5日内　　D. 10日内

【答案】B

【解析】本题考查税务机关负责人对涉嫌犯罪案件作是否移送决定的时间限制。依据《行政执法机关移送涉嫌犯罪案件的规定》第五条第二款规定，行政执法机关正职负责人或者主持工作的负责人应当自接到报告之日起3日内作出批准移送或者不批准移送的决定。

二、多项选择题

1. 根据全国人民代表大会常务委员会公布实施的《刑法修正案（七）》第三条的规定及相关司法解释，下列说法正确的有（　　）。

A. 罪名不变，仍叫偷税罪

B. 罪名改为逃税罪

C. 纳税人逃避缴纳税款达到犯罪标准，经税务机关依法下达追缴通知后，补缴应纳税款，缴纳滞纳金，并接受行政处罚的，不予追究刑事责任；但是，5年内曾因逃避缴纳税款受过刑事处罚或者被税务机关给予两次以上行政处罚的除外

D. 扣缴义务人也可以成为该罪的犯罪主体

【答案】BCD

【解析】本题主要考查偷税罪到逃税罪的变化。①《刑法修正案（七）》第三条规定最大的特点是将原来的偷税罪改为逃税罪。罪名的改变，准确地定性了该罪的本质特征。②逃税罪的犯罪主体为纳税人和扣缴义务人。③逃税罪的客观方面表现为纳税人采

取欺骗、隐瞒手段进行虚假纳税申报或者不申报，逃避缴纳税款数额较大并且占应纳税额10%以上的，处3年以下有期徒刑或者拘役，并处罚金；数额巨大并且占应纳税额30%以上的，处3年以上7年以下有期徒刑，并处罚金。扣缴义务人采取上述所列手段，不缴或者少缴已扣、已收税款，数额较大的，依照上述的规定处罚。④逃税罪的“免责规定”是立法的一大亮点。纳税人逃避缴纳税款达到犯罪标准，经税务机关依法下达追缴通知后，补缴应纳税款，缴纳滞纳金，并接受行政处罚的，不予追究刑事责任；但是，5年内曾因逃避缴纳税款受过刑事处罚或者被税务机关给予两次以上行政处罚的除外。

2. 下列危害税收征管罪中，根据《刑法修正案（八）》相关规定取消死刑的有（　　）。

A. 虚开增值税专用发票、用于骗取出口退税、抵扣税款发票罪

B. 伪造、出售伪造的增值税专用发票罪

C. 逃税罪

D. 抗税罪

【答案】 AB

【解析】 本题考查危害税收征管罪中取消死刑的罪名。《刑法修正案（八）》取消的13个死刑罪名分别为：①走私文物罪；②走私贵重金属罪；③走私珍贵动物、珍贵动物制品罪；④走私普通货物、物品罪；⑤票据诈骗罪；⑥金融凭证诈骗罪；⑦信用证诈骗罪；⑧虚开增值税专用发票、用于骗取出口退税、抵扣税款发票罪；⑨伪造、出售伪造的增值税专用发票罪；⑩盗窃罪；⑪传授犯罪方法罪；⑫盗掘古文化遗址、古墓葬罪；⑬盗掘古人类化石、古脊椎动物化石罪。其中，虚开增值税专用发票、用于骗取出口退税、抵扣税款发票罪和伪造、出售伪造的增值税专用发票罪属于危害税收征管罪。所以，选项A、B正确。而逃税罪与抗税罪原本就没有死刑的刑罚。

3. 逃税罪中不缴少缴税款后果必须达到一定程度，才可以追究刑事责任，按照当前的标准有（　　）。

A. 纳税人不缴少缴税款，数额达到5万元

B. 纳税人不缴少缴税款，数额达到5万元且占应纳税额的10%以上

C. 扣缴义务人不缴少缴已扣已收税款，数额达到5万元

D. 扣缴义务人不缴少缴已扣已收税款，数额达到5万元且占已扣已收税款数额的10%以上

【答案】 BC

【解析】 本题考查逃税罪的追诉标准。①依据《刑法》第二百零一条规定，纳税人

采取欺骗、隐瞒手段进行虚假纳税申报或者不申报，逃避缴纳税款数额较大并且占应纳税额10%以上的，构成犯罪。扣缴义务人采取上述所列手段，不缴或者少缴已扣、已收税款，数额较大的，也构成逃税罪。由此可见，逃税罪的主客观方面表现为：纳税人以欺骗、隐瞒方式进行虚假的纳税申报或者不申报，逃避缴纳、解缴税款。追究刑事责任有数额和比例的要求，即逃避缴纳税款数额较大并且占应纳税额10%以上。而扣缴义务人采取上述手段的，只有数额限制，没有比例要求。②根据《最高人民检察院　公安部关于公安机关管辖的刑事案件立案追诉标准的规定（二）》（公通字〔2010〕23号）第五十七条规定，数额较大的标准为5万元。

4. 逃税罪在客观方面的表现包括（　　）。

A. 不履行纳税申报义务　　B. 利用税收的漏洞，规避纳税义务

C. 过失未缴纳税款　　D. 进行虚假的纳税申报

【答案】 AD

【解析】 本题考查逃税罪。本题中，选项B属于避税行为，选项C属于漏税行为。

5. 下列关于逃税罪的说法中，正确的有（　　）。

A. 因不了解税法和有关税收政策造成未缴或少缴应纳税款的，构成逃税罪

B. 对多次有逃税行为未经处理的，按照累计的数额计算

C. 只要符合逃税罪构成的，就要追究刑事责任

D. 扣缴义务人可以成为逃税罪的主体

【答案】 BD

【解析】 本题考核逃税罪。因不了解税法和有关税收政策规定，或者业务不熟、使用公式错误等原因造成未缴或少缴应纳税款的，由于其主观上没有逃避缴纳应纳税款获取非法利益的故意，因此不能构成逃税罪。选项A错误。根据《刑法修正案（七）》第三条第四款规定，有逃税行为，经税务机关依法下达追缴通知后，补缴应纳税款，缴纳滞纳金，已受行政处罚的，不予追究刑事责任；但是，5年内因逃避缴纳税款受过刑事处罚或者被税务机关给予2次以上行政处罚的除外。选项C错误。

6. 根据抗税罪的追诉标准，抗税案以暴力、威胁方法拒不缴纳税款，应予立案追诉的情形有（　　）。

A. 造成税务工作人员轻伤以上的

B. 以给税务工作人员及其亲友的生命、健康、财产等造成损害为威胁，抗拒缴纳税款的

C. 聚众抗拒缴纳税款的

D. 以其他暴力、威胁方法拒不缴纳税款的

【答案】BCD

【解析】本题考查抗税罪的追诉标准。根据《最高人民检察院　公安部关于公安机关管辖的刑事案件立案追诉标准的规定（二）》（公通字〔2010〕23 号）第五十八条规定，抗税案（《刑法》第二百零二条），以暴力、威胁方法拒不缴纳税款，涉嫌下列情形之一的，应予立案追诉：①造成税务工作人员轻微伤以上的；②以给税务工作人员及其亲友的生命、健康、财产等造成损害为威胁，抗拒缴纳税款的；③聚众抗拒缴纳税款的；④以其他暴力、威胁方法拒不缴纳税款的。

7. 某企业在经营期间，欠缴应纳税款 20 万元，占应纳税额的 8%。税务机关向该企业发出了《催缴通知书》，该企业不予理睬，同时为了防止税务机关冻结其存款账户，伪造了相关文件，另立企业账户，并且转移了一部分存款，致使税务机关无法追缴欠缴的税款 8 万元，对此案的正确定性和处理为（　　）。

A. 该企业构成逃税罪

B. 对于该企业的直接负责人要处以 3 年以上 7 年以下有期徒刑，并处罚金

C. 该企业行为侵犯了国家的税收征管秩序

D. 对该企业执行罚金之前，应当先由税务机关追缴其所逃避的税款

【答案】CD

【解析】本题考查逃避追缴欠税罪。该企业实施了《刑法》中逃避追缴欠税的犯罪行为，构成逃避追缴欠税罪。因纳税人的逃避行为而使税务机关无法追缴的欠缴税款数额，不能等同于纳税人转移或隐匿财产的数额或纳税人所欠缴的税款数额。所以，无法追缴的欠税数额是 8 万元。按照该规定，处 3 年以下有期徒刑或者拘役，并处或者单处欠缴税款 1 倍以上 5 倍以下罚金。选项 A、B 错误。要注意区分逃税罪和逃避追缴欠税罪在客观方面的区别。逃税罪的关键是以欺骗、隐瞒的方式进行虚假的纳税申报或不申报，逃避缴纳、解缴税款。而逃避追缴欠税罪的关键是向税务机关隐瞒缴纳税款的能力。《刑法》规定因逃避追缴欠税罪，被判处罚金、没收财产的，在执行前，应当先由税务机关追缴税款。

8. 下列犯罪中，可以由单位构成犯罪主体的有（　　）。

A. 逃税罪　　　　B. 虚开增值税专用发票罪

C. 骗取出口退税罪　　　　D. 抗税罪

【答案】ABC

【解析】本题考查危害税收征管罪的主体构成。危害税收征管罪的犯罪主体，既有特殊主体又有一般主体，既包括自然人也包括单位。依据《刑法》规定，除抗税罪外，

单位均可以构成其他所有危害税收征管罪的犯罪主体。抗税罪是危害税收征管罪中唯一只能由自然人构成的罪名。

9. 对涉及增值税专用发票的犯罪案件，下列处理正确的有（　　）。

A. 非法购买增值税专用发票的，按非法购买增值税专用发票罪定罪处罚

B. 非法购买增值税专用发票后又虚开的，按非法购买增值税专用发票罪和虚开增值税专用发票罪并罚

C. 非法购买增值税专用发票后又出售的，按非法出售增值税专用发票罪定罪处罚

D. 非法购买伪造的增值税专用发票后又出售的，按出售伪造的增值税专用发票罪定罪处罚

【答案】 ACD

【解析】 本题考查涉及增值税专用发票的犯罪。如果行为人非法购买增值税专用发票或者购买伪造的增值税专用发票又虚开或者出售的，则不再定前罪，而应当按照虚开增值税专用发票罪、出售伪造的增值税专用发票罪、非法出售增值税专用发票罪定罪处罚。选项 B 错误。

10. 伪造、出售伪造的增值税专用发票案，具备（　　）条件的，应予立案追诉。

A. 伪造或者出售伪造的增值税专用发票 25 份以上

B. 伪造或者出售伪造的增值税专用发票 20 份以上

C. 票面额累计在 10 万元以上

D. 单张票面额在 10 万元以上

【答案】 AC

【解析】 本题考查伪造、出售伪造的增值税专用发票案的追诉标准。根据《最高人民检察院　公安部关于公安机关管辖的刑事案件立案追诉标准的规定（二）》（公通字〔2010〕23 号）第六十二条规定，伪造或者出售伪造的增值税专用发票 25 份以上或者票面额累计在 10 万元以上的，应予立案追诉。这里的“票面额”是个累计数，而不是单张票上显示的数额。只要具备上述两个条件之一即可构成伪造、出售伪造的增值税专用发票罪。

11. 下列关于危害税收征管罪的说法中，正确的有（　　）。

A. 盗窃增值税专用发票或者可以用于骗取出口退税、抵扣税款的其他发票，按盗窃罪处罚

B. 使用欺骗的手段骗取增值税专用发票或者可以用于骗取出口退税、抵扣税款的其他发票的，按诈骗罪定罪处罚

C. 虚开增值税专用发票或者虚开用于骗取出口退税、抵扣税款发票罪中的虚开行为包括为他人虚开、为自己虚开、让他人为自己虚开三种

D. 非法出售增值税专用发票罪主观方面可以是间接故意

【答案】AB

【解析】本题考查危害税收征管罪相关规定。根据《刑法》规定，盗窃增值税专用发票或者可以用于骗取出口退税、抵扣税款的其他发票，按盗窃罪处罚；使用欺骗的手段骗取增值税专用发票或者可以用于骗取出口退税、抵扣税款的其他发票的，按诈骗罪定罪处罚，选项 A、B 正确。虚开行为包括为他人虚开、为自己虚开、让他人为自己虚开、介绍他人虚开四种，选项 C 错误。非法出售增值税专用发票罪主观方面是直接故意，选项 D 错误。

12. 在下列罪名中，必须以增值税专用发票或者伪造的增值税专用发票为犯罪对象的有（　　）。

A. 伪造、出售伪造的增值税专用发票罪

B. 非法出售用于骗取出口退税、抵扣税款发票罪

C. 非法购买增值税专用发票或者购买伪造的增值税专用发票罪

D. 非法制造、出售非法制造的发票罪

【答案】AC

【解析】本题考查危害税收征管罪相关规定。非法出售用于骗取出口退税、抵扣税款发票罪犯罪对象为非增值税专用发票。非法制造、出售非法制造的发票罪犯罪对象为增值税普通发票，选项 B、D 错误。

三、判断题

1. 对于某公司法定代表人张某用暴力方法拒不缴纳税款致使税务人员轻伤的行为，人民法院应判令张某 1 年有期徒刑，并处 6 个月拘役。（　　）

【答案】×

【解析】有期徒刑与拘役都是刑罚中的主刑，主刑只能独立适用，不可附加适用。一个罪只能适用一个主刑，不能同时适用两个以上的主刑。

2. 纳税人采取欺骗、隐瞒手段进行虚假纳税申报或者不申报，逃避缴纳税款数额较大并且占应纳税额的 10% 以上，经税务机关依法下达追缴通知后，积极补缴应纳税款，缴纳滞纳金，并且已接受行政处罚的，一律不予追究刑事责任。（　　）

【答案】×

【解析】根据《〈刑法〉修正案（七）》第三条第一款规定，纳税人采取欺骗、隐

瞒手段进行虚假纳税申报或者不申报，逃避缴纳税款数额较大并且占应纳税额 10% 以上的，处 3 年以下有期徒刑或者拘役，并处罚金；数额巨大并且占应纳税额 30% 以上的，处 3 年以上 7 年以下有期徒刑，并处罚金。根据《〈刑法〉修正案（七）》第三条第四款规定，有第一款行为，经税务机关依法下达追缴通知后，补缴应纳税款，缴纳滞纳金，已受行政处罚的，不予追究刑事责任；但是，5 年内因逃避缴纳税款受过刑事处罚或者被税务机关给予 2 次以上行政处罚的除外。也就是说，纳税人犯逃税罪，并补缴应纳税款，缴纳滞纳金，依法履行罚款的，不予追究其刑事责任有一前提，就是纳税人必须是初犯，如果在 5 年内因逃避缴纳税款受过刑事处罚或者被税务机关给予 2 次以上行政处罚的，即使在再次发生逃避缴纳税款行为时，积极补缴税款等都不符合免责的条件。

3. 过失行为也可能会导致欠税人犯逃避追缴欠税罪。(　　)

【答案】 ×

【解析】 逃避追缴欠税罪在主观方面表现为故意，并且具有逃避缴纳应缴税款而非法获利的目的。

4. 逃税案，纳税人在公安机关立案后再补缴应纳税款、缴纳滞纳金并接受行政处罚的，也可以不予追究其刑事责任。(　　)

【答案】 ×

【解析】 根据《最高人民检察院　公安部关于公安机关管辖的刑事案件立案追诉标准的规定（二）》（公通字〔2010〕23 号）第五十七条（逃税案）第二款规定，纳税人在公安机关立案后再补缴应纳税款、缴纳滞纳金或者接受行政处罚的，不影响刑事责任的追究。

5. 虚开增值税专用发票、用于骗取出口退税、抵扣税款发票罪的犯罪主体是特殊主体，只能是自然人。(　　)

【答案】 ×

【解析】 虚开增值税专用发票、用于骗取出口退税、抵扣税款发票罪的犯罪主体是一般主体，包括自然人和单位。

6. 没收财产是既包括没收犯罪分子的个人所有财产的一部分或全部，也包括没收犯罪分子家属所有或者应有的财产。(　　)

【答案】 ×

【解析】 没收财产属于刑罚的一种，没收的只能是属于犯罪分子本人所有的财产，包括犯罪分子本人所有的财物及其在与他人共有财产中依法应有的份额，但不包括没收犯罪分子家属所有或者应有的财产。

7. 虚开增值税专用发票、用于骗取出口退税、抵扣税款发票罪在主观方面必须是故意，而且一般具有牟利的目的，但以营利为目的并不是本罪主观上的必要条件。（　　）

【答案】√

【解析】本罪在主观方面必须是故意，而且一般具有牟利的目的。在实践中，为他人虚开增值税专用发票的单位和个人一般都以收取高额的手续费为目的，为自己虚开、让他人为自己虚开，介绍他人虚开的单位和个人一般都是以收取高额的中介费、信息费为目的。但“以营利为目的”并不是本罪主观上的必要条件。

8. 具有移送涉嫌犯罪案件审批权的负责人，应当自接到移送涉嫌犯罪案件的书面报告之日起 1 日内作出批准移送或者不批准移送的决定。（　　）

【答案】×

【解析】根据《行政执法机关移送涉嫌犯罪案件的规定》，行政执法机关正职负责人或者主持工作的负责人应当自接到报告之日起 3 日内作出批准移送或者不批准移送的决定。决定批准的，应当在 24 小时内向同级公安机关移送；决定不批准的，应当将不予批准的理由记录在案。

9. 实施骗取出口退税犯罪，同时构成虚开增值税专用发票罪等其他犯罪的，属于牵连犯，从一重罪处罚。（　　）

【答案】√

【解析】实施骗取出口退税犯罪，同时构成虚开增值税专用发票罪等其他犯罪的不属于数罪并罚的范畴，应当从一重罪处罚。

10. 虚开增值税专用发票的手段主要有为他人虚开、为自己虚开、让他人为自己虚开和介绍他人虚开，行为人实施其中一种行为即可构成虚开增值税专用发票罪。（　　）

【答案】√

【解析】虚开增值税专用发票的行为主要表现为为他人虚开、为自己虚开、让他人为自己虚开和介绍他人虚开，行为人只要实施其中一种行为即可构成虚开增值税专用发票罪。

第九章　《民法典》以及社会保险法、非税收入规定

一、单项选择题

1. 将“国家建立健全同经济发展水平相适应的社会保障制度”载入现行《宪法》的是（　　）宪法修正案。

A. 1988 年　　B. 1993 年

C. 1999 年　　D. 2004 年

【答案】 D

【解析】 2004 年《宪法修正案》第二十三条规定，《宪法》第十四条增加一款，作为第四款：“国家建立健全同经济发展水平相适应的社会保障制度”。故选项 D 正确。

2. 用人单位未按时足额缴纳社会保险费的，由社会保险费征收机构责令限期缴纳或补足，并自欠缴之日起，向用人单位按日加收（　　）的滞纳金，逾期仍不缴纳的，由社保行政部门处以罚款。

A. 万分之三　　B. 万分之五

C. 千分之一点五　　D. 千分之一

【答案】 B

【解析】 根据《社会保险法》第八十六条规定，用人单位未按时足额缴纳社会保险费的，由社会保险费征收机构责令限期缴纳或者补足，并自欠缴之日起，按日加收万分之五的滞纳金；逾期仍不缴纳的，由有关行政部门处欠缴数额一倍以上三倍以下的罚款。故选项 B 正确。

3. 杨某因走失两年后，被其父母向人民法院申请宣告为失踪人，其财产由父母担任财产代管人进行管理。因杨某在失踪前取得一笔劳务报酬所得而未申报缴纳个人所得税，在系统中形成了欠税和滞纳金，下列处理方式正确的是（　　）。

A. 因纳税人已经失踪，主管税务机关不再过问

B. 虽然纳税人已经失踪，但应当由杨某的父母从自己的存款中支付欠税及滞纳金

C. 虽然纳税人已经失踪，但应当由杨某的父母从杨某的存款中支付欠税及滞纳金

D. 虽然纳税人已经失踪，但可以向杨某的兄弟姐妹追缴欠税及滞纳金

【答案】 C

【解析】 根据《民法典》第四十三条规定，财产代管人应当妥善管理失踪人的财产，维护其财产权益。失踪人所欠税款、债务和应付的其他费用，由财产代管人从失踪人的财产中支付。财产代管人因故意或者重大过失造成失踪人财产损失的，应当承担赔偿责任。故选项 C 正确。

4. 依据《政府非税收入管理办法》的规定，下列项目不属于非税收入的是（　　）。

A. 国家重大水利工程建设基金　　B. 国有资本收益

C. 残疾人就业保障金　　D. 社会保险费

【答案】 D

【解析】 根据《政府非税收入管理办法》第三条规定，该《办法》所称非税收入，是指除税收以外，由各级国家机关、事业单位、代行政府职能的社会团体及其他组织依法利用国家权力、政府信誉、国有资源（资产）所有者权益等取得的各项收入。具体包括：①行政事业性收费收入；②政府性基金收入；③罚没收入；④国有资源（资产）有偿使用收入；⑤国有资本收益；⑥彩票公益金收入；⑦特许经营收入；⑧中央银行收入；⑨以政府名义接受的捐赠收入；⑩主管部门集中收入；⑪政府收入的利息收入；⑫其他非税收入。故选项 D 正确。

5. 下列法律原则中，属于民法典基本原则的是（　　）。

A. 公信原则　　B. 公序良俗原则

C. 等价有偿原则　　D. 公示原则

【答案】 B

【解析】 民法典的基本原则包括民事权益受法律保护原则、平等原则、自愿原则、公平原则、诚信原则、合法和公序良俗原则、绿色原则。故选项 B 正确。

6. 民法典规定了承担民事责任的方式，其中不包括（　　）。

A. 赔礼道歉　　B. 消除危险

C. 吊销许可证件　　D. 支付违约金

【答案】 C

【解析】《民法典》第一百七十九条规定，承担民事责任的方式主要有：停止侵害；排除妨碍；消除危险；返还财产；恢复原状；修理、重作、更换；继续履行；赔偿损失；支付违约金；消除影响、恢复名誉；赔礼道歉。法律规定惩罚性赔偿的，依照其规

定。选项 C 属于行政处罚。故选项 C 正确。

二、多项选择题

1.《契税法》第六条规定，婚姻关系存续期间夫妻之间更名、法定继承人通过继承取得土地、房屋权属更名的，免征契税。下列房屋权属变更行为中，免征契税的有（　　）。

A. 甲、乙两人系合法夫妻，甲拟在《不动产权登记证》上添加乙的名字

B. 丙的丈夫尚健在，丙在去世前指定她的亲近朋友小丙继承其拥有的一套小公寓，办理权属变更

C. 祖父母因孙子丁的父亲很早就过世了，再无其他亲人，便决定将房产过继给丁，办理权属变更

D. 戊、己两人办理了离婚手续，戊因心中有愧，除分割财产外，另赠送己一套房产作为补偿，办理权属变更

【答案】 AC

【解析】 根据《民法典》第一千零四十五条规定，亲属包括配偶、血亲和姻亲，婚姻关系存续期间就是配偶的概念。根据《民法典》第一千一百二十七条规定，继承第一顺序为配偶、子女、父母，第二顺序是兄弟姐妹、祖父母、外祖父母。法定继承人继承房产免税有顺序限制，如果有第一顺序继承人，则不启动第二顺序继承人的继承，只有第一顺序继承人都不在世，才可以启动第二顺序继承人继承。选项 A 为《契税法》明确规定的免税行为。选项 B 中被继承人的第一顺序继承人，即丙的丈夫，尚健在，则丙将房产指定由小丙继承属于赠与，应征收契税。选项 C 中，因孙子的父亲（即祖父母的第一顺位继承人）早已离世，也没有其他的第一顺位继承人，适用《民法典》第一千一百二十八条代位继承的规定，由被继承人的直系晚辈血亲代位继承人，免征契税。选项 D 中，戊与己已经办理了离婚手续，两人不是配偶，戊向己赠与房产的行为不属于明文规定的免税范围，应当征收契税。

2. 我国社会保险制度的基本原则包括（　　）。

A. 广覆盖、保基本、多层次、可持续的原则

B. 社会保险水平与经济社会发展水平相适应的原则

C. 普遍性与强制性结合的原则

D. 互济性与保险性结合的原则

【答案】 AB

【解析】 根据《社会保险法》第三条规定，社会保险制度坚持广覆盖、保基本、多层次、可持续的方针，社会保险水平应当与经济社会发展水平相适应。

3. 目前，由税务部门负责征收的非税收入主要包括（　　）。

A. 行政事业性收费收入

B. 政府性基金收入

C. 国有资源（资产）有偿使用收入

D. 社会保险费收入

【答案】 ABC

【解析】 目前，由税务部门负责征收的非税收入主要包括行政事业性收费收入、政府性基金收入、国有资源（资产）有偿使用收入和其他非税收入等项目。

4. 下列选项中，属于民事权利行使原则的有（　　）。

A. 自愿原则　　B. 义务必须履行原则

C. 禁止权利滥用原则　　D. 契约自由原则

【答案】 ABC

【解析】 根据《民法典》第一百三十条规定，民事主体按照自己的意愿依法行使民事权利，不受干涉。第一百三十一条规定，民事主体行使权利时，应当履行法律规定的和当事人约定的义务。根据《民法典》第一百三十二条规定，民事主体不得滥用民事权利损害国家利益、社会公共利益或者他人合法权益。故本题选项 A、B、C 正确。

三、判断题

1. 2020 年 5 月 28 日，第十三届全国人民代表大会第三次会议通过《中华人民共和国民法典》，自 2021 年 1 月 1 日起施行。(　　)

【答案】 √

【解析】 2020 年 5 月 28 日，第十三届全国人民代表大会第三次会议通过《中华人民共和国民法典》，自 2021 年 1 月 1 日起施行。

2. 民法调整平等主体的公民、法人和非法人组织之间的人身关系和财产关系。(　　)

【答案】 ×

【解析】《民法典》第二条明确规定，民法调整平等主体的自然人、法人和非法人组织之间的人身关系和财产关系。

3. 社会保障，是指由国家依法运用财政资源和其他社会资金，对公民因个人原因导致的生活困难给予物质帮助或服务帮助的保障手段。(　　)

【答案】 ×

【解析】社会保障，是指由国家依法运用财政资源和其他社会资金，对公民因自然或社会等原因导致的生活困难给予物质帮助或服务帮助的保障手段。

4. 按照现行法律规定，只有个人依法负有缴纳社会保险费的义务，并有权查询缴费记录、个人权益记录，要求社会保险经办机构提供社会保险咨询等相关服务。(　　)

【答案】×

【解析】根据《社会保险法》第四条规定，中华人民共和国境内的用人单位和个人依法缴纳社会保险费，有权查询缴费记录、个人权益记录，要求社会保险经办机构提供社会保险咨询等相关服务。个人依法享受社会保险待遇，有权监督本单位为其缴费情况。因此，用人单位和个人均有依法缴纳社会保险费的义务。

5. 用人单位在终止或者解除劳动合同时拒不出具终止或者解除劳动关系证明的，由劳动行政部门责令改正；因上述原因对劳动者造成无法享受社会保险待遇等损害的，应当依法承担赔偿责任。(　　)

【答案】√

【解析】根据《社会保险法》第八十五条规定，用人单位拒不出具终止或者解除劳动关系证明的，依照《劳动合同法》的规定处理。根据《劳动合同法》第八十九条规定，用人单位违反本法规定未向劳动者出具解除或者终止劳动合同的书面证明，由劳动行政部门责令改正；给劳动者造成损害的，应当承担赔偿责任。

第十章　相关法规对税务公务员履职责任规定

一、单项选择题

1. 行政执法机关违反国家规定，将应当上缴国家的罚没财物，以单位名义集体私分给个人的，构成的罪名是（　　）。

A. 私分国有资产罪　　B. 贪污罪

C. 侵占罪　　D. 私分罚没财物罪

【答案】 D

【解析】 本题考查私分罚没财物罪的构成。私分罚没财物罪是指司法机关、行政执法机关违反国家规定，将应当上缴国家的罚没财物，以单位名义集体私分给个人的行为。构成私分罚没财产罪的主体为特殊主体，只能是司法机关、行政执法机关；在客观方面表现为违反国家规定，以单位名义将应当上缴国家的罚没财物集体私分给个人的行为。选项 D 符合题意。

2. 下列不属于税务机关公务员享有的基本权利的是（　　）。

A. 非因法定事由、非经法定程序，不被免职、降职、辞退或者处分

B. 获得工资报酬，享受福利、保险待遇

C. 全心全意为人民服务，接受人民监督

D. 提出申诉和控告

【答案】 C

【解析】 本题考查公务基本权利。根据《公务员法》第十五条规定，公务员享有下列权利：①获得履行职责应当具有的工作条件；②非因法定事由、非经法定程序，不被免职、降职、辞退或者处分；③获得工资报酬，享受福利、保险待遇；④参加培训；⑤对机关工作和领导人员提出批评和建议；⑥提出申诉和控告；⑦申请辞职；⑧法律规定的其他权利。选项 C 全心全意为人民服务，接受人民监督属于公务员的义务，不是权利，因此错误。故选项 C 符合题意。

3. 下列关于徇私舞弊不移交刑事案件罪的说法，正确的是（　　）。

A. 本罪侵犯的客体是国家税务机关正常的税收征管秩序

B. 本罪的主体必须是税务机关工作人员

C. 本罪的行为人主观方面必须是故意，如果不是出于故意，则不构成本罪

D. 本罪的客观方面表现为行为人利用职务之便收受贿赂，对依法应当移交司法机关追究刑事责任的案件不移交的行为

【答案】 C

【解析】 本题考查徇私舞弊不移交刑事案件罪的构成要件。区分本罪的一个标准，即行为人的主观方面是否为故意。客观方面表现为徇私舞弊，对依法应当移交司法机关追究刑事责任的案件不移交，并且情节严重的行为。故选项 C 符合题意。

4. 下列不属于受贿罪法定客观方面表现的是（　　）。

A. 国家工作人员利用职务上的便利，索取他人财物

B. 国家工作人员非法收受他人财物，为他人谋取利益

C. 国家工作人员在经济往来中，违反国家规定，收受各种名义的回扣、手续费，归个人所有

D. 国家工作人员利用职务上的便利，侵吞公共财物

【答案】 D

【解析】 本题考查受贿罪的构成要件。根据《刑法》第三百八十五条规定，国家工作人员利用职务上的便利，索取他人财物的，或者非法收受他人财物，为他人谋取利益的，是受贿罪。国家工作人员在经济往来中，违反国家规定，收受各种名义的回扣、手续费，归个人所有的，以受贿论处。选项 D 符合题意。

5. 公务员执行公务时，认为上级的决定或者命令有错误的，可以向上级提出改正或者撤销该决定或者命令的意见；上级不改变该决定或者命令，或者要求立即执行的，公务员应当执行该决定或者命令，执行的后果由（　　）。

A. 单位负责　　　　B. 上级负责

C. 公务员负责　　　D. 共同负责

【答案】 B

【解析】 本题考查行政过错责任追究。一般而言，行政责任主要追究行政行为人，但对于行政行为人已认为上级决定或者命令有错误而向上级提出撤销该决定或者命令的意见，上级不改变该决定或者命令的，执行的后果应由上级负责。故选项 B 符合题意。

6. 下列不属于通常所说的职务犯罪的是（　　）。

A. 分裂国家罪　　　B. 玩忽职守罪

C. 徇私舞弊不征、少征税款罪　　D. 挪用公款罪

【答案】 A

【解析】 本题考查职务犯罪分类。根据《刑法》规定，常见的职务犯罪包括玩忽职守罪，滥用职权罪，徇私舞弊发售发票、抵扣税款、出口退税罪，徇私舞弊不征、少征税款罪，徇私舞弊不移交刑事案件罪，受贿罪，贪污罪，挪用公款罪，私分罚没财物罪等。选项 A 分裂国家罪属于危害国家安全罪类，不属于职务类犯罪。故选项 A 符合题意。

7. 公职人员依法履行职责受法律保护，非因法定事由、非经（　　）不受政务处分。

A. 上级批准　　B. 集体研究

C. 法定程序　　D. 法律许可

【答案】 C

【解析】 本题考查法律的程序合法。法律规定，对于一项执法行为，既要实体合法，也要程序合法。故选项 C 符合题意。

8. 税务机关及税务人员违反规定发售、保管、代开增值税专用发票以及其他发票，致使国家税收遭受损失或者造成其他不良影响的（非情节较重或情节严重），对有关责任人，要给予的处分是（　　）。

A. 警告或者记过　　B. 记过或者记大过

C. 降级或者撤职　　D. 开除

【答案】 B

【解析】 本题考查对于违反规定发售、保管、代开增值税专用发票等行为的处分规定。根据《税收违法违纪行为处分规定》第四条规定，税务机关及税务人员违反规定发售、保管、代开增值税专用发票以及其他发票，致使国家税收遭受损失或者造成其他不良影响的，对有关责任人员，给予记过或者记大过处分。该条同时规定情节较重的，给予降级或者撤职处分；情节严重的，给予开除处分。选项 B 符合题意。

9. 税务执法违纪违法行为的一般特征不包括（　　）。

A. 触犯刑法　　B. 损害税务人员廉洁性

C. 造成危害后果　　D. 利用职务之便

【答案】 A

【解析】 本题考查税务执法违纪违法的一般特征。并非所有的税务执法违纪违法行为都触犯刑法。故选项 A 符合题意。

10. 徇私舞弊不征、少征税款罪的主观方面表现是（　　）。

A. 过失　　B. 故意

C. 只能是直接故意　　D. 过失或故意

【答案】 B

【解析】 本题考查徇私舞弊不征、少征税款罪的主观方面表现。徇私舞弊不征、少征税款罪的主观方面表现为主观故意，是在明知行政相对人有缴纳税款的义务，而希望或放任其逃避缴纳税款义务的行为。本罪的主观故意可以是直接故意，即在征税的过程中主动协助纳税人，有意识地不征少征税款；也可以是间接故意，即在明知或应知行政相对人有缴纳税款义务，而消极地不作为，放任不缴少缴税款后果的发生。选项 B 符合题意。

二、多项选择题

1. 公职人员可以从轻或者减轻给予政务处分的情形有（　　）。

A. 主动交代本人应当受到政务处分的违法行为的

B. 主动采取措施，有效避免、挽回损失或者消除不良影响的

C. 主动上交或者退赔违法所得的

D. 配合调查，如实说明本人违法事实的

【答案】 ABCD

【解析】 本题考查公职人员对本人违法所采取的态度。对违法行为能积极、主动采取措施，挽回损失或者消除不良影响，法律予以鼓励，可以从轻或者减轻给予政务处分。

2. 税务人员在受一定的行政处分期间不得晋升工资档次，这些行政处分包括（　　）。

A. 警告　　B. 记过

C. 降级　　D. 撤职

【答案】 BCD

【解析】 本题考查不得晋升工资档次的行政处分。《公务员法》第六十四条规定，公务员在受处分期间不得晋升职务、职级和级别，其中受记过、记大过、降级、撤职处分的，不得晋升工资档次。因此正确答案为 B、C、D。

3. 税务人员应依法履行的义务有（　　）。

A. 忠于宪法，模范遵守、自觉维护宪法和法律，自觉接受中国共产党领导

B. 对机关工作和领导人员提出批评和建议

C. 忠于职守，勤勉尽责，服从和执行上级依法作出的决定和命令，按照规定的权限和程序履行职责，努力提高工作质量和效率

D. 忠于国家，维护国家的安全、荣誉和利益

【答案】ACD

【解析】本题考查公务员享有的义务。根据《公务员法》第十四条规定，公务员应当履行下列义务：①忠于宪法，模范遵守、自觉维护宪法和法律，自觉接受中国共产党领导；②忠于国家，维护国家的安全、荣誉和利益；③忠于人民，全心全意为人民服务，接受人民监督；④忠于职守，勤勉尽责，服从和执行上级依法作出的决定和命令，按照规定的权限和程序履行职责，努力提高工作质量和效率；⑤保守国家秘密和工作秘密；⑥带头践行社会主义核心价值观，坚守法治，遵守纪律，恪守职业道德，模范遵守社会公德、家庭美德；⑦清正廉洁，公道正派；⑧法律规定的其他义务。选项 B 属于公务员的权利，因此不选。

4.《公职人员政务处分法》规定，国家公职人员有下列行为之一，情节严重的，予以降级或者撤职（　　）。

A. 违反规定向管理服务对象收取、摊派财物的

B. 在管理服务活动中故意刁难、吃拿卡要的

C. 滥用职权，危害国家利益、社会公共利益或者侵害公民、法人、其他组织合法权益的

D. 不正确履行职责，玩忽职守，贻误工作的

【答案】AB

【解析】本题主要考查国家公职人员的公仆意识。国家公职人员是人民的公仆，全心全意为人民服务是公职人员的职责所在。对利用职务之便，侵害管理服务对象的合法权益，应当依法追究法律责任。C、D 两项，情节严重的，根据《公职人员政务处分法》，予以开除。故选项 A、B 符合题意。

5. 下列关于玩忽职守罪的说法正确的有（　　）。

A. 玩忽职守罪的主观方面表现为故意

B. 玩忽职守罪是结果犯罪

C. 玩忽职守罪在客观方面表现为严重不负责任

D. 玩忽职守罪一般只有领导才能构成此类犯罪

【答案】BC

【解析】本题考查玩忽职守罪的犯罪构成。根据《刑法》的相关规定，玩忽职守罪是一种国家机关工作人员严重的渎职犯罪，是指国家机关工作人员严重不负责任，不履

行或不认真履行职责，致使公共财产、国家和人民利益遭受重大损失的行为。玩忽职守罪在客观方面表现为：①国家机关工作人员具有严重的玩忽职守行为，即国家机关工作人员在工作中严重不负责任，不履行或者不认真履行职责。②致使公共财产、国家和人民利益遭受重大损失的。所以，玩忽职守罪在主观方面表现为过失，在客观方面表现为工作中严重不负责任，不履行或者不认真履行职责，且必须具备致使公共财产、国家和人民利益遭受重大损失的结果才构成此罪。故选项 B、C 符合题意。

6. 下列因素中，属于受贿罪构成要件的有（　　）。

A. 主观方面故意　　B. 收受财物

C. 利用职务便利　　D. 为他人谋取利益

【答案】 ABCD

【解析】 本题考查受贿罪构成要件。根据《刑法》关于受贿罪的规定，受贿罪主观方面必须是故意，客观上利用职务便利，为他人谋取利益，并收受财物。故选项 A、B、C、D 均符合题意。

7. 张某系某市税务局负责管理运输行业的税收工作人员。2021 年 3 月，张某应朋友之托，为其运输公司违规办理相关涉税事宜，致使运输公司少缴税款 230 万元。事后，张某收到运输公司支付的“答谢费”10 万元。检察机关接到举报后，传唤了张某。张某对举报内容供认不讳。张某的行为涉嫌的罪名有（　　）。

A. 受贿罪　　B. 渎职罪

C. 违法提供免税凭证罪　　D. 徇私舞弊不征、少征税款罪

【答案】 AD

【解析】 本题考查受贿罪和徇私舞弊不征、少征税款罪。本案中少缴税款 230 万元，远超过致使国家税收损失累计达 10 万元以上的认定标准，构成徇私舞弊不征、少征税款罪。如果税务人员利用职务上的便利，索取、收受纳税人财物，不征、少征应征税款，致使国家税收遭受重大损失的，应当以徇私舞弊不征、少征税款罪和受贿罪数罪并罚。故选项 A、D 符合题意。

8. 通常所称的职务犯罪，犯罪主体包括（　　）。

A. 国家机关任职的公务员

B. 虽然不具有公务员身份，但在国家机关任职的人员

C. 在其他单位任职而代表国家履行公务的人员

D. 临时聘用人员

【答案】 ABC

【解析】 本题考查职务犯罪主体。通常所称的职务犯罪，犯罪主体是国家工作人员，主要是在国家机关任职的公务员；一些虽然不具有公务员身份，但在国家机关任职，或者在其他单位任职而代表国家履行公务，在其履行公务的过程中犯罪，也可以作为职务犯罪的主体，构成职务犯罪。故选项 A、B、C 符合题意。

9. 因税收违纪违法行为受到处分的人员对处分决定不服的，可以申请复核或者申诉的法律依据有（　　）。

A. 《行政处罚法》　　B. 《公务员法》

C. 《行政机关公务员处分条例》　　D. 《税收征管法》

【答案】 BC

【解析】 本题考查税务人员不服行政处分而申请复核或申诉的法律依据。选项 B、C 符合题意。

10. 根据《刑法》相关规定，下列关于渎职罪的说法错误的有（　　）。

A. 涉税渎职犯罪分为徇私舞弊型渎职罪、滥用职权型渎职罪、玩忽职守型渎职罪

B. 徇私舞弊不征、少征税款罪与违法提供出口退税凭证罪的犯罪主体都是税务机关工作人员

C. 渎职罪的犯罪主体都是一般主体，任何自然人或单位都能成为渎职罪的犯罪主体

D. 徇私舞弊不移交刑事案件罪与徇私舞弊不征、少征税款罪在主观方面都表现为故意

【答案】 BC

【解析】 本题考查渎职罪各罪的构成要件。违法提供出口退税凭证罪的犯罪主体是海关、外汇管理等国家工作人员而不是税务机关工作人员。所以选项 B 错误。渎职罪的犯罪主体为特殊主体，即只能是国家机关工作人员，但法律另有规定除外，所以选项 C 错误。选项 B、C 符合题意。

三、判断题

1. 公务员在定期考核中被确定为不称职的，按照规定程序降低一个职务层次任职。(　　)

【答案】 √

【解析】 根据《公务员法》第五十条规定，公务员在年度考核中被确定为不称职的，按照规定程序降低一个职务或者职级层次任职。

2. 国家公务员有散布有损宪法权威、中国共产党领导和国家声誉的言论的，予以记过或者记大过；情节较重的，予以降级或者撤职；情节严重的，予以开除。(　　)

【答案】√

【解析】公务员在就职时，依照法律法规进行宣誓，就应该自觉维护宪法权威，中国共产党是执政党，公务员是在党领导下的政务部门工作，应自觉接受中国共产党的领导，维护中国共产党的声誉。

3. 国家机关、单位集体作出的决定违法或者实施违法行为的，对负有责任的领导人员和直接责任人员中的公职人员依法给予政务处分。(　　)

【答案】√

【解析】根据《政务处分法》规定，有关机关、单位、组织集体作出的决定违法或者实施违法行为的，对负有责任的领导人员和直接责任人员中的公职人员依法给予政务处分。

4. 公务员认为机关及其领导人员侵犯其合法权益的，可以依法向上级机关或者有关的专门机关提出控告。受理控告的机关应当按照规定及时处理。(　　)

【答案】√

【解析】根据《公务员法》第九十八条规定，公务员认为机关及其领导人员侵犯其合法权益的，可以依法向上级机关或者有关的专门机关提出控告。受理控告的机关应当按照规定及时处理。

5.《公务员法》规定的公务员行政法律责任种类有警告、记过、记大过、降级、撤职、开除。(　　)

【答案】√

【解析】根据《公务员法》第六十二条规定，处分分为：警告、记过、记大过、降级、撤职、开除。

6. 国家工作人员利用职务上的便利，挪用公款归个人使用，用于非法活动、营利活动以外的活动，数额较大，超过6个月未还的，是挪用公款罪。(　　)

【答案】×

【解析】根据《刑法》第三百八十四条规定，国家工作人员利用职务上的便利，挪用公款归个人使用，进行非法活动的，或者挪用公款数额较大、进行营利活动的，或者挪用公款数额较大、超过3个月未还的，是挪用公款罪，处5年以下有期徒刑或者拘役；情节严重的，处5年以上有期徒刑。挪用公款数额巨大不退还的，处10年以上有期徒刑或者无期徒刑。挪用用于救灾、抢险、防汛、优抚、扶贫、移民、救济款物归个人使用的，从重处罚。

7. 玩忽职守罪的主体为特殊主体，即国家机关工作人员和代表国家机关从事公务的人员。(　　)

【答案】√

【解析】玩忽职守罪，是指国家机关工作人员严重不负责任，不履行或者不认真履行职责，致使公共财产、国家和人民利益遭受重大损失。因此，玩忽职守罪的犯罪主体只可以是国家机关工作人员，是特殊的犯罪主体。

8. 滥用职权罪的主观方面要件通常表现为过失。(　　)

【答案】×

【解析】滥用职权罪的主观方面要件通常表现为间接故意，即明知或应当知道其行为可能发生危害后果，而放任其危害后果的发生。

9. 违反法律、行政法规的规定，擅自作出税收的开征、停征或者减税、免税、退税、补税以及其他同税收法律、行政法规相抵触的决定，对有关责任人员，给予记过或者记大过处分。(　　)

【答案】√

【解析】根据《税收违法违纪行为处分规定》第十四条规定，有下列行为之一的，对有关责任人员，给予记过或者记大过处分；情节较重的，给予降级或者撤职处分；情节严重的，给予开除处分：违反法律、行政法规的规定，摊派税款的；违反法律、行政法规的规定，擅自作出税收的开征、停征或者减税、免税、退税、补税以及其他同税收法律、行政法规相抵触的决定的。

综合案例分析题

案例一

2021 年 8 月 4 日，某县税务局向甲公司送达《税收保全决定书》，扣押甲公司一辆小汽车。9 月 1 日，县税务局向甲公司依法送达了《税务处理决定书》《税务行政处罚决定书》，责令其 15 日内补缴税款 17 万余元，并依法加收滞纳金，并处少缴税款 50% 的罚款。甲公司到期未补缴税款，未缴纳滞纳金、罚款。

2021 年 10 月 8 日，县税务局向甲公司送达《税务事项通知书》，通知其限期履行两份决定书。县税务局人员来到甲公司办公地时，才发现已经人去楼空，遂找房屋物业管理人员，得知甲公司已于半月前退租搬走，不知去向。经查询税务登记，其并未变更登记地址。县税务局人员遂于甲公司原住址张贴送达公告，送达《税务事项通知书》。与此同时，甲公司的主管税务分局也发现甲公司未按期办理纳税申报和报送纳税资料，查找无果后按税务登记地址向甲公司邮寄了一份《责令限期改正通知书》，甲公司签收了该邮件。原因是主管税务分局在邮件上填写了甲公司办税人员的电话，办税人员领取了邮件。

2021 年 11 月 10 日，县税务局按照同样的方式公告送达了《税收强制执行决定书》，并于 12 月 15 日由委托的合法拍卖机构将汽车拍卖，拍卖全款共计 24.5 万元（含拍卖机构佣金 2.5 万元），县税务局实际收到 22 万元，扣除扣押期间委托第三方保管汽车的费用 0.2 万元，缴纳罚款 8 万余元、税款及滞纳金 15 万余元。甲公司尚欠税款 3 万余元及相应的滞纳金。

2021 年 12 月 18 日，甲公司向法院提起行政诉讼，要求确认县税务局的《税务事项通知书》和《税收强制执行决定书》无效，确认强制执行行为违法，理由是文书未依法送达；请求法院责令税务机关返还车辆或赔偿损失。甲公司还向法院提供了其购买该车辆支出 52 万余元，车辆购买时间仅 2 个月就被税务机关扣押的证据。

根据以上情况，回答以下问题：

1. 关于县税务局以公告方式送达《税务事项通知书》和《税收强制执行决定书》

问题，下列说法正确的是（　　）。（单项选择）

A. 送达有效，因为公告送达是一种法定的税收执法文书送达方式

B. 送达有效，因为甲公司下落不明，可以采用公告送达方式送达

C. 送达无效，因为公告送达不能采用在原住址张贴方式公告

D. 送达无效，因为县税务局不能证明自己无法采用其他送达方式送达

【答案】 D

【解析】 根据《税收征管法实施细则》的规定，公告送达适用于同一送达事项受送达人人数众多，或者采用其他方式无法送达的情形。本案主管税务分局采用邮寄送达方式实施了送达，证明不符合“采用其他送达方式无法送达”的情况，因此，县税务局不能采用公告方式送达。故正确答案是D。

2. 如果不考虑文书送达的合法性问题，关于汽车拍卖佣金和保管费的承担问题，下列说法中正确的是（　　）。（单项选择）

A. 佣金和保管费均应由甲公司承担

B. 佣金和保管费均应当由税务机关承担

C. 佣金由税务机关承担，保管费由甲公司承担

D. 保管费由税务机关承担，佣金由甲公司承担

【答案】 D

【解析】《行政强制法》第二十六条规定，因查封、扣押发生的保管费用由行政机关承担。因本案保管费属于税收保全发生的扣押财产保管费，依法应当由行政机关承担；佣金是强制执行中发生的费用，依法从拍卖所得中优先扣除，由被执行人承担。故正确答案是D。

3. 本案县税务局在处理拍卖所得款项问题上，下列说法正确的是（　　）。（单项选择）

A. 应当按照税收优先权规定先行缴纳税款和滞纳金，剩余的才能缴纳罚款

B. 只能先行缴纳税款和滞纳金，罚款因不具备强制执行条件暂不能由税务机关直接缴入国库

C. 应当按照同等比例缴纳税款、滞纳金和罚款

D. 应当先行缴纳罚款，因为产生的每日3%的罚款比税款产生的滞纳金更重，先行缴纳罚款对纳税人更有利

【答案】 B

【解析】 税务机关强制执行罚款的条件是复议诉讼期满纳税人既不申请复议或起诉，又不履行，本案诉讼期未满，税务机关暂不能对罚款实施强制执行。故正确答案是B。

4. 本案关于甲公司向人民法院起诉的问题，下列说法中正确的是（　　）。（单项选择）

A. 甲公司不能直接向人民法院起诉，因为本案涉及纳税争议

B. 甲公司不能就税务机关强制执行税款、滞纳金部分直接向人民法院起诉，因为税款、滞纳金的强制执行属于纳税争议

C. 甲公司可以直接起诉税务机关强制执行罚款部分，因为罚款不属于纳税争议

D. 甲公司可以直接起诉，因为其并未对纳税争议提起诉讼，而只是对行政强制行为提起诉讼

【答案】 D

【解析】 甲公司并未对县税务局的《税务处理决定书》起诉，而只针对《税务事项通知书》和《税收强制执行决定书》提起诉讼，这两份文书均发生在强制执行过程中，不属于纳税争议。故正确答案是D。

案例二

某市税务局稽查局接到举报，称甲企业上一年度有销售收入未申报纳税。稽查局针对该举报立案稽查。稽查人员小王和小李到企业后，小李意外见到自己同学张楠，才知道张楠是该企业的财务经理。小李在征得张楠同意后，当天将甲企业上年度的部分账本拿回稽查局检查。通过检查，发现该企业上年度账上少计了应税收入，导致少缴税款51万元。检查结束前，小王和小李将他们发现的企业税收违法事实和依据口头告知张楠。张楠当即对一笔20万元的收入提出异议。案件移送审理科，经审理，稽查局向企业发出《税务行政处罚事项告知书》。该企业没有申请听证，但对补缴税款向稽查局提交了申辩意见。两天后稽查局向企业下达《税务处理决定书》与《税务行政处罚决定书》，决定补缴税款，加收滞纳金，并按偷税额处0.5倍罚款。甲企业收到《税务处理决定书》与《税务行政处罚决定书》之后，以稽查局程序违法提出行政复议。

根据以上情况，回答下列问题：

1. 下列关于本案检查人员在案件检查中调账程序的表述，正确的有（　　）。（多项选择）

A. 本案调账程序违法，检查人员没有经过市税务局局长批准，仅仅经张楠同意就调取了甲企业账簿

B. 本案检查人员应当经过市税务局稽查局局长批准调取企业账簿

C. 本案检查人员调账时应当填写《调取账簿资料清单》，并交企业核对后签章确认

D. 本案检查人员调取甲企业的账簿应当在30天内退还企业

【答案】AC

【解析】根据《税收征管法实施细则》和《税务稽查案件办理程序规定》的规定，调取账簿、记账凭证、报表和其他有关资料时，应当向被查对象出具《调取账簿资料通知书》，并填写《调取账簿资料清单》交其核对后签章确认。调取纳税人、扣缴义务人以前会计年度的账簿、记账凭证、报表和其他有关资料的，应当经县以上税务局局长批准，并在3个月内完整退还。故正确答案是A、C。

2. 关于本案告知和陈述申辩程序，下列说法正确的有（　　）。(多项选择)

A. 检查结束前，检查人员不能将检查的情况告知张楠

B. 稽查局对企业陈述申辩不实的可以加重处罚

C. 检查人员对张楠的口头异议应当制作笔录，并由甲企业签章

D. 稽查局对企业陈述申辩意见应当进行复核。如果甲企业提出的事实、理由或者证据成立，稽查局应当采纳

【答案】CD

【解析】根据《行政处罚法》和《税务稽查案件办理程序规定》的规定，检查结束前，检查人员可以将发现的税收违法事实和依据告知被查对象；必要时，可以向被查对象发出《税务事项通知书》，要求其在限期内书面说明，并提供有关资料；被查对象口头说明的，检查人员应当制作笔录，由当事人签章。因此选项A不正确，选项C正确。税务机关在作出行政处罚决定之前应当告知其依法享有陈述、申辩及要求听证的权利，必须充分听取当事人的意见，对当事人提出的事实、理由和证据，应当进行复核。如果当事人提出的事实、理由或者证据成立的，税务机关应当采纳。同时不得因当事人陈述申辩而给予更重的处罚。因此选项B不正确，选项D正确。故正确答案是C、D。

3. 本案稽查局对甲企业进行税务行政处罚的必经步骤有（　　）。(多项选择)

A. 立案　　B. 告知进行处罚的事实、理由

C. 听取纳税人的陈述申辩　　D. 举行听证会

【答案】ABC

【解析】选项A、B、C均为行政处罚普通程序必经步骤。听证必须符合一定条件，并且经行政相对人申请才举行。本案虽达到听证标准，但当事人未申请听证，因此非必经步骤。

4. 本案甲企业申请行政复议，下列表述正确的有（　　）。(多项选择)

A. 甲企业可以在收到稽查局《税务行政处罚决定书》之日起60日内申请行政复议

B. 甲企业申请行政复议必须以书面方式

C. 甲企业必须先缴纳税款或提供纳税担保，才能对稽查局作出的行政处罚决定申请行政复议

D. 甲企业应当向该稽查局所属的税务机关申请行政复议

【答案】AD

【解析】根据《行政复议法》和《税务行政复议规则》的规定，税务行政复议申请的期限为自收到《税务行政处罚决定书》之日起60日，选项A正确。申请方式可以口头申请，由行政复议机关当场记录，因此选项B不正确。对各级税务局的稽查局作出的具体行政行为不服的，向其所属税务局申请行政复议，选项D正确。根据《税收征管法》规定，纳税人同税务机关在纳税上发生争议时，必须先依照税务机关的纳税决定缴纳或者解缴税款及滞纳金或者提供相应的担保，然后可以依法申请行政复议，但行政处罚可以依法直接申请复议，选项C不正确。故正确答案是A、D。

案例三

2021年6月6日，甲市税务局稽查人员小甘来到辖区内的乙服饰有限责任公司（以下称简称乙公司），见到了平时比较熟悉的该公司经理徐某，小甘说局里正对服装行业开展税收专项检查，要看一下公司的账，徐某开玩笑地对小甘说："查账可以，但你得掏一下你的税务检查证啊，再说，咱俩关系这么熟，你该回避吧。"小甘听后非常不悦，于是扭头就走。

6月6日下午3时多，小甘一人穿便服持税务检查证来到乙公司进行检查，并出具由市税务局稽查局局长签发的《调取账簿通知书》，调走了纳税人2020年度会计账簿。经查，乙公司2020年度通过虚假申报少缴增值税15000元。6月9日，甲市税务局稽查局向乙公司下达了《税务行政处罚告知书》，拟对该公司处偷税数额1倍的罚款。当日，乙公司向甲市税务局稽查局进行了申辩，稽查局未予采纳。6月10日，甲市税务局稽查局向乙公司下达了补缴增值税15000元的《税务处理决定书》以及处偷税数额2倍罚款的《税务行政处罚决定书》，于当日送达乙公司，要求6月20日前缴纳。乙公司对税务处理不服，于6月15日向甲市税务局口头申请行政复议，6月17日，甲市税务局电话通知乙公司对其复议申请不予受理，随后乙公司向人民法院提起行政诉讼。

根据以上材料，回答下列问题：

1. 本案税务机关在行政处罚过程中不符合规定的包括（　　）。（多项选择）

A. 因乙公司未提出听证，甲市税务局稽查局可以不组织听证

B. 违反了教育与处罚相结合的原则

C. 甲市税务局稽查局6月10日下发《税务行政处罚决定书》

D. 经申辩后，甲市税务局稽查局对该公司处偷税数额2倍罚款

【答案】CD

【解析】本案中，检查人员一人检查程序违法，且在纳税人申辩后，随意给予更重处罚，并且未告知纳税人有要求举行听证的权利。根据《行政处罚法》第四十五条规定，行政机关不得因当事人陈述、申辩而给予更重的处罚。根据《行政处罚法》第六十三条规定，行政机关作出责令停产停业、吊销许可证件、较大数额罚款等行政处罚决定之前，应当告知当事人有要求举行听证的权利；当事人要求听证的，行政机关应当组织听证。选项C、D符合题意。

2. 本案中，如乙公司要求听证，应在收到甲市税务局稽查局下达的《税务行政处罚告知书》一定时期内提出。这个期限是（　　）。(单项选择)

A. 2日　　　　B. 3日

C. 5日　　　　D. 7日

【答案】C

【解析】根据《行政处罚法》第六十四条规定，当事人要求听证的，应当在行政机关告知后5日内提出。

3. 甲市税务局稽查局下达的《税务行政处罚决定书》应当告知乙公司（　　）。(单项选择)

A. 自6月9日起15日内到指定银行或者通过电子支付系统缴纳罚款

B. 自6月10日起15日内到指定银行或者通过电子支付系统缴纳罚款

C. 6月20日前到指定银行或者通过电子支付系统缴纳罚款

D. 自收到税务行政处罚决定书之日起15日内到指定银行或者通过电子支付系统缴纳罚款

【答案】D

【解析】根据《行政处罚法》第五十九条规定，行政机关给予行政处罚，应当制作《行政处罚决定书》。《行政处罚决定书》应当载明行政处罚的履行方式和期限。根据《行政处罚法》第六十七条规定，当事人应当自收到行政处罚决定书之日起15日内，到指定的银行或者通过电子支付系统缴纳罚款。银行应当收受罚款，并将罚款直接上缴国库。

4. 甲市税务局未受理乙公司的行政复议申请，其正当理由是（　　）。(单项选择)

A. 纳税人未按规定缴纳税款及滞纳金，也未提供相应的纳税担保

B. 纳税人不能口头申请行政复议

C. 纳税人未按规定缴纳 45000 元的罚款

D. 纳税人无权申请行政复议

【答案】A

【解析】根据《税务行政复议规则》第三十三条规定，申请人按照规定申请行政复议的，必须依照税务机关根据法律、法规确定的税额、期限，先行缴纳或者解缴税款和滞纳金，或者提供相应的担保，才可以在缴清税款和滞纳金以后或者所提供的担保得到作出具体行政行为的税务机关确认之日起 60 日内提出行政复议申请。

案例四

2018 年 11 月 4 日，甲公司在办理一般纳税人登记后直接向乙县税务局提出百万元增值税专用发票最高开票限额的申请，并依法提交了相应的申请材料。12 月 5 日，甲公司仍未收到税务机关的任何书面答复。在此期间，甲公司曾多次通过熟人到乙县税务局及其上级税务机关询问此事，未提出正式的书面材料，也没有收到乙县税务局及其上级机关的正式书面答复。12 月 26 日，乙县税务局书面通知甲公司材料不齐全，申请不予受理。为此，甲公司欲寻求法律救济。

结合本案的案情，运用行政许可及其相关法律知识，请回答以下问题：

1. 乙县税务局作出不予行政许可的书面决定，应当（　　）。（多项选择）

A. 说明不予行政许可的理由

B. 告知申请人依法享有申请行政复议的权利

C. 告知申请人依法享有提起行政诉讼的权利

D. 告知申请人依法享有申诉和提起听证的权利

【答案】ABC

【解析】本题考查的是税务机关不予行政许可应说明和告知的事项。根据《行政许可法》第三十八条规定，行政机关依法作出不予行政许可的书面决定的，应当说明理由，并告知申请人享有依法申请行政复议或者提起行政诉讼的权利。选项 D 错误。

2. 甲公司如果隐瞒有关情况或者提供虚假材料申请行政许可的，乙县税务局可（　　）。（多项选择）

A. 不予受理　　B. 不予行政许可

C. 给予警告　　D. 给予罚款

【答案】ABC

【解析】本题考查的是许可申请人隐瞒或提供虚假材料申请行政许可的处理。根据

《行政许可法》第七十八条规定，行政许可申请人隐瞒有关情况或者提供虚假材料申请行政许可的，行政机关不予受理或者不予行政许可，并给予警告。

3. 本案中，甲公司如果提起行政诉讼，应对下列事项承担举证责任的有（　　）。（多项选择）

A. 向乙县税务局提出相应的申请及申请材料的证据

B. 乙县税务局作出不予受理行政许可的依据

C. 证明起诉符合法定条件

D. 甲公司申请材料不符合规定的证据

【答案】AC

【解析】本题考查行政诉讼中原告承担举证责任的情形。在行政诉讼的一审程序中，法律把证明合法性的举证责任配置给了税务机关，但作为原告也有一定的举证责任。主要包含以下几种情形：一是证明起诉符合法定条件；二是在起诉被告不作为的案件中，证明其提出申请的事实；三是在一并提起的行政赔偿诉讼中，证明因受被诉行为侵害而造成损失的事实。根据《行政诉讼法》规定，对于作出不予受理行政许可的证据和所依据的规范性文件以及申请材料不符合规定的举证责任均由税务机关承担。

案例五

甲公司与乙公司签订了一份商标使用许可协议，约定自 2018 年起甲公司向乙公司支付每年 200 万元的许可费。乙公司允许甲公司在部分产品上加贴乙公司的商标。商标由乙公司提供，每个收取 10 元工本费。为保障甲公司的产品质量，乙公司派出 1 人进行技术指导和监督甲公司履行协议。

乙公司几年来一直没有将有关收入入账，纳税申报中均未体现相关收入。2020 年 9 月，A 市 B 区税务局指派税源管理一科两名税务干部张某和李某，对乙公司 2018 年度、2019 年度的纳税情况进行检查。经 A 市 B 区税务局分管税源管理一科的副局长批准，张某和李某调取了乙公司 2018 年、2019 年的账簿进行检查。结案前，张某与一朋友聊天时（该朋友为甲公司的员工），了解到乙公司少缴税款的线索。张某就私下里约见了乙公司的法定代表人王某，向其暗示已经知道了乙公司与甲公司的业务往来，可以到此为止不查，也可以深查。王某心领神会，第二天给张某送了 5 万元。张某没有把有关情况告诉李某，也没有报告 A 市 B 区税务局。

后经举报，该市税务局稽查局对乙公司的案件立案查处，查清了乙公司隐瞒从甲公司取得收入的事实，偷税 80 余万元。最后，市税务局稽查局对乙公司作出了税务行政处理决定和税务行政处罚决定。乙公司不服，准备提起行政诉讼。

根据以上案情，回答以下问题：

1. 甲、乙两公司的业务中，从法律关系的客体看，存在以下类别的客体（　　）。（多项选择）

A. 知识产权　　B. 行为

C. 物　　D. 人身权

【答案】 ABC

【解析】 本题考查法律关系的客体。上述案例中，甲、乙两公司的业务中商标权是知识产权，商标标识是物，技术指导和监督是行为，并未涉及人身权。故选项 A、B、C 符合题意。

2. 本案调取乙公司 2018 年度、2019 年度账簿进行检查的批准程序存在问题。本案调取账簿应由（　　）。（单项选择）

A. A 市 B 区税务局局长批准

B. A 市税务局稽查局局长办公会议集体讨论决定并由稽查局分管局长批准

C. A 市 B 区税务局分管副局长批准

D. A 市税务局稽查局局长批准

【答案】 A

【解析】 本题考查调取账簿的程序。根据《税收征管法实施细则》第八十六条规定，经县以上税务局（分局）局长批准，可以将纳税人、扣缴义务人以前会计年度的账簿、记账凭证、报表和其他有关资料调回税务机关检查。故选项 A 符合题意。

3. 张某的行为涉嫌触犯刑法，涉嫌的罪名有（　　）。（多项选择）

A. 受贿罪　　B. 敲诈勒索罪

C. 徇私舞弊不征、少征税款罪　　D. 玩忽职守罪

【答案】 AC

【解析】 本题考查受贿罪和徇私舞弊不征、少征税款罪的构成。张某收受王某送来的 5 万元，且有索贿情节，涉嫌构成受贿罪。张某为了私利，弄虚作假，对应当征收的税款隐瞒不征，涉嫌构成徇私舞弊不征、少征税款罪。故选项 A、C 符合题意。

4. 本案乙公司依法可以直接起诉的行为包括（　　）。（多项选择）

A. A 市税务局稽查局行政处理决定

B. A 市税务局稽查局税务行政处罚决定

C. A 市税务局稽查局税务行政处理决定和处罚决定

D. A 市 B 区税务局的调取账簿行为

【答案】BD

【解析】本题考查关于复议前置的规定。根据《税收征管法》第八十八条规定，纳税人、扣缴义务人、纳税担保人同税务机关在纳税上发生争议时，必须先依照税务机关的纳税决定缴纳或者解缴税款及滞纳金或提供相应的担保，然后可以依法申请行政复议；对行政复议决定不服的，可以依法向人民法院起诉。所以不能对税务行政处理决定直接起诉。故选项 B、D 符合题意。

案例六

2019 年 4 月 6 日，某市 A 区税务局在对某木器加工厂 2016 年度、2017 年度和 2018 年度的纳税情况进行检查时，发现该厂有逃避纳税义务行为。于是在 4 月 21 日向该厂下达《限期缴纳税款通知书》，要求其在 15 日内缴纳税款、滞纳金合计 56000 元。该税务局工作人员谢某私下找到该厂负责人陈某，暗示税务局将会采取税收保全措施。陈某为表示感谢，将 2000 元购物卡给谢某，谢某欣然收下。同时，谢某要求陈某到其朋友张某的税务师事务所办理涉税业务，并表示肯定会按市场价收费，不会加价收费，陈某答应并照办。

该厂在 4 月 25 日、4 月 26 日晚秘密转移大部分产成品（家具）和生产工具。A 区税务局及时发现这一情况，于 4 月 27 日由 3 名税务人员直奔该企业生产场所，依法办理相关手续之后，扣押其家具成品若干件，价值 10 万余元，并运至 A 区税务局存放。4 月 29 日，A 区税务局工作人员王某、李某自行将扣押的家具卖掉，共得款 8 万元，将其中 56000 元抵缴税款、滞纳金，余款返还给该厂。

根据本案案情，回答下列问题：

1. 本案中，批准扣押纳税人商品的应当是（　　）。(单项选择)

A. 该市税务局局长　　B. 该市 A 区税务局局长

C. 该市税务局征管科科长　　D. 该市 A 区税务局分管征管的局领导

【答案】B

【解析】根据《税收征管法》规定，扣押纳税人商品需经县以上税务局（分局）局长批准，具体到本案中，应由 A 区税务局局长批准，故选项 B 符合题意。

2. 请指出 A 区税务局在执法过程中存在的问题有（　　）。(多项选择)

A. 依法办理相关手续后扣押木器加工厂的有关商品

B. 扣押的商品（家具）价值10万余元

C. 于4月29日将扣押的家具卖掉

D. 自行拍卖所扣押的商品（家具）

【答案】BCD

【解析】根据《税收征管法》规定，税务机关对从事生产、经营的纳税人以前纳税期的纳税情况依法进行税务检查时，发现纳税人有逃避纳税义务行为，并有明显的转移、隐匿其应纳税的商品、货物以及其他财产或者应纳税的收入的迹象的，可以按照批准权限采取税收保全措施或者强制执行措施。而扣押商品（家具）价值10万余元，明显超过税款、滞纳金的56000元。拍卖所扣押的商品应在期限届满之后纳税人仍不缴纳方可采取，而税务局在4月29日即将扣押的商品拍卖，不符合相关规定。税务机关将扣押、查封的商品、货物或者其他财产变价抵缴税款时，应当交由依法成立的拍卖机构拍卖，不能自行拍卖。故选项B、C、D符合题意。

3. 税务局将56000元抵缴税款、滞纳金后，余款应在规定期限内退还当事人，正确的期限是（　　）。(单项选择)

A. 3日内　　B. 4日内

C. 5日内　　D. 6日内

【答案】A

【解析】根据《税收征管法实施细则》规定，拍卖或者变卖所得抵缴税款、滞纳金、罚款以及扣押、查封、保管、拍卖、变卖等费用后，剩余部分应当在3日内退还被执行人。

4. 该案中违反《税收违法违纪行为处分规定》的有（　　）。(多项选择)

A. 王某、李某拍卖扣押商品的行为

B. 谢某向木器加工厂通风报信

C. 谢某为木器加工厂指定税务代理机构

D. 谢某接受木器加工厂负责人陈某2000元购物卡

【答案】ACD

【解析】《税收违法违纪行为处分规定》规定各类税收违纪违法行为及其处分措施，包括违反规定采取税收保全、强制执行措施的；违反规定要求纳税人、扣缴义务人委托税务代理，或者为其指定税务代理机构的；索取、接受或者以借为名占用纳税人、扣缴义务人财物的等，故选项A、C、D符合题意。谢某向木器加工厂通风报信的内容是避免该厂被采取税收保全措施，而《税收违法违纪行为处分规定》中规定的向纳税人、扣缴义务人通风报信、提供便利或者以其他形式帮助其逃避税务行政处罚的，给予税收违纪违法处分，谢某不是为了使该厂逃避税务行政处罚，故选项 B 不符合题意。

案例七

从 2021 年 8 月 18 日开始，某设区市税务局稽查局对某电缆有限公司开展 2018—2020 年度的税收检查。经检查发现该公司涉嫌偷税，经稽查局局长批准将该公司 2018—2020 年度的账簿、凭证调回稽查局检查，并针对相关疑点在公司办公室对其法定代表人进行了询问。通过检查发现该公司 2018—2020 年度存在偷税行为，所有税种偷税额分别为 640 万元、810 万元和 1000 万元。该公司 2018—2020 年度所有税种应纳税额分别为 8000 万元、9100 万元和 9000 万元。经市税务局重大案件审理委员会审理，认定该公司存在偷税行为。并于同年 11 月 15 日依照法定程序作出并送达《税务处理决定书》和《税务行政处罚决定书》。

根据以上案情，回答以下问题：

1. 对该电缆有限公司的偷税行为，税务机关应当依法作出的决定包括（　　）。（多项选择）

A. 依法追缴税款，并加收滞纳金

B. 对偷税行为进行行政处罚

C. 停止对该公司发售发票

D. 涉嫌犯罪应当追究刑事责任的，将案件移送公安机关

【答案】 ABD

【解析】 根据《税收征管法》第六十三条规定，对纳税人偷税的，由税务机关追缴其不缴或者少缴的税款、滞纳金，并处不缴或者少缴的税款 50% 以上 5 倍以下的罚款；构成犯罪的，依法追究刑事责任。案情中并未说明该公司拒不接受税务机关处理，不存在需要停供发票的法定情形，故正确答案是 A、B、D。

2. 根据案情，下列说法正确的是（　　）。（单项选择）

A. 本案中，经稽查局局长批准调取该公司账簿、凭证的行为符合法律规定

B. 本案中对公司法定人询问，应当下达《询问通知书》

C. 该公司的偷税行为不构成犯罪。因为该公司 3 年所有的偷税额之和除以 3 年所有应纳税额之和，比例达不到 10%

D. 该公司的偷税行为构成犯罪。因为该公司 2020 年度所有的偷税额之和除以该年度所有应纳税额之和，比例达到 10% 以上

【答案】 D

【解析】根据《税收征管法实施细则》第八十六条规定，经县以上税务局（分局）局长批准，可以将纳税人、扣缴义务人以前会计年度的账簿、记账凭证、报表和其他有关资料调回税务机关检查，但是税务机关必须向纳税人、扣缴义务人开付清单，并在3个月内完整退还。稽查局局长无权批准调账，选项A错误。根据《税务稽查案件办理程序规定》（国家税务总局令第52号）第二十条规定，询问应当由两名以上检查人员实施。除在被查对象生产、经营、办公场所询问外，应当向被询问人送达询问通知书。选项B错误。根据《〈刑法〉修正案（七）》对第二百零一条第一款的规定，纳税人采取欺骗、隐瞒手段进行虚假纳税申报或者不申报，逃避缴纳税款数额较大并且占应纳税额10%以上的，处3年以下有期徒刑或者拘役，并处罚金；这里逃避缴纳税款数额占应纳税额10%，是指当年所有的偷税额之和除以该年度所有应纳税额之和，比例达到10%。根据最高人民法院司法解释，逃税行为跨越若干个纳税年度，只要其中一个纳税年度的逃避缴纳税款数额及比例达到标准，即构成犯罪。故正确答案是D。

3. 如果该公司的偷税行为构成犯罪，其罪名应当是（　　）。(单项选择)

A. 偷税罪　　B. 骗税罪

C. 逃避缴纳税款罪　　D. 逃避追缴欠税罪

【答案】C

【解析】根据《刑法》第二百零一条规定，逃税行为构成犯罪的，其罪名应为逃避缴纳税款罪。故正确答案是C。

4. 如果该公司的偷税行为构成犯罪，下列关于该公司的处理意见正确的是（　　）。(单项选择)

A. 因该公司的偷税行为构成犯罪，一定要追究其刑事责任

B. 即使该公司的偷税行为构成犯罪，依据《〈刑法〉修正案（七）》的规定，应当不予追究刑事责任，税务机关不应将案件移送公安机关

C. 如果该公司在法定期限内缴纳税款、滞纳金，并且已受行政处罚，就不应当追究刑事责任

D. 如果该公司在法定期限内缴纳税款、滞纳金，已受行政处罚，而且没有在5年内因逃避缴纳税款受过刑事处罚或者被税务机关给予2次以上行政处罚的情形，就不应当追究刑事责任

【答案】D

【解析】公司的偷税行为构成犯罪的，应区分具体情况来确定是否要追究其刑事责任。《〈刑法〉修正案（七）》对第二百零一条第四款作了不予追究刑事责任的规定，但须满足以下条件：①纳税人的逃避缴纳税款数额较大并且占应纳税额10%以上，根据

《刑法》第二百零一条第一款规定，已经达到逃税罪刑事责任起点标准；②经税务机关依法下达追缴通知后，纳税人补缴全部应纳税款，并缴纳滞纳金；③接受税务机关对其偷税行为的行政处罚；④在本次逃税行为以前的5年内没有因逃避缴纳税款受过刑事处罚（包括累犯的情形）或者被税务机关给予2次以上行政处罚。故正确答案是D。

案例八

2021年9月初，某区税务局在税务检查中发现，辖区内一家服装企业在2020年存在不进行纳税申报，造成少缴应纳税款的行为，核实后应补税款6万元。

2021年9月9日，该区税务局同时下发了《税务行政处罚事项告知书》《税务处理决定书》《税务行政处罚决定书》，作出了税务处理决定和处罚决定：责令该企业于2021年9月24日前缴纳税款6万元及相应滞纳金，并处少缴税款2倍的罚款，计12万元。

该企业接到法律文书后，没有提出听证要求。9月18日，区税务局接到了该企业职工的署名举报信和举报电话，举报该企业有明显的不正常转移货物的迹象。经查实，该企业确有此行为。为此，在报经区税务局局长批准后，该区税务局于2021年9月19日责成该企业在9月21日前提供纳税担保。但该企业直至9月23日仍未能提供纳税担保。为此，区税务局于9月24日上午8时对该企业采取了税收保全措施，查封了该企业10件高级皮衣，并向该企业开具了查封商品、货物、财产清单。双方人员均在清单上签字，并加盖了各自单位的公章。

2021年9月25日，该企业缴清了税款。9月27日下午5时，该区税务局解除了对该企业的税收保全措施。9月30日，该企业向所在区人民法院提起了行政诉讼，要求撤销该区税务局的《税务处理决定书》和《税务行政处罚决定书》；对该区税务局超时解除税收保全措施，致使该企业无法正常营业所造成的经济损失予以赔偿。

根据本案案情，回答下列问题：

1. 本案中，该区税务局同时下发了《税务行政处罚事项告知书》《税务行政处罚决定书》，这种做法（　　）。（单项选择）

A. 违反法定程序　　B. 主要证据不足

C. 适用法律、法规错误　　D. 超越法定职权

【答案】 A

【解析】 本案适用税务行政处罚普通程序，根据《行政处罚法》规定，税务行政处罚普通程序通常包括立案、调查、告知、陈述申辩、复核、审理、作出处罚决定等环节。税务机关下发《税务行政处罚事项告知书》是一个告知程序，其后还需要经过陈述申辩、复核、审理阶段，有的还可能经过听证环节，才能作出《税务行政处罚决定

书》，因此这两种文书不应同时下发。本案体现了程序上的违法，故正确答案是A。

2. 按照2021年9月9日税务机关送达《税务行政处罚事项告知书》计算（不考虑法定节假日），该企业如果提出听证申请，法定的最后期限是（　　）。（单项选择）

A. 2021年9月10日　　B. 2021年9月12日

C. 2021年9月14日　　D. 2018年9月16日

【答案】C

【解析】根据《行政处罚法》和《税务行政处罚听证程序实施办法（试行）》（国税发〔1996〕190号）的规定，税务机关对公民作出2000元以上（含本数）罚款或者对法人或者其他组织作出1万元以上（含本数）罚款的行政处罚之前应告知当事人，送达《税务行政处罚事项告知书》，告知当事人已经查明的违法事实、证据、行政处罚的法律依据和拟将给予的行政处罚，并告知有要求举行听证的权利。要求听证的当事人，应当在《税务行政处罚事项告知书》送达后5日内向税务机关书面提出听证。2021年9月9日税务机关送达了《税务行政处罚事项告知书》，因此当事人提出听证的最后的法定期限应是2021年9月14日。故正确答案是C。

3. 本案区税务局如需要调取账簿资料时，应遵循的要求包括（　　）。（多项选择）

A. 如需调取2020年的账簿资料，应经该市税务局局长批准，在3个月内完整退还

B. 如需调取当年的账簿资料，应经该市税务局局长批准，必须在30日内退还

C. 如需调取2020年的账簿资料，应经该区税务局局长批准，在3个月内完整退还

D. 如需调取当年的账簿资料，应经该区税务局局长批准，必须在30日内退还

【答案】BC

【解析】根据《税收征管法实施细则》第八十六条的规定，选项B、C正确，选项A、D错误。

4. 根据本案案情，下列说法正确的有（　　）。（多项选择）

A. 当事人对《税务处理决定书》有异议的，应先经行政复议程序。若对行政复议决定不服，才可向法院起诉

B. 法院应撤销《税务行政处罚决定书》，限令该区税务局在判决生效后限期重新作出具体行政行为

C. 纳税人可以要求区税务局承担赔偿超过税收保全措施期限致使该企业遭受的损失

D. 法院应维持该区税务局作出的税务行政处罚决定

【答案】ABC

【解析】根据《税收征管法》第八十八条第一款的规定，纳税人、扣缴义务人、纳税担保人同税务机关在纳税上发生争议时，必须先依照税务机关的纳税决定缴纳或者解缴税款及滞纳金或者提供相应的担保，然后可以依法申请行政复议；对行政复议决定不服的，可以依法向人民法院起诉。故选项 A 正确。本案由于在作出税务行政处罚决定时程序违法，因此法院应撤销《税务行政处罚决定书》，限令该区税务局重新作出决定。故选项 B 正确。《税收征管法实施细则》规定，纳税人在税务机关采取税收保全措施后，按照税务机关规定的期限缴纳税款的，税务机关应当自收到税款或者银行转回的完税凭证之日起 1 日内解除税收保全。该区税务局超时解除税收保全措施，致使该企业无法正常营业所造成的经济损失应当赔偿。故选项 C 正确。由于该区税务局在作出税务行政处罚决定时程序违法，法院不应维持税务局作出的税务行政处罚决定。故选项 D 错误。故正确答案是选项 A、B、C。

案例九

某省甲市乙区税务局认为一家化工厂有逃税行为，拟对该厂作出罚款 3 万元的行政处罚决定，并查封了该厂的厂房、设备。该厂没有在法定期间提出听证申请，税务机关作出上述行政处罚决定。该厂不服该处罚决定，以显失公正、查封措施违法为由，提起行政复议。复议机关认为乙区税务局适用的法律依据错误，导致对事实的定性出现错误，遂改变了乙区税务局的处罚依据，但没有改变处罚结果。该厂不服，向乙区人民法院提起行政诉讼，要求变更行政处罚决定，赔偿因查封造成的该厂损失。经法院审理发现，该厂有擅自印制和非法使用发票行为。根据以上条件，回答下列问题：

1. 关于税务机关的处罚行为，下列说法错误的有（　　）。（多项选择）

A. 对于罚款的处罚，该厂可以申请税务行政处罚听证

B. 对于税务机关作出的查封行为，该厂可以申请税务行政处罚听证

C. 税务机关在作出查封决定之前，应当向当事人送达《税务行政处罚事项告知书》

D. 税务机关在作出 3 万元罚款的行政处罚决定之前，应当向当事人送达《税务行政处罚事项告知书》

【答案】BC

【解析】税务机关对法人或者其他组织作出 1 万元以上（含本数）罚款的行政处罚之前，应当向当事人送达《税务行政处罚事项告知书》，告知当事人拟作出的行政处罚内容及事实、理由、依据，并告知当事人依法享有的陈述、申辩、要求听证的权利。而查封行为是税收保全措施，不需要履行行政处罚的程序。故选项 B、C 符合题意。

2. 该厂对行政复议决定不服，可以采取的救济手段是（　　）。(单项选择)

A. 应当向乙区人民法院提起行政诉讼

B. 应当向复议机关所在区人民法院提起行政诉讼

C. 应当向甲市中级人民法院提起行政诉讼

D. 可以选择向乙区人民法院提起行政诉讼或者向复议机关所在区人民法院提起行政诉讼

【答案】 D

【解析】 根据《行政诉讼法》规定，经复议的行政案件，复议机关改变原具体行政行为的，既可以由最初作出具体行政行为的行政机关所在地人民法院管辖，也可以由复议机关所在地人民法院管辖。改变具体行政行为的处罚依据也是改变该具体行政行为。故正确答案是 D。

3. 关于此案的审理，下列说法正确的包括（　　）。(多项选择)

A. 人民法院应于立案之日起 5 日内，将起诉状副本和应诉通知书发送给被告

B. 人民法院可以独任审判员审理此案

C. 行政诉讼案件的审理不能由陪审员参与审理

D. 如果该案涉及商业秘密，经过该厂申请人民法院可以不开庭审理

【答案】 AD

【解析】 根据《行政诉讼法》第六十七条规定，人民法院应当在立案之日起 5 日内，将起诉状副本发送被告。被告应当在收到起诉状副本之日起 15 日内向人民法院提交作出行政行为的证据和所依据的规范性文件，并提出答辩状。人民法院应当在收到答辩状之日起 5 日内，将答辩状副本发送原告。根据《行政诉讼法》第六十八条规定，人民法院审理行政案件，由审判员组成合议庭，或者由审判员、陪审员组成合议庭。合议庭的成员，应当是 3 人以上的单数。故选项 B、C 错误。根据《行政诉讼法》第五十四条规定，人民法院公开审理行政案件，但涉及国家秘密、个人隐私和法律另有规定的除外。涉及商业秘密的案件，当事人申请不公开审理的，可以不公开审理。故正确答案是 A、D。

4. 人民法院在审理该案时，正确的做法有（　　）。(多项选择)

A. 无权判决对该厂发票违法行为予以罚款

B. 有权判决变更罚款 3 万元为 6 万元

C. 对变更处罚决定的争议不适用调解方式，对赔偿争议可以适用调解方式

D. 对变更处罚决定的争议和赔偿争议都可以适用调解方式

【答案】 AD

【解析】人民法院在行政诉讼中不得对行政机关未予处罚的违法行为判决予以处罚。根据《行政诉讼法》第六十条规定，人民法院审理行政案件，不适用调解。但是，行政赔偿、补偿以及行政机关行使法律、法规规定的自由裁量权的案件可以调解。根据《行政诉讼法》第七十七条规定，行政处罚明显不当，或者其他行政行为涉及对款额的确定、认定确有错误的，人民法院可以判决变更。人民法院判决变更，不得加重原告的义务或者减损原告的权益。故正确答案是 A、D。

本书编审人员

税费基础知识部分

主　编	司新山				
副主编	史建宏	周开君			
执　笔	史建宏	周开君	任晓红	李彩娥	王献军
	王　雪	樊敬周	卢　艺	闫　静	邵凌云
	连彦政	韩凌宇			
主　审	姚　琴	高永清	杨德才		
审　核	朱　丹	于芳芳	李长杰	蒋建香	姜常春
	吴伟强	赵志忠			
审　定	占　苏	刘小畅	肖　晴	曾　谦	陈　君
	付波强	张洪健	白　雪	冀奕璇	白　露
	郭沁苗	陈佳玉	赵　彬	王宏瑜	秦冬冬
	申　琳	曹冬平	朱康玺	任　宇	何永坤
	张　金	王维维	周　波	李晓伟	刘　沛
	王天文	甘　翔	陈　金	黄斯乔	孔向荣
	刘仁娜	张　滢	孙毅敏	叶琛雪	杨　肖
	曹琦欢	刘　可	律　兰	韩　溪	王益平
	刘征宇	马一舟	张秋林	王　涛	袁从帅
	殷贤生	杨　明	马　晶	罗　名	王恺然
	史明羽	魏克寒	李洪朝	孙华杰	霍金鹏
	韩　丁	金方剑	王　凯	王　玮	田媛媛
	黄丽凤	闫　睿	毕晓红	张　彦	伦宁静

税收相关法律基础知识部分

主　编　周敬军

副主编　林　虹　何小王

执　笔　林　虹　季学宝　王庆春　汪　森　陶　涛
李云鹏

主　审　姚　琴　高永清　杨德才

审　核　张　瑜　张　倩　姜　珊　赵　靓

审　定　肖　晴　张　洁　刘羽林　张洪健　王益平
刘征宇　马一舟　张秋林　王　涛　李洪朝
冯栩炜　霍金鹏　韩　丁　赵　颖　刘海达
毕晓红　张　彦　伦宁静